韓国現代史の深層

金東椿《キム・ドンチュン》・著
佐相洋子・訳
李泳采《イ・ヨンチェ》・解説／監訳

「反日種族主義」という虚構を衝《つ》く

梨の木舎

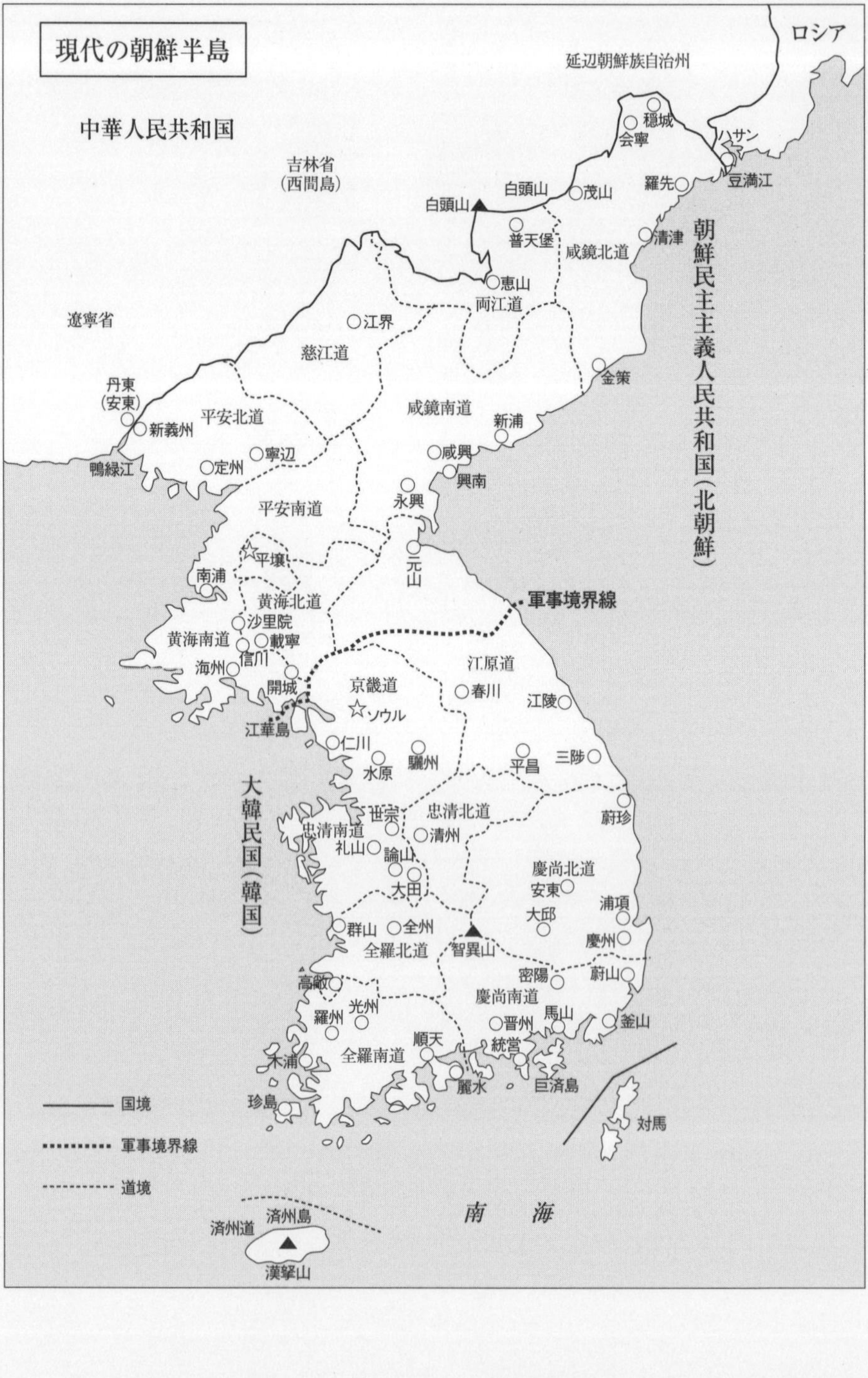
現代の朝鮮半島
ロシア
延辺朝鮮族自治州
中華人民共和国
穏城
会寧
ハサン
吉林省
(西間島)
白頭山
茂山
羅先
豆満江
白頭山
普天堡
清津
咸鏡北道
恵山
両江道
遼寧省
江界
慈江道
金策
丹東
(安東)
平安北道
咸鏡南道
新浦
新義州
寧辺
咸興
鴨緑江
定州
興南
永興
平安南道
平壌
元山
南浦
黄海北道
軍事境界線
沙里院
黄海南道
載寧
信川
海州
開城
江原道
京畿道
春川
江陵
ソウル
江華島
仁川
驪州
平昌
三陟
水原
大韓民国(韓国)
朝鮮民主主義人民共和国(北朝鮮)
世宗
忠清北道
蔚珍
忠清南道
清州
礼山
論山
慶尚北道
安東
大田
浦項
大邱
群山
全州
慶州
智異山
全羅北道
密陽
蔚山
高敞
慶尚南道
光州
羅州
晋州
馬山
釜山
順天
統営
全羅南道
木浦
麗水
巨済島
珍島
対馬
国境
軍事境界線
道境
南　　海
済州道
済州島
漢拏山

日本の読者の皆さまへ

本書『韓国現代史の深層──「反日種族主義」という虚構を衝く』（原題は『大韓民国はなぜ？ 1945~2015』）が韓国で出版されて4年が経った。当時朴槿恵政権の下で、韓国人たちは深い絶望に陥っていた。もうこれ以上逆戻りしないと考えていた民主主義と人権が深刻な「退行」兆候を見せていたからである。特に、2014年4月15日に発生したセウォル号沈没事故は大きな衝撃を与えた。修学旅行中の安山檀園高校の学生数百人と旅行客が、救助されずに死んでいくのを、全国民がテレビ画面を通して見せつけられたからである。韓国政府はなぜ救助できなかったか？ 現在に至るまで真相は十分に明らかにされていない。この事件を通して韓国人の大多数は朴槿恵政権に対して極度の不信感を持つようになり、大衆の怒りと挫折感は本書が出版されて1年が過ぎ、大規模なキャンドルデモとして燃えあがることになった。

「これが国家か?」という問いが、2016年10月から始まった。2017年3月まで週末ごとに続けられたキャンドルデモの最も重要なスローガンであった。国民が投票で選んだ大統領は、周りの、すぐ近くの側近に操られている操り人形に過ぎないという事実が暴露された。国民は、大統領が当時政権勢力であったセヌリ党（現在の未来統合党）と官僚集団、青瓦台のほんの少数の密室の権力によって自由に操られていたという事実に驚愕させられたのであった。朴正煕の経済成長の神話に期待して朴槿恵を支持していた多くの中道派や保守派も朴槿恵に背を向け結局、朴槿恵は弾劾されて大統領の早期交代が行われ、文在寅大統領が誕生した。

挫折と不信、冷笑と批判は消えて、新しい政府に対する期待が満ちあふれた。文在寅は、自ら「キャンドル政府」と名乗り、キャンドル革命の課題を完全に成し遂げようと誓ってスタートした。だから、文在寅政権は、李明博、朴槿恵政権の10年間に起こった多くの不正と非道、特に司法部と青瓦台の癒着、財閥と青瓦台の結託など、過去の不正義を正すと宣言した。それによって40％程の支持率で大統領に当選した文在寅大統領の支持率は、一時は80％まで上がり、朴槿恵政権の基盤であったセヌリ党は分裂して、自由韓国党と改称せざるをえなかった。

しかし、大統領の任期5年のほぼ半分を過ぎた今の時点で振り返ってみると、文在寅政府は約束していた改革をきちんと推進できず、国民の不満と挫折感はずっと蓄積されている状態である。過去に盧武鉉政権が国家保安法、私立学校法などの改革と不動産投機根絶、教育改革などを推進しようとしたが、当時の多数野党の反発の壁にぶち当たり、支持率がひどく落ちてしまった。文在寅はその経験を過敏に意識して、スタートから改革作業に大変消極的だということが明らかになり始めた。たとえ、大統領と行政部が権力は掌握したとしても、国会ではすべての法案を否決できる議席がある自由韓国党が、改革立法をあからさまに阻止したので、文在寅政府の司法改革はきちんと推進されず、不平等の解消と労働市場の差別是正のための所得主導成長政策、最低賃金引上げ、労働時間短縮、非正規職の正規職化の試みなどは国内外の反発にあってしっかりと推進できなかった。結局、広場の政治が既存の制度政治に繋がらないようになり、文在寅に大きな期待をかけていた支持者たちだけではなく、文在寅の成功を期待していた中道派や一部保守勢力は、またもや自由韓国党に関心をむけるようになった。

本書では、朴槿恵政権の新権威主義、セウォル号惨事のような国家の無責任と国民無視がどこから出てきたのかを説明しようと試みた。すなわち、２０１５年当時に韓国人が感じていた絶望感の歴史的起源を説明しようと試みた。キャンドルデモと文在寅政権の登場でこのような話は無駄なことのように見えたが、時間が経てば経つほど韓国が抱えている歴史・構造的問題が明らかになったために、本書は韓国に対する多くの疑問に答えることができると考える。

北朝鮮と対話を推進した文在寅政権は、過去朴槿恵政権が日本の安倍首相と結んだ日韓慰安婦合意を否定し、過去を反省しない日本に対して否定的な姿勢を明らかにした。特に、南北の対話とともに、米国と北朝鮮との対話を仲介するのに大きな役割を果たしていた文在寅は、米国と日本が主導する東アジア秩序から抜け出し、南北の和解と平和、統一を媒介にして、米国・中国間の覇権競争の構図において独自な生存の道を進もうとしている。結局、韓国の政治が変化すると日韓関係はねじれて、日本の対韓国輸出規制と韓国のGSOMIA離脱など日韓の葛藤が起こった。

韓国における政権の交代、特に民主改革政府の登場は、北朝鮮、日本・米国と韓国間の外交的な緊張をもたらす可能性が高く、今、韓国と日本もそのような状況にあると考えられる。多くの日本人は、韓国政府は日本と結んだ外交的な約束を守らないと考えているが、韓国人は、合法性と正当性が欠如していた過去の韓国政府と日本との秘密協約は、それ自体が無効だと考えている。これは、過去の日帝植民地支配が、1945年8月15日以後冷戦と分断をもたらした結果、植民地支配の問題をきちんと整理できないまま日韓が国交正常化し、朝鮮半島で近代民主主義国家の樹立が、軍事独裁と親米政権の設立で屈折したことに起因する。韓国は経済的には大きく成長したが、過去1世紀のあいだに経験した抑圧、暴力、屈辱の痕跡は朝鮮半島に深く残っている。日本人が知らない韓国の現代史はまさに日本の現代史と緊密に関係していて、それは19世紀以来世界の帝国主義と資本主義発展の一部を構成している。

本書で、私は主として韓国の現代史、現代の韓国社会について述べるが、その内容の相当部分は日本の現代史と無関係ではなく、ある意味で今日の日本を説明する内容だと考える。韓国と日本の歴史認識の距離を縮めることが、韓国の市民はもちろん、日本の市民の幸福のためにも間違いなくよい結果をもたらすこと、そして自国中心の歴史認識、国家主義は必ず多数の犠牲と苦痛を招くしかないことを信じている。

困難な状況の中で、本書の翻訳出版を決意された梨の木舎の羽田ゆみ子さんにお礼を申しあげるとともに、労を惜しまず翻訳をしてくださった佐相洋子さん、お忙しい中で本書の日本語訳を提案し、監訳と解説をしてくださった李泳采教授に深く感謝申し上げる。

金東椿

2020年2月29日

目　次

日本の皆読者の皆さまへ……………Ⅰ
推薦の言葉――中栄福／タル・サルミネン……………9・10
はじめに……………11

1章　民衆は国を失い、国は主人を失って――植民地と分断……………17
独立と開化のジレンマ――安重根／尹致昊／日露戦争……………18
朝鮮の近代化と解放の二つの道――共産主義／キリスト教……………35
再び8・15の性格を問う――光復節／建国節／分断／信託統治……………54
大韓民国　保守の起源――米軍政／韓民党／親日警察……………72
なぜ国家保安法は憲法の上に君臨してきたのか？――政府樹立／左翼粛清／国家保安法……………92

2章「自由世界」の最前線――国家宗教になった反共・親米……………109
朝鮮戦争が残したもの――制限戦争／爆撃／反共国家……………110
大韓民国は越南者たちが作った――信川虐殺／反共主義／宣教奇跡……………122

反共が国是になった理由——自由党／不正選挙／金昌龍……142
韓米関係は外交関係か？——血盟／駐韓米軍／戦時作戦権……163
なぜ日本は謝罪しないのか？——歴史問題／請求権／日韓協定……190

3章 「闘いながら働いて、働きながら闘え」——近代化の影……207

復活する植民統治　朴正煕の維新とその後——満州人脈／維新憲法／公安統治……208
教育天国と教育地獄——家族／学歴看板／教育爆発……231
なぜ大韓民国は「財閥共和国」になったのか？——対北競争／財閥形成／労働弾圧……248
偉大なる民主化運動はなぜ半分だけ成功したのか？——民主化運動／グローバル化／新自由主義……275

終わりに……286

日本語版への補論

日本における『反日種族主義』旋風を批判する……308
1. かれらは公に「親日派」を宣言した……308
2. 種族主義とは何か……314
3. 「植民地征服」は「恩寵」である、について……318
4. 歴史的事実の隠蔽……324
5. 朝鮮戦争の火種……328

解説

「反日種族主義」という虚構を越えて
——過去への懺悔と新時代への決意があるというなら、誰もが読まねばならない……… 333
李泳采（恵泉女学園大学教授）

関連年表……… 1　脚注索引……………… 5

凡例

・本文中の（　）内の説明は原書にあるものであり、［　］内は訳者による説明である。
・基本的に「朝鮮民主主義人民共和国」を「北朝鮮」、「大韓民国」を「韓国」と表記した。
解放以後建国までの期間はそれぞれ「以北」「北側」、「以南」「南韓」などと表記した。

推薦の言葉

70歳は懺悔録を書く年齢である。解放70年を迎えたわが国の現在がまさにその年だ。この本がそのまま大韓民国70年の懺悔録である。自分自身を弁明して分析する立志伝という名の懺悔録ではなく、懺悔という言葉どおりに過ちを告白する真の懺悔録である。過去70年間いかなる人びとが権力を掌握し、いかなる人びとを抑圧して、いかなる道に国家を引っ張ってきたかを懺悔する。今日の大韓民国は、はたして独立自主国家なのか？　民主的で平等な社会なのか？　人間的な真実が川のように流れる社会なのか？　一言でいうと、大韓民国の真の姿を明らかにすることによって、われわれを気まずい真実の前に立ち向かわせる。一人の個人の場合とは違い、一つの国家の懺悔録は過去に対して懺悔すると同時に、その懺悔を踏み越えて新しい未来を開拓するための決意でもある。この本は、そのような懺悔と決意が交差する解放70年を迎えて、これまで韓国現代史の真実を誰よりも根気強く細かく調べてきた金東椿教授だけがやり遂げることができる力作である。懺悔と決意に心を開こうとするすべての人びとの必読書である。

申栄福《シンヨンボク》*（聖公会大学教授）

*申栄福《シンヨンボク》（1941〜2016）
1968年、統一革命党事件に連座して88年まで20年間収監された。その間の思いや苦悩を手紙形式で記した『監獄からの思索』（1988年）で広く知られる。

この本を読みながら、2000~01年にソウル大学言語教育院で学んで、韓国語を勉強した時のことを思い出した。最上級である6級の授業の先生が、韓国の近現代史についてのドキュメンタリー映像をよく見せてくれたが、その時初めて開化、親日派、慰安婦のような概念に接することになった。解決されていない問題、悲しい歴史が実に多い国だと思った。大学を卒業して韓国に住み、いつも歴史に関心があったが、この本を読みながら大韓民国という国家が、どのように、どんな勢力によって発展してきたか、今一度浮かび上がるようになった。韓国社会をよりよく理解できるようになったとも考える。

この本を読み、「はたしてそうなのか?」という疑問が浮かびもし、「そうだ、その通り」と相槌をうった。それがまさに人文学の意味だと思う。なんら考えもせず勉強する歴史の本ではなく、考えるようにさせ、なによりも「なぜ」という質問を投げる。「なに」より「なぜ」という質問がより重要な時代である。最近、スローガンのように叫ばれている「創意性」も「なぜ」から始まる。しかし、速いスピードで過ぎる日常の中で「なぜ」という質問は、面倒なために避けられるようになる。この本は読者に多くの考え方を与えてくれるものであると確信する。どんなことが正しくて、どんなことが間違っているかを判断することは読者の役目である。歴史を忘れた民族に未来はないというが、この言葉は今の時代に一層意味があると思う。この本を読んで、次々と問いかけ、共感して考えることを願う。

タル・サルミネン*［Taru Salminen］（翻訳家・放送人）

*タル・サルミネン（1977〜）
フィンランド出身。現在は、フィンランドの大学で、韓国語を教えている。

はじめに

金東椿

2015年の光復節《クァンボクチョル》を迎えるにあたって韓国社会は少し騒がしかった。政府は「光復節70年」を記念して、1日前の14日を臨時公休日に指定して、映画館には、1930年代の独立軍の活動を扱った映画*を見るために1000万人の観客が列をなした。同時に、他方では、「光復70年記念」ではなく「建国67年*」を記念しようという主張が提起されてもいた。いまなお大韓民国がどんな国なのかをめぐって韓国社会は深刻な内紛状態にある。

「光復70年」を迎えるにあたって、学者の一人として何か発言をしなければならないと考え、今年の初めからこの本の執筆を始めた。この本で、私は現在韓国が抱えている問題を出発点にして、8・15以後の歴史を振り返ってみたかった。これまでに私たちははたして自主独立国家を建設したのか？　今、私たちが暮らしている大韓民国は国民主権が保障されている民主共和国なのか？　日帝の非人間的な奴隷状態から、韓国人ははたしてどの程度「解放」されたのか？　大韓民国という国はどんな国なのか？　このような質問に答えようと考えた。

この本は韓国現代史の概説書ではないが、公式化された韓国現代史に対して批判と再

＊映画
この映画は、2015年7月に公開された『暗殺』で、観客は1270万人に達した。

＊「建国67年」
1章　再び8・15の性格を問う（54ページ）を参照。

解釈を試みようとした。現在の大韓民国の政治・社会のさまざまな問題、特に普通の国民が今、味わっている苦痛はどこからきて、どんな歴史的背景、国際政治的脈絡と条件から始まっていたのかを問い詰め、答えている。特にセウォル号事故以後、多くの人が投げかけている質問、「これが一体国なのか？　われわれに国家があるのか？　国家はなぜ存在しなければならないのか？」に対する答えでもある。セウォル号惨事がなかったら、李明博《イミョンパク》・朴槿恵《パククネ》政権の逆行がなかったら、私はこのようなことを始めようとはしなかっただろう。

私がこの本で述べようとしたことは三つである。一つ目は、韓国近現代史の基本課題である。私は、8・15以後、朝鮮半島は統一された国民国家建設と近代化、社会正義の樹立、人間化の三つの道を歩むべきだったのであり、それは大韓帝国末期と日本植民地時代の先覚者たちが提起していた開化・独立・民権という三つの課題を同時に成し遂げる道だった、と考える。日帝による植民地化は独立と民権を成し遂げられないまま、開化、すなわち植民地近代化を強要されたのであった。8・15以後、分断によってわれわれは独立（当時は統一した民族国家建設を意味した）を留保して、別の新開化・近代化の道を行くことになった。その時から朝鮮半島は国際的な冷戦秩序の渦に巻き込まれていき、分断、反共国家建設、朝鮮戦争を続けて経験した。大韓帝国末期以来、日本を手本にしていた人びとが今や「米国に学ぼう」と路線を変えて、かれらが今まで韓国の独立と民権保障を留保したまま開化、すなわち近代化・西欧化の道を主導してきた。

二つ目の争点は、大韓民国の国家理念である。私は、朝鮮戦争当時、黄海道《ファンヘド》信川《シンチョン》虐殺などで明らかになったキリスト教と共産主義の対立を通して大韓民国のアイデンティティが逆に明らかにされたとみる。繰り返し言うと、虐殺の加害者でもあり、被害者でもあった人びとが北から南にやってきて大韓民国の精神的基盤を作ったのだ。大韓民国の国家理念、価値と哲学は、韓国文化の伝統、あるいは西欧の自由・平等・民主・共和などの価値を批判的に再解釈した上で作られたのではなく、大韓帝国末期以後、近代化のために朝鮮人たちが受け入れた二つの外来思想、キリスト教と共産主義の対立過程で作られたものである。すなわち、米ソの対立という国際政治の圧力によって朝鮮半島は分断され、一方の大韓民国は共産主義を敵対視して米国の宗教であるキリスト教（反共主義）を選んだ。憲法の上に君臨する「国家保安法」と大韓民国存立の責任を負った駐韓米軍、そして、国家宗教となった反共主義が、事実上大韓民国の憲法の価値である民主主義と共和主義を圧倒した。ここに左翼、あるいは北朝鮮の共産主義による被害の記憶が、国家の記憶として公式化されて大韓民国の主流が作られた。

1945年以後、冷戦の最前線に位置した韓国は、植民地秩序の清算、自主独立国家の建設、そして、民権保障という歴史的課題を留保、あるいは抑え込んで、冷戦の論理を徹底的に内面化した。反共と反北朝鮮がほとんど現代版宗教になって、日帝末期の全体主義や極右ファシズムが「自由」の名前に変形されて持続される余地が生まれたのである。

韓国は過去清算を通して日本と和解するのを放棄して、米国が主導する東アジアの秩序に組み込まれた。韓国の政権を担っている者たちは、逆説的に北朝鮮との敵対で飯を食っている。明らかに新しい民主主義国家は建設されたが、その国家で統一（独立）・民権勢力が弾圧され、社会主義者はもちろん、民主主義者まですべて排除された。以後、多数の国民の意思が既存の政治秩序や政党にほとんど反映されず、日帝に協力していたエリートと反共を信仰告白した人びとだけが政治の指導者になることができた。このような半国家において正義は失われて、国民主権は「半分の半分」だけ保障されるしかなかった。

三つ目は、前の二つの争点と関連しているが、韓国「近代」の性格にかかわる問題である。西欧が入ってくる前、18、19世紀に萌芽的に起こっていた朝鮮の自生的な近代化、すなわち東学農民運動*の身分撤廃・土地の均等分配・民権・正義・平等・人間化要求が挫折して、以後日本と西欧の侵略と圧迫によって「追いつけ近代化」の道に踏み込んだ。この過程で、主流勢力は政治・文化的主体性を持つことができず、国家の理想を民族内部の論議で決定するよりは、外部勢力と分断の圧迫のなかで決定した。国家主義と成長至上主義は、まさにこのような「圧迫の近代」の産物だった。

これまで、韓国が成し遂げた成果は目を見張るものがあり、自慢できる点も多い。しかし、私は、前に挙げた背景と構造的な理由のために、今日の南北がそれぞれ違う理由で深刻な内部の危機に直面したと考える。すなわち、南北がそれぞれ抱えている問題は、

＊東学農民運動
　１８９４年全羅北道古阜の東学の地方幹部であった全琫準を指導に東学教徒と農民たちが共に起こした農民運動。甲午農民戦争ともいう。

両国が別個の「国家」として発展の展望を立てているのでは解決されないものだ、と考える。確かに、統一それ自体が最終目標ではないかもしれない。しかし、現在、韓国の「半国家」状態、韓国の国民が享受している「半分の半分」の主権状態を克服して、民権と正義が完全に保障される国家を作るためには、まず南北の間の平和体制の樹立と統一、周辺の強大国家との賢い関係を作らなければならない。また、大韓帝国末期に提起されていた開化・独立・民権の課題を同時に解決するために内部からの改革が必要であり、東アジア全体は言うまでもなく、今日の世界全体が抱えている苦痛に対するオルタナティブな提案者としての視野や議論も必要である。

私は、この本で大韓民国の主流勢力がどのように形成され、どのように国家を引っ張ってきたかを主として論じたので、この流れのなかで弾圧され排除された勢力——日帝支配下での武装闘争と社会主義運動、そして1960年代以後の民主化運動と民衆の抵抗——についてはほとんど言及しなかった。それは、別途の作業を要することである。

何年か前から周りの人びとが、「韓国という国」を主題にして本を一度書いてみたらと勧めてくれたが、今年がその本を書くのにちょうどいい時であった。当初は研究者ではない一般人、特に若者たちが簡単に読める本を書こうとしたが、大変複雑に絡んでいる過去と現在の争点を一つの流れのなかで簡単な用語で組み立てることは容易ではなかった。結局、分量も増え内容も少し堅くなってしまった。

この本を書くに当たって、多くの一次資料と研究書、数百の関連論文を参考にした。1950年代以後の部分は、私の以前の学術論文でかなり扱ったが、それより前の時期の歴史や具体的な争点などについては、私が専門の研究者ではないために、事実の錯誤や解釈上の問題があるかもしれない。歴史学者あるいは読者の批判を謙虚に受け入れたいと思う。

2015年10月

1章　民衆は国を失い、国は主人を失って——植民地と分断

独立と開化のジレンマ——安重根《アンジュングン》／尹致昊《ユンチホ》／日露戦争

１００年以上前の世界には、西洋諸国を中心とした国々の広大な植民地競争が広がっていました。圧倒的な技術優位を背景に、植民地支配の波は、19世紀のアジアにも押し寄せました。その危機感が日本にとって、近代化の原動力となったことは間違いありません。アジアで最初に立憲政治を打ち立て、独立を守り抜きました。日露戦争は、植民地支配のもとにあった、多くのアジアやアフリカの人びとを勇気づけました。

安倍晋三「戦後70年談話」２０１５年8月15日

日露戦争1904〜05年　屈曲の序幕

大韓民国の国民で安重根《アンジュングン》*を知らない者はいない。1909年、植民地朝鮮の初代統監伊藤博文を狙撃した安重根は民族の英雄であり、抗日独立闘争のアイコンである。ところで、安重根が1905年日露戦争の日本の勝利に歓喜して、日本を先導者として東洋3か国が力を合わせて朝鮮を文明国にしようとしていた事実はよく知られていなかった。他方、「東海が乾き果て白頭山が摩り減る時まで」で始まる愛国歌を知らない韓国人もいない。その作詞家として知られる尹致昊《ユンチホ》*が、日帝から最高の爵位を受けた代表的な親日派、すなわち日帝の協力者だという事実もあまり知られていなかった。親日派というと、自分の富貴栄華のために国を売った、倫理にもとる人間だというイメージがあるが、かれらの足跡をたどってみると、さまざまな思いが浮かぶ。

日本の敗戦時まで思い切り栄華を極めた尹致昊は、解放直後の1945年10月、81歳で自殺した。一方、安重根は1909年伊藤博文を狙撃した現場で逮捕され、翌年30歳で処刑された。尹致昊は早い時期にプロテスタントに改宗し、安重根はカトリックに帰依してトマスという洗礼名をもっていた。西洋の宗教であるキリスト教に入門して、朝鮮を文明開化させようとして、一歩先んじていた日本を見て学ぼうと考えていた二人が、全く違う道を行くことになった理由は何か？　かれらの考えと行動は、100年後の大韓民国にどのように染み込んでいるのか？　当時の先覚者たちが開化と独立という課題を受け入れた方法は、今日の韓国が直面する現実を理解する端緒を提供してくれる。

＊安重根《アンジュングン》（1879〜1910）　黄海道（現在は北朝鮮）の両班の家の長男として生まれた。処刑されたのは満年齢で30歳。右の写真は獄中で二人の弟と神父と面会しているところである。

＊尹致昊《ユンチホ》（1865〜1945）　忠清南道牙山出身。1881年に朝鮮初の日本留学生の一人として開化思想にふれる。大韓民国第4代大統領尹潽善は甥である。

ポーツマス講話会談・この会談において米国の仲裁で日露戦争の戦後処理問題を論議した。その結果、1905年9月2日「ポーツマス講和条約」が締結された。これによって、朝鮮半島に対する支配権を日本が独占することになり、2か月後日本と大韓帝国の間に「乙巳条約」が結ばれた。

安重根と尹致昊二人の道を分けた最も重要な事件は、日露戦争（１９０４～05年）である。この戦争は、東アジアの覇権を狙ってロシアと日本が戦った戦争として知られているが、実は20世紀の朝鮮半島の運命を左右する最も決定的な事件であり、その主要な戦闘現場はまた、朝鮮半島とその周辺だった。日露戦争当時、日本の背後には米国とイギリスがいた。戦争勃発直前、日本は、「朝鮮をほかの強国に奪われた場合、日本の防衛が危うくなり、朝鮮の存亡に帝国（日本）の安危がかかっているので絶対朝鮮をほかの国に干渉させることはできない」と、この戦争の目的を明らかにした。日本の立場では、勝利はすなわち朝鮮の支配を意味した。だから、日本は表ではロシアに宣戦布告したが、実際には銃声が鳴るやいなや、朝鮮全域に軍隊を駐屯させ朝鮮の内政に干渉して朝鮮人に銃を向けた。

ところで、尹致昊だけではなく安重根も、初めは白人に対抗する「黄色人種の勝利」という日本の宣伝を疑わなかった。アジアの後発国である日本が、巨大な帝国ロシアを相手に勝利したという事実は世界を驚かせた。特に、西欧列強の間で苦しんでいたアジアは、日本の勝利を聞いて喜びの声を上げた。その代表がインドの詩聖タゴール*である。かれは朝鮮を「東方の灯燭」と褒めたたえる詩人として韓国では知られているが、実際には日本に大変友好的だった人物である。かれは日本が日露戦争で勝利するや、「海の端の夜は明るく／真っ赤な雲の明け方に／東方の小さな鳥／声高く晴れ晴れと開戦を歌う」と、感激を抑えられなかった。

***タゴール**
（１８６１～１９４１）
詩人、小説家、思想家。１９１３年アジア人として初のノーベル賞となるノーベル文学賞を受賞した。

20世紀初め、開化と文明の道を登っていった日本は老いた帝国ロシアをへし折り、日本を背後で支えていたイギリス、米国とともに次第にじっくりと朝鮮の首を絞めていった。朝鮮は中国だけを見て、開化・独立という時代の流れを読めないまま、結局植民地になり、日本が主導する文明開化の道に強制的に取り込まれた。このような状況は、以後100年間に及ぶ屈曲の歴史を予告するものであった。

自生的近代化の挫折

19世紀後半に入り、「黄色い髪で鼻が高い人」たちが、静かな朝の国朝鮮の門を叩いた。西洋文明が中国を始めとした東洋を占領する「西勢東漸*」の時代が始まったのだ。世界の中心であると自認していた中国は、アヘン戦争（1840〜42年）で西洋の小さな島国イギリスに完全に敗北した。その後に多くの西洋の宣教師と旅行家、学者たちが朝鮮を訪れ、米国とフランスは軍隊を送り、「未開な国」朝鮮に通商を要求した。西洋から新文化と技術、制度を学び、新しい国を建設した日本は、中国の懐から出て貧しさを脱ぎ捨てて、開化と文明の道をともに歩もうと、朝鮮を圧迫した。結局、朝鮮は1876年、日本と修好（「江華島条約*」）を結んだ。

しかし、相変わらず「力ある者の無法天地」だった朝鮮は、専制君主制、古臭い身分秩序と中国中心の「天下」に安住していた。このような朝鮮を開化させて、民衆が参加する、独立した近代国家を創ろうと、金玉均《キムオッキュン》たちが起こした1884年の甲申政変《カプシン》*は、

＊西勢東漸　西洋勢力が次第に東に進むこと。すなわち西洋列強が東洋に植民地を建設することをいう。

＊江華島条約　日本では「日朝修好条規」という。

＊甲申政変《カプシン》　1884年12月4日に急進開化派がおこしたクーデター。金玉均は1894年3月、上海で暗殺された。

清国軍の出動によってたった3日で鎮圧された。キリスト教の宣教のために、朝鮮に来た西洋人たちは、「独立する力がないこの憐れな国は、結局周辺の強大国の餌になるもの」だと予想した。当時の両班《ヤンバン》の老人と若者の対話で朝鮮半島の情勢をうかがうことができる。

この両班の老人は、独立館(現西大門独立門)を眺めながら、これが国といえようかとため息をついた。われわれは明国、清国にずっと仕え、まるで子どもが両親をあがめるようにしてきたが、独立だの開化だのと言いながら、こんなに騒がしくなって今や聖人の言葉を守らないではないかと言うと、少年が答えるに(……)すべての国が開化するのに、われわれだけ未開ならば他国に負けることになり、独立できなければ他国の奴婢になるとしたらどうするのか。昔は、中国が門をしっかりと閉じて、自分の国は高貴で他国をオランケ[蛮夷]と蔑視していたが、今は門を開き(……)外国人の凌辱を自ら招いています。(……)わが国がどこかの国の属国になれば、内政では自主がなく、土地税と人頭税が重くなって奴婢になりかれらの思いのままに略奪されるだろうから、われわれが独立国になれなければ君臣上下をどこにおくことができましょうか? 私が聞くところでは、南北の村では独立と開化という四つの文字を仇と考えて、新しい文物を門の中に入れないようにして、ただ両班が気勢を上げているけれど、国があってこそ両班の名前を維持でき、学問があってこそ両班の命脈を継続できるのではないですか？

皇城《ファンソン》新聞*、1898年9月30日論説

当時の朝鮮の志ある若者たちは、日本のように門戸を開放して、西洋の文物を受け入れ、富強な国を創ろうという開化派の主張に歓喜した。米国とヨーロッパを旅行した兪《ユ》吉濬《ギルジュン》*も『西遊見聞』で、朝鮮が文明の道を進むためにはまず開化をしなければならない、と主張した。かれらは、朝鮮の富国強兵のためには、清国の属国から脱して独立国にならなくてはならず、文明開化の道に進むべきだと訴えた。甲申政変直後、徐載弼《ソジェピル》*らが作った独立協会や最初の市民運動である万民共同会は、民衆の覚醒と政治参加、そして自主と独立を要求していたその時代の課題を代弁していた。

しかし、地位と権勢を思いのままにしてきた朝鮮の高官たちは、時代の要求に耳をふさいだ。かれらは日本や西洋の人びとが語る主権や民権の概念を理解できなかった。一方、儒教精神に凝り固まっていた地方の固陋なソンビ*たちも、開化派が義理と道徳を崇め尊ぶ君子の精神を捨てて、ただ経済的な欲望と権力を追求する西洋文明を学んで小人の道を行こうとしていると批判した。かれらは、西洋人はただ財物に対する欲望と利権にだけ汲々として、攻撃し争うことだけに専念していると批判するだけだった。かれらは、中国に対する事大主義と班常《パンサン》［両班《ヤンバン》と常人］*を厳格に区分する身分秩序の慣習にどっぷりと浸かって、国の経済・文化・軍事を守ることには関心がなかった。

＊皇城《ファンソン》新聞
1898年9月5日に創刊された日刊新聞。1910年8月29日に韓国が併合されると『漢城新聞』と名前が変わり、その後9月14日の3470号まで発行された。

＊兪吉濬《ユギルジュン》（1856～1914）
開化思想家。『西洋見聞』は、1887年完成、94年刊行された。

＊徐載弼《ソジェピル》（1864～1951）
開化派の中心人物。1896年4月ハングルと英文からなる『独立新聞』を創刊した。

＊ソンビ
学識と人品を兼ね備えた人に対する呼称。特に儒教理念を具現する人格、又は身分階層を指す儒教用語。

＊両班《ヤンバン》と常人
朝鮮時代の身分制度は大きく分けると、良民と賎民に分けられる。良民には両班・中人・常人があり、両班はいわゆる支配

エリート層が開化と独立の道について争っている間、民衆の境遇は悲惨というしかなかった。大多数が虐政に苛まれ生きる意欲を失っていた中で、一部地域の農民たちは、役人の横暴と加重な税金、そして深刻な身分差別をなくそうと要求した。結局、1894年全羅《チョルラ》道《ド》古阜《コブ》で全奉準《チョンボンジュン》*が率いる東学軍が蜂起し、官庁を占拠して勢力を拡大した。すると、高宗《コジョン》*は地位と権力を守るために清国に東学軍の鎮圧を要請した。「江華島条約」を締結した後、「朝鮮は清国の属国なのか、そうでなければ、自ら外交権をもつ独立国であることを明白にしろ」と圧迫した日本も、これに乗じて「朝鮮の独立を支持する」という名目で軍隊を派遣した。そして、すぐさま景福宮《キョンボックン》を占領して、朝鮮の軍隊を武装解除させた。日清戦争として知られたこの戦争の始まりは、日本軍の朝鮮制圧だった。

日清戦争は、国家の改革、身分差別の撤廃と民権の保証を要求していた東学農民軍の反乱を鎮圧するという口実で、清国と日本が朝鮮の支配権を争って朝鮮の国土で繰り広げた戦争である。このころの朝鮮は、初めは日本と清国の間で、その次には「日本の長崎とロシアのウラジオストクの間にはさまれて、双方からサッカーボールのように蹴られっぱなしの状態になった」。

清国との戦争に勝利した日本は、朝鮮に対する宗主権を確保した。高宗は王権を危機に追いやる独立協会と万民共同会を解散させ、日本軍は数十万人の東学軍を無残に殺した。独立協会の解散と東学農民軍の敗北で、民衆の力で朝鮮の開化と独立を推進しよう

層で、中人は主として低い官職の役人、医官、技術者など、常人は一般的な庶民で農業・工業・商業に従事する者を指す。賤民は奴婢（使用人）・芸人・僧侶・巫女などである。さらに、最下層民は白丁で動物の屠殺などに従事した。

＊全奉準《チョンボンジュン》（1855〜95）
全羅北道泰仁の出身。甲午農民戦争の最高指導者。民衆のあいだに絶大な人気を得、「緑豆将軍」として永く語りつがれた。

＊高宗《コジョン》（1852〜1919）
朝鮮王朝第26代国王（在位1863〜1907）。1919年1月21日死去したが、日本による毒殺説が広まり、3・1運動のきっかけともなった。

という試みは挫折した。君主の権威は守ったが、朝鮮王朝はすぐに日本によって消え去る運命であった。

いかなる国に従うのか？

尹致昊は、徐載弼とともに独立協会を主導した人物で、独立新聞社の社長を務め万民共同会も主導した。かれは早い時期に日本に留学して、日本が西洋文物を学び富強な国として発展している姿に大いに感銘を受けた。日本で日本語と英語を学んだ後、一生を通じて英語で日記を書き、米国のバンダービルト［Vanderbilt］大学とエモリー［Emory］大学で神学・英語・自然科学などを学んだ。かれは米国でプロテスタントに改宗して、民主主義・自然主義の思想と制度に感銘を受けた。しかし、人種差別には大変失望した。

巨大な物質文明の力を肌で体験した尹致昊は、時代遅れで無気力な清国と人種差別が激しい米国ではなく、同じ黄色人種ですでに西洋文明を受け入れていた日本に親近感を感じた。かれが見た日本国民は愛国心があり、騎士道的な名誉心もあり、瞬発力ある知力と果敢な勇気もあった。

かれは日露戦争が始まるとすぐ、「日本の成功は、朝鮮の救援と中国の改革を意味するものである。（……）全ての東洋の善のために日本が勝利することを」祈った。朝鮮が日本と同じ黄色人種であるという理由で日本の勝利に誇りをもち、朝鮮を開化させることができるなら、日本の支配も受け入れることができると考えた。腐敗し堕落した朝鮮王朝の支配の下で生きるよりは、人種的に同じ日本に隷属するほうがより良いと考えて次のように書いた。

私は朝鮮の独立問題には関心がありません。現在のような政府では、独立しても民族にいかなる希望も与えることはできないのです。反対に、同胞を愛し、人民の福祉に積極的な関心をもつよりよい政府をもつならば、ほかの国に従属しても災難ではありません。

『尹致昊日記』１８８９年12月28日

尹致昊は、文人と嫡子が優遇されていた朝鮮で、武人出身で庶子の父親の下で生まれた。それで、かれは科挙を受けたり官吏になったりすることができないなど、差別と不利益を経験した。このような背景のために、かれは性理学を捨てていち早く西洋文明を受け入れた。当時、尹致昊と、かれよりさらに下層出身の一部の野心家は、朝鮮で差別を受けて生きるよりは、日本側に立ってよりよい待遇を受けて生きるほうがよいと考えた。例を挙げれば、下級官吏の庶子として生まれた宋秉畯《ソンビョンジュン》*と極貧の農民出身の李《イ》容九《ヨング》*らは、東学党の生き残りと失業者を集めて一進会*を作った。かれらは、１９０５年の「乙巳条約」を支持して、高宗の退位を要求したが、結局、日本の朝鮮合併を支持

＊宋秉畯《ソンビョンジュン》（１８５８〜１９２５）政治家。起業家。

＊李容九《イヨング》（１８６８〜１９１２）宗教家。政治家。

＊一進会 大韓帝国末期の１９０４年に設立され、１９１０年に解散した対日協力（親日）団体。

する大衆運動を繰り広げた。両班の支配層の中でびくびく震えながら生きてきた人びとは、李人稙《イインジク》*の小説『鬼の声』に描写されたように、「幼子が乳首にすがるがごとく金にすがりつこうと」飛びつき始めた。日本がもたらした文明開化が、かれらには救いでありチャンスであった。

開化期のもう一つの目立った現象は、キリスト教信者の増加である。大韓帝国末期以後、性理学と身分差別から抜け出そうという強い願いを持った人びと、奴婢や庶子であるという理由で差別を受けていた人びとが、大挙キリスト教に帰依した。老論が主導した勢道政治*で長い間疎外されてきた南人と、中央進出ができなかった西北地方の人びとも同じだった。朝鮮社会や儒教の教えに全く希望をもてなかったかれらは、初期には民衆の反乱に加担したが、次第に身分差別のないプロテスタントとカトリックに帰依した。かれらは、朝鮮を富強国家にするためには西洋文明の核心であるキリスト教を学ばなければならないと考えた。尹致昊がプロテスタントに改宗した理由も同じだった。

1801年、辛酉迫害*以後、朝鮮政府は、カトリックが「廃族［大罪で死んだ人の子孫が官職につけないこと］」、庶民とその子孫などの意味を忘れ、国家を恨む人びとを集めて（……）市井の仲買人と農民、女まで呼び集めた」と決めつけた。カトリックの共同体では、中人や農民も両班と同じ部屋を使い、時にはかれらの中から信徒会の総会長が選ばれることもあった。かれらは、身分や政治路線の差異を超えて平等意識を基盤にして強い紐帯意識を共有した。辛酉迫害の時、殉教した李順伊《イスニ》は夫柳重哲《ユジュンチョル》と、貧民を

＊李人稙《イインジク》（1862〜1916） 緻密な構成、描写の写実性などで朝鮮近代小説の祖と呼ばれる。

＊勢道政治 国王の委任を受けた特定の勢力によって行われる朝鮮時代の政治形態の一つ。おおむね王の外戚が担ったが、後期では安東金氏が有名である。

＊辛酉迫害 天主教（カトリック）弾圧事件。正祖の子純祖（第23代国王。在位1800〜34年）が即位するや保守派が台頭し、天主教は邪教とされ、教徒約100名が処刑され、約400人が流刑となった。

救済しようという計画を立てた。富める者が貧しい隣人のために財産を分けることはこれまでには見られなかった姿だ。辛酉迫害以後にもカトリックの信者たちは、自分たちが飢えながらも寡婦や孤児を受け入れて、もっているものを分け与えた。朝鮮のカトリック信者たちが新しく考え出した社会は、家族・氏族のつながりとは全く違う形態だった。かれらは平等な社会組織を作り、既存の家族・氏族の秩序体制を変えようとした。独立協会や万民共同会、一進会などの近代的社会・政治団体の結成もキリスト教の影響と無関係ではない。宣教師ジェイムズ・スカス・ゲイル［James Scarth Gale］は、カトリックとプロテスタントが朝鮮で急速に広がった理由を、韓国では中国や日本と違い、唯一神の概念と類似した「ハナニム」の概念があったからだと考えた。

カトリック信者を父にもった安重根も西洋文明を受け入れてこそ朝鮮を救済できると考えた。

われわれ大韓の全ての同胞、兄弟姉妹たちは、大いに悟り勇気を出して過ぎたる日々の過ちを深く懺悔して天主様の養子となって現世を道徳の時代に作りあげ、みな一緒に太平を享受して、死んだ後に天国に上り褒美を受け取り、無窮な永遠の幸福をともに享受することを千万回祈ります。今、世界の文明国の博士、紳士たちも天主イエス・キリストを信じていない人はいません。

李殷相《イウンサン》編『安重根義士自叙伝』安重根義士崇慕会、１９７９年、54～55ページ

1905年頃、安重根は国の独立と民衆の覚醒のための愛国啓蒙運動の先頭に立った。そして、金を集めて日本に負けた借りを返して、独立を成し遂げようという国債報償運動*を始めた。かれは、自分が運営する三興《サムン》学校の教員と学生たちに、この運動に参加するように勧めて平壌《ピョンヤン》の明倫堂《ミョンリュンダン》*にソンビ1000人余りを集めて、独立の必要性を雄弁に語った。

安重根も初めは、日露戦争で日本が勝利したことを知って、大いに喜んだ。しかし、すぐに日本が朝鮮の開化を引っ張っていく友ではなく、「空腹を満たすためには他者を餌にして合心［心を一つにすること］を妨害」する国であり、東洋3か国を代表して西欧の侵略に立ち向かう国ではなく、白人の手先になって朝鮮を飲み込もうとしている事実に気づいた。

失敗した近代、開化論は親日の道へ

日露戦争以後、安重根は尹致昊と違う道を歩き始めた。尹致昊のような急進開化派は、朝鮮には力がなく独立が困難なので、日本についていって文明開化の道を行くべきだと考えた。かれらは、朝鮮はそのままにしておけばどうせ滅亡するので、日本の保護を受けるしかないと考えた。しかし安重根は、日本が朝鮮人を保護したことがないのはもちろん、数万人の朝鮮人を虐殺して朝鮮の人材をすべて殺したその罪を問いただそうと決

＊国債報償運動
1907～08年に国債を国民の募金で返済しようと展開した国権回復運動。日本は、1894年の日清戦争当時から朝鮮に対して借款供与を行い、1904年の第1次日韓協約以後はさらに露骨に行った。

＊明倫堂《ミョンリュンダン》
高麗時代末期から朝鮮時代にかけて、儒教を教えていた講堂。

心した。かれは初めは無能な朝鮮が富強な国へ変わるのは難しいと考え、カトリックの神父の助けを求めるためにフランス語を学びもした。しかし、かれはすぐに日本だけでなく宣教師たち西洋人も結局は朝鮮を奴隷にしようとする、新しい主人に過ぎないという事実を思い知らされた。

日本語を学ぶ人は日本の奴隷になり、英語を学ぶ人はイギリスの奴隷になる。わたしが万一フランス語を学べば、フランスの奴隷にならざるをえないのである。そのためにやめたのである。

中野泰雄『東洋平和の使徒　安重根』ハソ、1995年、122~123ページ

ついに安重根は1909年10月26日、朝鮮独立のために命を惜しまない義兵として、ハルビン駅で伊藤博文を狙撃した。

この時期に朝鮮の義兵たちは日帝の侵略に武力で抵抗したが、尖端的な武器で武装した日本軍に立ち向かうには力も技術も不足だった。日本は、抵抗する朝鮮の義兵を「暴徒」と呼んで、文明開化という時代の流れを読めずに、近視眼的な盲信と間違った愛国心で無駄なことをすると叱責した。

1910年、李完用《イワニョン》*ら朝鮮の大臣たちは、「互いに幸福になって、東アジアの平和を永久に確保しよう」という日本側の日韓合併要求に、「国は滅んでも私は富貴で心安ら

*李完用《イワニョン》（1858~1926）
日本の朝鮮植民地化政策に迎合した親日派官僚の代表的人物。

かだ」と、印を押して植民統治に積極的に協力した。8月4日、併合のための秘密協議の場で、李完用の秘書であり、新小説作家の李人稙は、「歴史的事実で見れば、日韓併合ということは結局、宗主国だった中国から一転して日本へと移ったということ」だと説明した。

これをもって、1392年に建国され1897年に「大韓帝国」と名前を変えた「朝鮮」は、地球上から消えてしまった。西欧式の開化よりは自主独立を優先してきた愛国志士と義兵長たちは日韓併合後満州に亡命し、中華文明と儒教思想を鉄石のように固く信じていたソンビたちは、自決したり隠遁したりした。民衆の参政権の保障など西欧式の開化は必要だが、日本の支配を拒否した李承晩《イスンマン》*らは米国に亡命した。

安重根は命を捧げる代わりに永遠に名前を残す道を選んだ。ソウルの孝昌《ヒョチャン》公園にある安重根の仮の墓所に残っている「流芳百世」、すなわち「香しい名前、後世に道が残る」という文言がかれの生涯を語っている。

大韓帝国末期の朝鮮を旅行したイギリスのイザベラ・バード・ビッショップ*女史は、朝鮮を「官吏たちの悪行さえなかったならば、幸せで繁栄する民族、生業で得た利益を奪われなければ幸福で勤勉になる民族、行政的なきっかけさえあれば大いに自発性を発揮する民族、未開発な資源を開発したら貧しさから抜け出すことができる民族、しかし潜在したエネルギーを全く使えない民族」と記録した。同じ時期に朝鮮を旅したフランス人シャルル・バラワ・シャイエ・ローンは、「朝鮮人は才智あり大いに好奇心あり、

＊李承晩《イスンマン》（1875〜1965）
黄海道平山に生まれ、ソウルに移住。大韓民国初代大統領（在任1948〜60）。1960年の4・19革命で退陣に追いこまれハワイに亡命した。

＊イザベラ・バード・ビショップ（1831〜1904）
大英帝国の旅行家、探検家、紀行作家。著者に『日本奥地紀行』『朝鮮奥地紀行』などがある。

必要な時はいつでも積極的に乗り出して相互に助け合う伝統をもっている」と称賛した。しかし、朝鮮は時代の流れに合流できずに、結局日帝の植民地に転落した。

今まで述べてきた大韓帝国末期の朝鮮人たちの対応を単純化してみよう。一つ目、開化を時代的大勢と認識して、外国の支配を受けようとも開化の道を進もうとした尹致昊と一進会などは、以後、日帝の植民地支配体制に協力した。二つ目、開化は必要だと考えたが、そのために独立まで放棄することはできないと考えていた民族主義者は二派に分かれた。安重根のような急進論者は抵抗して殺され、穏健論者は日本の支配を避けて海外に亡命した。三つ目、開化はすなわち日本および外国の支配だと感じ取り、民衆の権利保障（民権）と外国の排撃を追求した東学農民軍は、朝鮮の官軍と日本軍にむごたらしく鎮圧された。もちろん、開化に反対して中国中心の世界観と儒教的な伝統と身分秩序を守ろうとした両班出身の義兵と儒生たちは、東学農民軍と思想は違っていたが、反外国勢力という立場は同じだった。

開化、すなわち近代国民国家の樹立と物質文明の発展も、自主独立なくしては無意味である。民衆が差別を受け、国家の主権者として力を発揮できなければ、すなわち民権が保障されなければ、独立国家の樹立は不可能だ。1910年8月29日、「日韓併合条約」が締結され、朝鮮半島は完全に日本の植民地になった。これをもって、民権の保障を基礎とする朝鮮の独立は挫折して、結局日帝による開化、すなわち西欧的な近代制度の導入という道だけが開かれてしまったのだ。

尹致昊一家の家系図

（太字は親日人名辞典に収録された人物）

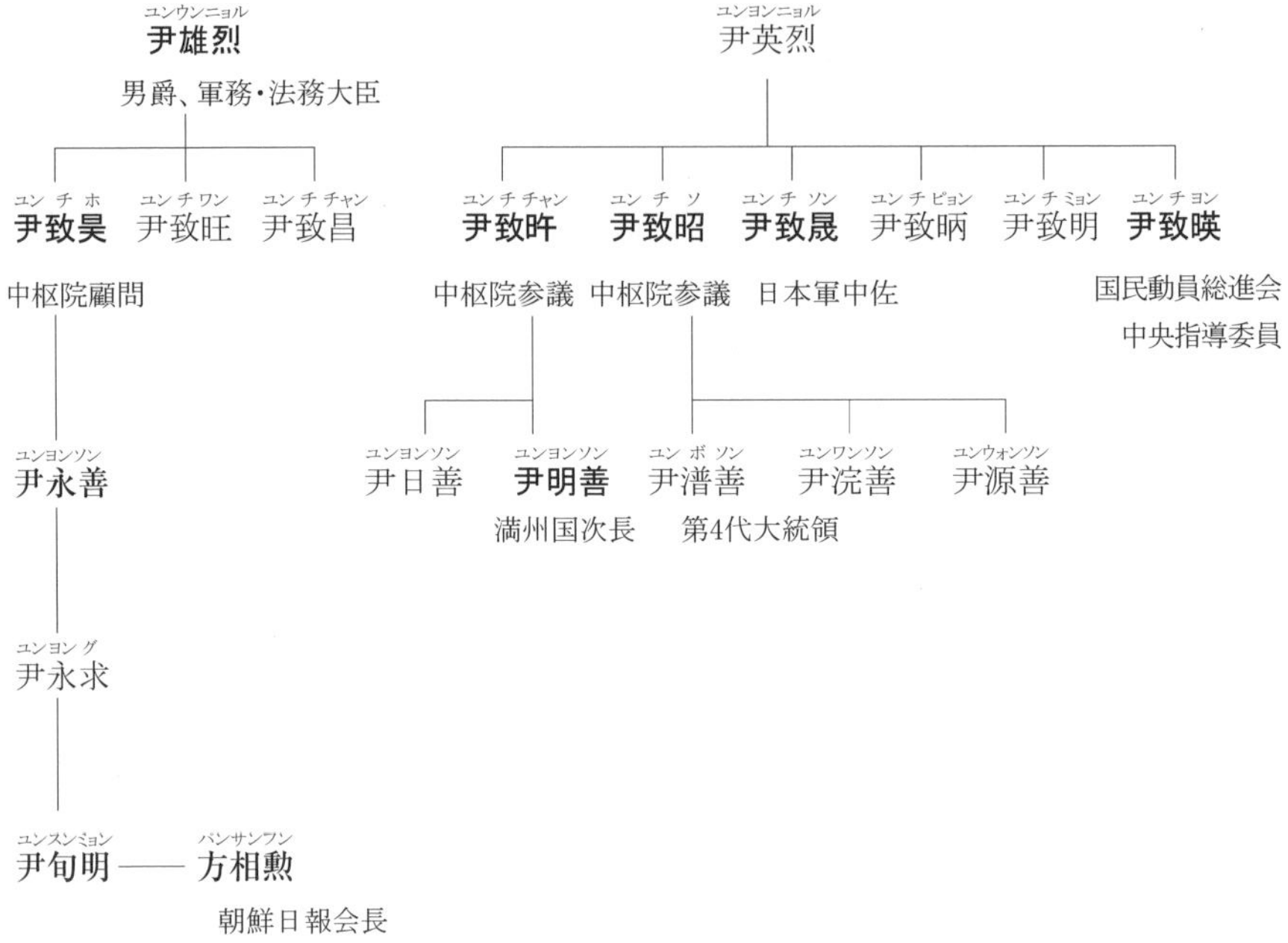

朝鮮の近代化と解放の二つの道——共産主義／キリスト教

「日帝の植民地支配が神の思し召し」だという文昌克《ムンチャングク》＊国務総理候補者の発言以外にも、かれの教会での講演では、朝鮮民族と領土に対する卑下と自虐が満ちていることが明らかになった。（……）文昌克候補者が去る２０１１年６月15日、オンヌリ教会の講演（水曜女性礼拝）で「植民地支配が神の思し召し」であり、「われわれが李朝５００年間無為に歳月を過ごした民族であるので、試練と苦難が必要だ」と語ったことのほかにも、文候補者の核心的な主張は、朝鮮民族の怠惰だった。かれは日帝時代にキリスト教が怠惰を知らしめてくれたという奇怪な論理を繰り広げた。

文昌克「怠惰な朝鮮民族体質には共産主義がぴったり合う」

『メディアオヌル』２０１４年６月18日

＊文昌克《ムンチャングク》（１９４８〜）
１９７２年に中央日報の記者となり、論説主幹、中央日報主筆などを歴任した。２０１４年６月国務総理候補に指名されたが同月11日、ＫＢＳが２０１１年６月のオンヌリ教会の講演内容を報道したことによって、24日、候補を自ら辞退した。

国が滅んでも悲しまない民衆たち

日韓強制併合で失われたものは、ただ朝鮮という前近代国家だけではない。これまで数世紀の間国家を支えてきた性理学も一緒に崩れてしまった。自らを儒教文明の赤子であることを自慢していた朝鮮が、これまで辺境だと無視してきたのに、西洋文明を受け入れた日本帝国主義の前に崩れたのである。

両班の官吏たちの横暴に苦しんできた多数の民衆は、国がなくなっても悲しまなかった。日韓併合の14年前、兪吉濬が『西遊見聞』で書いた「国民たちが権利の重大さを知らないと、ほかの国の侵犯を受けても憤慨しない」と憂慮したことが現実になった。むしろ、朝鮮の民衆には、国を失った悲しみより、虐政と差別から抜け出すことができるという期待のほうが大きかったのかもしれない。日本が支配する「開化の世の中」では、金さえあれば両班のように暮らすことができると期待したのかもしれない。

1909年に日本にけしかけられて、第二代朝鮮統監*曽祢荒助に「合邦請願書」を提出した一進会は、東学農民軍に加担した下層民と中人など疎外されていた勢力を中心とした10万人以上の会員を抱える団体だった。かれらは朝鮮の独立を放棄する代わりに、日本が導いてくれる開化した世の中に希望を託した。日本帝国主義が当時の時代的要求の一つだった身分撤廃を断行し、教育の機会も広げて道路や鉄道も敷いたからである。この姿を見て、尹致昊のような急進開化派だけでなく、身分の解放と教育の機会を熱望

*朝鮮統監
1905年の乙巳条約に基づいて置かれた統監府の長。初代は伊藤博文。曽祢荒助は伊藤が暗殺された後に就任し韓国併合を進めた。統監府は1910年10月、韓国併合により朝鮮総督府に改組された。

していた多数の中人、そして「下郎」と蔑まれてきた平民たちもほかの理由で日帝の支配を歓迎した。

民衆が日帝の支配を素直に受け入れるどころか、かれらのお先棒まで担ぐ様子を、儒学者の金昌淑《キムチャンスク》*は恨み嘆いた。

わが国は儒教の国だった。実に国が滅んだ原因をよく考えてみると、儒教がまず滅ぶとすぐ国も続いて滅んだのである。今、光復運動を先導する時、三つの宗教の代表者が主となって行動するにしても、いわゆる儒教の人は一人も参加しない。(……)民衆たちが外国人の手先となるのは、(……)官吏たちが貪欲にむさぼり、あくどく振舞って民心を失ったために、民衆が本性を失ってこの状態になったのだ。

心山思想研究所『金昌淑文存』成均館《ソンギュングァン》大学大同文化研究院、1986年、188ページ

「朝鮮が滅ぶ前に儒教がまず滅んだ」という金昌淑の指摘は意味深長である。かれの言葉のように、朝鮮後期の性理学は民衆を率いる思想や価値としてもはや役割を果たすことができなかった。すべての学問や思想を排撃して、ただ性理学だけを金科玉条とした支配層の硬直性と閉鎖性も深刻な問題だが、合理的思考と判断、科学的分析力、人間の自由と潜在力を認めることができない儒教そのものの限界もあった。

オルレイン・アイルランド［Alleyne Ireland］という米国の研究者は、日本の植民地

*金昌淑(1879〜1962)
儒学者、独立運動家。成均館大学を創立し、初代学長に就任した。

支配と朝鮮王朝の支配を比べて、日帝が専門的な行政技術と新式な教育を通して朝鮮をより効果的に統治したと分析した。かれは日本が盗賊の被害を減らし、人命と財産を保護し、道路を建設して、教育施設を拡充して、産業を発展させるなど、むしろ朝鮮の文化的発展に寄与したと捉えた。

しかし、日本の朝鮮支配は、西洋の帝国主義国家が自国から遠く離れたアジアやアフリカで経営していた植民地とは全く違うケースである。日本はちょっと前まで朝鮮と似た文化圏に属していた。一方、中国中心の秩序体制では、むしろ朝鮮の知識人たちが自国を小中華として誇りにして、日本より多少優位にいると自負していた。ところが、近代以後、何十年か前に門戸を開放して手に入れた力で、日本は隣国朝鮮を武力で支配した。日本帝国主義の侵略を強く願った一進会などを除外すれば、ある程度考えのある朝鮮人、特に知識人らにとって、日本の支配は我慢できない屈辱だった。このことをよくわかっていた日本は、朝鮮人の自発的忠誠と服従を諦めて、一切の自治も許さない強圧的な武断統治を徹底して行うとともに、従順な臣民として飼いならす愚民化政策を行った。

統治初期の台湾でもそうだったが、朝鮮の総督は軍人出身で立法・司法・行政権をすべてもち、陸海空軍の統帥権まで掌握した事実上の専制君主だった。日本は憲兵警察をすべての行政区域に配置して、朝鮮人の一挙手一投足を監視して統制した。軍人を警察として動員したのは、他のいかなる帝国主義国家でも見られない強圧的な統治方式である。抗日闘士申采浩《シンチェホ》*は「朝鮮革命宣言」で、3・1運動以後の日帝の暴力的支配を次のように表現した。

三千里が大きな一つの監獄になり、わが民族はいやはや人類の資格を失うだけではなく、自動的に本能まで失って、奴隷から機械になり、強盗の手の中の持ち物になってしまうだけで、(……)住民を殺す、村落を燃やす、財産を略奪する、女性を辱める、首を切る、生きたまま埋める、火をつける、あるいは体を真っ二つにして殺す、幼い子どもをむごたらしく罰する、女性の生殖器を破壊するなど、できる限りすべての残酷な手段を使って恐怖と戦慄でわが民族を圧迫して生ける屍を作ろうとするであろう。

権泰檍《クォンテオク》他『近現代韓国探査』歴史批評社、1994年、185ページ

イギリスは本国から遠く離れたインドを統治したが、ある程度の自治を認めた。広い植民地を維持するためには、現地人を雇用して統治するしかなかった。しかし、近い朝鮮と台湾を支配した日本は、自国民を植民地に移住させ、官僚を派遣し、軍隊と警察を動員して原住民の抵抗を鎮圧するなど、「直接」統治をした。郡や面ごとにまで警察が駐屯して、まるで小さな総督のように君臨した。その結果、朝鮮では武力での抵抗が不可能だと判断した知識人、両班出身の指導者は満州で独立軍基地を建設して、本格的な抗日武装闘争を展開した。

*申采浩《シンチェホ》(1880〜1936) 忠清南道出身。1919年、上海臨時政府の樹立に参加したが、李承晩を初代国務総理に選んだことを批判して臨時政府から離れた。1928年、日本官憲に逮捕され、36年に旅順監獄で獄死した。

朝鮮に来た二人のお客、キリスト教と共産主義

一方、この時期の植民地朝鮮ではキリスト教徒の人口が大きく増加した。西北地域で幼い時期を過ごし3・1運動に参加したあと、帝国主義の列強が覇権を競っていた中国に渡り、抗日運動に身を投じた『アリラン』の主人公金山《キムサン》*の言葉を通して、国を失った民衆がキリスト教にはまった理由をくみ取ることができる。

革命家にとって国を四つももつということは、国を一つももてないことよりはるかに悲惨だ。それぞれの国で受け取るものとは、ただ天国行の切符一枚だけだ。われわれ朝鮮人は日本人、中国人、上海のイギリス人とフランス人、朝鮮の警察によって合法的に逮捕される。だから、韓国人は東洋で最も信心深いキリスト教民族になったのだ。

ニム・ウェールズ[Nym Wales]『アリラン』*言語文化社、1986年、34ページ

性理学と両班の官僚たちがこれ以上国を率いることができず、民衆の支持を得られなければ、新しい思想をもった新しい指導者が時代をリードしなければならない。そういう面では、3・1運動は儒教の知識人を除外した天道教の孫秉熙《ソンビョンヒ》*とキリスト教の多数の指導者がともに起こした全民族的な抵抗だった。特に、大韓帝国末期から独立と開化を主導していたキリスト教の指導者たちと新しい学問を学んだ学生たちが先に立ち、地方

*金山《キムサン》(1905~1938)
本名は、張志鶴又は張志楽。1919年から1938年まで中国大陸で活動し、生涯を中国革命に捧げた。しかし、中国共産党から日本のスパイとして極秘に処刑された。

*『アリラン』
日本では『アリランの歌ある朝鮮人革命の生涯』(岩波文庫)として1987年に発行された。

*孫秉熙《ソンビョンヒ》(1861~1922)
朝鮮の天道教創始者。1919年の3・1独立運動での天道教側指導者である。

では、日帝の支配がより巧妙であくどい収奪と抑圧をもたらすということを自覚した農民たちが大勢加わった。

民族指導者33人の予想をはるかに超えて万歳運動が全国へ広がると、驚いた日帝はデモを厳しく弾圧した。1919年9月10日、斎藤実*総督は、「不当に不遜な言葉や行動をして民心を惑わし治安の維持を妨害する者を発見したら、誰であろうと容赦なく法の審判を受けるものである」と警告した。3月1日から4月30日までのデモの参加者は202万人に達し、7500人余りが死亡し、5万2000人以上が検挙された。

しかし、尹致昊は3・1運動のような抵抗は愚かなことだと考えた。かれは弱い民族が強い民族とともに生きねばならないなら、自分を守るためにかれらの好感を得なければならず、33人が署名した「独立宣言書*」は内容がとても不誠実なだけではなく、「学生たちの愚かな騒ぎは日帝の武断統治を延長させるだけ」であり、「万歳を叫んで独立を獲得できるなら、この世界に他国に従属する国家や民族は一つもない」と嘲笑った。

3・1運動に衝撃を受けた日本は、「文化統治」という名前で教育の機会を開き、地位の上昇を強く願っていた多数の朝鮮の青年たちを抱き込み、かれらに天皇思想を注入し始めた。また、企業の設立を自由化して経済活動を促進した。こうして独立の道は遠ざかり、時代の秩序と流れに順応しようという動きが大勢を占め始めた。反対に、万歳運動では日本を絶対倒すことはできないからと、武力を持たねばならぬという武装闘争論も広がった。前者の考えは、インドがイギリスに行った方法のように、日本に朝鮮の

＊斎藤実（1858〜1936）
第3代・第5代朝鮮総督。1920年代の「文化統治」の推進者である。首相、内相を歴任したが、36年、2・26事件で暗殺された。

＊独立宣言書
1919年3月1日、3・1運動当時、作成された宣言文。孫秉熙をはじめとした民族代表33人が署名した。

自治を請願するという民族改良主義である。後者の流れは申采浩の革命論と、武力で日本を倒さなければならないという李会栄《イフェヨン》＊・李相龍《イサンニョン》＊らの満州独立基地建設運動、そしてロシア革命の巨大な波に鼓舞された共産主義運動などとして展開した。

当時、独立を熱望していた人びとの中で、壮年層は上海の臨時政府に結集したが、青年層は主として抗日闘争だけが日本を倒すことができると考えて臨時政府に批判的だった。

日帝は政治と宗教を分離して宗教の自由は認める政策をとったために、穏健な民族主義者たちはキリスト教を通して個人と民族の救いの道を求めた。米国とフランスの宣教師たちは日帝の施策に合わせて学校と病院を建てるなど朝鮮でプロテスタントとカトリックの力を大きく伸ばした。かれら西洋の宣教師の大部分は、３・１運動に対して否定的だった。韓国のカトリックの主教だったムィテル［G・C・M Mutel］主教は、独立戦争を殺人行為と断定して、安重根に、伊藤博文を殺したことは誤解したためだったと公に宣言しなければ告解聖事を行わない、と脅しもした。西洋の宣教師たちは日本の朝鮮支配が合法的であり不可避であると考えて、「精神的に堕落した未開の朝鮮」より西洋文明を取り入れた日本により友好的だった。それはまた、朝鮮の宣教のために日本の当局との摩擦を避けたかったからだった。

このような時代的背景のもとに、１９００年に1万人しかいなかったキリスト教信者は、１９４０年になると35万人を数えるまでになった。地域別には、平安南北《ピョンアンナンプク》道《ド》と黄《ファン》

＊李会栄《イフェヨン》（１８６７〜１９３２）
　６人兄弟の家族全員が全財産を売り払い満州に亡命して抗日運動を展開した。「新民会」「ハーグ特使」「新興武官学校」「義烈団」など国外抗日運動の全般にわたって関与した。臨時政府樹立に反対して申采浩らと無政府主義運動を展開した。

＊李相龍《イサンニョン》（１８５８〜１９３２）
　大韓協会の会長などを歴任した独立運動家。１９１０年国権が奪われると、財産をすべて処分して満州に渡り、独立運動に力を尽くした。生家は、慶尚北道安東の臨清閣である。韓国に現存する居住用家屋としては最大であるが、日本統治時代に前庭を横切る形で線路が敷設された。

海道《ヘド》が全信者の60％以上を占めていたが、伝統的に差別待遇を受けていて、儒教の伝統が強く根を下ろしていなかった西北地方で増加が目立っていた。前に述べた金山の言葉のように、大韓帝国末期以後に経験してきた逆境が、朝鮮人をキリスト教という西洋宗教により一層頼るようにさせたのだ。

独立を目指す勢力の間には、将来どんな国を作るのか、外国のどこかの国の助けを受けるのか、について意見がまちまちだった。朝鮮王朝の無気力と腐敗を体で体験したすべての独立運動家は、あえて立憲君主制を論じず、民主共和制を採択しなければならないということで意見が一致した。それが１９１９年４月11日制定された「大韓民国臨時憲章」だった。

独立協会運動をしたが、キリスト教に改宗して米国に亡命した李承晩は、米国が将来世界文明を主導するだろうと信じた。しかし、かれとともに米国に行った金奎植《キムギュシク》*は、ウィルソン*の民族自決主義が一見被抑圧民族の独立を支援するようにみえるが、実際は朝鮮のような植民地の独立には関心がない強大国の論理に過ぎないという事実を痛感して、米国の二重性に幻滅を感じて植民地の独立に友好的なソ連に期待をもった。

共産主義の思想を最も積極的に受け入れた人びとは、新しい学問を学んだ青年たち、とくに日本で勉強してきた「知識青年」たちだった。前で述べた金山は、朝鮮人留学生の70％は共産主義の同調者だったと推定していた。かれらは東京で理論を学び、中国で組織活動の戦術を学んだ。

＊金奎植《キムギュシク》（１８８１〜１９５０）大韓民国臨時政府の副主席などを歴任した左派民族主義者。１９４７年には、南北分断に反対する勢力を結集して民族自主連盟を組織し、48年には南側単独選挙に反対して平壌で開かれた南北協商に参加した。

＊ウィルソン（１８５６〜１９２４）第28代米国大統領（任期は１９１３〜２１年）

ロシア革命に成功したソ連が圧制を受ける民族の希望となると、国内の共産主義勢力もマルクス・レーニン主義に傾いた。朝鮮の知識ある青年たちは、第一次世界大戦の戦後処理が帝国主義列強の利害関係によって成し遂げられるという状況を目撃した。かれらは、ソ連を共産主義革命に成功した国家を超えて、朝鮮の独立の最も強い援助国だと考えた。かれらにとってソ連は階級搾取を撤廃したという点でも魅力的だったが、被圧迫民族である朝鮮の独立運動を実際に支援したという点で強い友軍と思うようになった。知識ある青年たちは「独立が成し遂げられても金持ちと地主だけが豊かに暮らすそんな独立ではなく、すべての労働者、農民、そして貧しい人もともに暮らせる独立国家にならなくてはならない」という願いで、世界共産主義革命の本部であるコミンテルン*の指導に従った。

1925年4月17日、日帝の水も漏らさない査察と監視を潜り抜けて、ソウル市内のある食堂で朴憲永《パクホニョン》*・金丹治《キムタニャ》*・曺奉岩《チョボンアム》*ら一群の青年たちが朝鮮共産党を結成した。朝鮮共産党は代表をモスクワに派遣して、6・10万歳運動（1926年）に組織的に参加するなど活動を始めたが、日帝の弾圧で解散と再結成を繰り返した。朝鮮共産党は労働者と農民の組織化に心血を注ぎ左右合作を推進したが、朴憲永ら指導部が逮捕され、国内ではほとんど活動できなくなった。結局、1928年12月、コミンテルンは、「朝鮮の革命的農民と労働者の任務に関するテーゼ」（12月テーゼ）を通して朝鮮共産党支部の承認を取り消した。それにもかかわらず、共産主義の青年たちは、1930年代末まで積

＊コミンテルン
1919年から43年まで存在した国際共産主義運動の指導組織。設立者はレーニンである。

＊朴憲永《パクホニョン》（1900〜1955）
忠清南道礼山生まれ。朝鮮共産党の指導者で朝鮮民主主義人民共和国の初代外務大臣兼副首相。1953年の朝鮮戦争後、金日成に「米帝国主義のスパイ」罪に問われて処刑された。

＊金丹治《キムタニャ》（1899〜1938）
海外で主に活動していた社会主義系の独立運動家。2005年、韓国の独立有功者として復権された。

＊曺奉岩《チョボンアム》（1898〜1959）
解放後は、共産党と一線を画して1955年に進歩党を結成。翌年、第3代大統領選挙に立候補するも、李承晩側の不正工作で敗北した。これに危機感を覚えた李承晩により「スパイ・国家保安法違反の罪」で58年に逮捕され、翌59年に死刑となった。

極的な抗日闘争を展開したが、日帝の強力な弾圧で大衆的な影響力をもつことはできなかった。

結局、朝鮮で3・1運動以後、民族解放運動の代りとなったのは、キリスト教と共産主義という価値・理念体系であった。儒教文化の後進性と身分差別に希望をもてなかった青年たちは、キリスト教と共産主義という西洋から来た二つの思想に大きな期待をかけた。キリスト教と共産主義は、すべての人間の解放と平等思想に基礎をおいている。神の前での平等、久遠の平等を標榜したキリスト教は、前近代の身分秩序を批判する武器になった。社会主義、特にマルクス・レーニン主義は、近代資本主義が抱えている階級的矛盾を超えて根本的な人間解放を目指した。言いかえると、キリスト教は個人の内的な超越を提示し、社会主義は現実の政治と社会の変革を解放の道として提示したのである。

呂運亨《ヨウニョン》*の道

大韓帝国末期から続く自主・民権保障運動の流れとキリスト教の救援、平等の実現という三つの時代的要求を体全体で受け取った人物が、まさに呂運亨である。

京畿道《キョンギド》楊平《ヤンピョン》の妙谷で、咸陽《ハミャン》呂氏の9代の宗家の一番上の孫として生まれた呂運亨は、儒学思想と東学思想の影響を受けた祖父たちの教えのもとで育った。かれは朝鮮の運命がかかっていた1907年、故郷の家に基督《キドク》光東《クアンドン》学校を建て、青年たちに民族意識を

＊呂運亨《ヨウニョン》（1886〜1947）　光復後の1945年8月、建国準備委員会を立ち上げ、9月には「朝鮮人民共和国」の樹立を宣言したが、米ソによって否認された。民衆の立場に立ち、つねに建国運動の中心人物であったが、47年7月右派青年に暗殺された。

写真は、解放の翌日である45年8月16日、演説を終えて出てきた呂運亨（前列）。

鼓吹して日本が朝鮮を経済的に支配するために貸してくれたお金を返して、独立を勝ち取ろうという国債報償運動を主導した。かれはキリスト教に入門して米国人宣教師チャールズ・アレン・クラーク［Charles Allen Clark］が担当していた勝洞《スンドン》教会で伝道者として活動し、ＹＭＣＡ学生部幹事として仕事をしながら、スポーツグループを引率して日本に行ったりもした。

かれはキリスト教に改宗した後、家事を見てくれていた奴婢たちを集めて奴婢文書を燃やして次のように語った。

おまえたちすべてを解放する。今からそれぞれ自由に行動しろ。今からは主人も奴婢もいない。だから、旦那様とか若奥様とかいう呼称からさっぱりなくせ。ひとえに人間は生まれる時から平等なのだから、主従の礼は昨日までの風習だ。今日からはそんな旧習を脱皮して、各自に合った仕事を探すのだ。

『呂運亨語録』夢陽《モンヤン》呂運亨記念館所蔵、京畿道楊平

呂運亨は自分の土地を奴婢たちに分け与えた後、中国に亡命して新韓青年団に入り、「独立請願書」を作成して金奎植をパリ講和会議に送った。その後、上海の大韓民国臨時政府の樹立にも深く関わった。

この頃、呂運亨は共産主義思想に傾き、１９１９年には自らモスクワに行った。国際

共産党員のボイティンスキー［Grigori Voitinsky］は、呂運亨に会ったその場で、「国際共産党は朝鮮の独立運動を援助する意思があるので、あなたのような有力者が共産主義運動に参加しなければならない」と勧めた。呂運亨はその提案を受け入れて、1920年高麗《コリョ》共産党に入党して、『共産党宣言』『共産主義のABC』などの書籍を翻訳した。1921年にはモスクワで開かれた極東労力者大会に参加して、レーニンと朝鮮独立について意見を交わした。

それでは、キリスト教信者だった呂運亨が無神論である共産主義者に変身したと見ることができるのだろうか？　呂運亨たち朝鮮の共産主義者一行に会ったレーニンは、「朝鮮は以前には文化が発達していたが、現在は民度が低いのですぐに共産主義を実行しようとするのは間違いだ。今は民族主義から始めることが賢明である」と忠告した。1929年、上海で日本の警察に逮捕された時の尋問記録を見ると、呂運亨もレーニンの指摘を受け入れたとみられる。

> 理想として共産主義に賛成だが、実際にはそのまま朝鮮に受け入れることはできない。（……）私は一方ではキリスト教を信じ、神という観念がなくなっていないために（……）唯物論が唯一だとは考えない。終始一貫、朝鮮全体の利益のために行動するつもりである。
>
> 「呂運亨、被疑者尋問調書」京城《キョンソン》地方法院　検事局、1929年8月6日

この文では、民族の独立を最優先の課題としながらも、その次善の案としてキリスト教と共産主義の思想の間で悩んでいた呂運亨の姿が浮かび上がっている。

呂運亨の考えのように、当時、植民地の多くの朝鮮人は相変わらず昔の身分意識から抜け出せなかった。資本主義の工業化が本格的に始まっておらず、人口のほとんどは農民だった。したがって、封建的な身分秩序と地主—小作関係を撤廃して日本の圧制から抜け出すことが、最も急がなくてはならない課題だった。非常に激しい貧富の格差によって貧しい農民と都市貧民のありさまはとても悲惨だったが、資本家と労働者間の階級の争いや労働者階級の解放を主張する共産主義の理論をすぐに朝鮮に適用するのは難しかった。だから、朝鮮の共産主義者たちは、人口の大多数だった小作人たちの苦しみを緩和できる土地革命と日帝からの民族解放を推進することに力を傾けた。1930年代以後、戦時総動員体制が本格化して、国内で抗日運動を展開するのが難しくなると、共産主義者たちは海外に亡命して中国もしくはソ連共産党の一員として日帝と闘った。

一方、国内に残った共産主義勢力はひどく分裂していたが、呂運亨は、自分たちだけが正統だと騒ぎ立て派閥争いにあけくれ、いつ潰れるとも知れなかった共産主義者たちとは距離をおいていた。1945年8・15の解放以後、朴憲永たち朝鮮共産党の中心人物との葛藤は、この時から予見されていたのである。

解放はすぐそこまで

世界大恐慌で深刻な経済危機に陥った1931年、日本は国内の経済危機を突破するために満州を占領して、傀儡政権を立てた。1937年には中国と全面戦争を始めて、大アジア主義を標榜して帝国建設を本格的に推進した。植民地では、内鮮一体、すなわち朝鮮人と日本人の先祖が同じであるという論理で同化政策を推進した。朝鮮人の姓をすべて日本の姓に変えるように強要する一方、朝鮮人を忠実な皇国の臣民として育てるための義務教育を計画した。朝鮮の青年は徴集されて戦場に引っ張られていき、女性は勤労挺身隊に動員された。徴用・徴兵はそのまま死を意味し、少女たちが勤労挺身隊に動員されると、「家族らはまるで死んだ人の葬儀をするように大声をあげて泣き嘆き悲しんだ」。

1930年代後半、朝鮮の知識人たちと、プロテスタント・カトリックの両教団と宗教指導者たちは、日本の戦時総動員政策と軍国主義侵略戦争を支持した。カトリックは1939年5月14日、国民精神総動員カトリック京城教区連盟を結成したが、日帝の侵略戦争に対する協力は、この組織が結成される前にもミサ・祈祷会・皇軍慰問・国防献金などの形で行われていた。カトリック教会の唯一の機関誌であった『京郷《キョンヒャン》雑誌』は、1941年「国民総力欄」を新設して「信者たちに国民の義務を悟らせる必要がある。宗教も国家の恩恵を受けているので、国家に忠誠する義務を果たすために国民総力欄を新しく設けた」と明らかにした。また、韓国カトリック教会は1925年『教理教授指針書』を通して神社参拝を異端行為として禁止したが、1936年5月18日にローマ教皇庁は、カトリック信者に神社を参拝してもよいという訓令を出した。続いて日本駐在の教皇使節であるマレラ大主教は、韓国カトリック教会に送るいわゆる「国体明徴に関する感想」の中で教皇庁の通達に従うに当たって、積極的に神社参拝を勧めた。すると、当時の鐘峴《チョンヒョン》聖堂（明洞《ミョンドン》聖堂）の補佐神父だった盧基南《ノギナム》*も「信仰的にいかなる呵責もなく神社参拝を行えるようになった」と信者の神社参拝を許した。

このように、朝鮮人の中の一部は天皇の忠実な臣下であることを認める文を発表して、日本の徴兵制を崇めたたえて青年たちの入隊を鼓舞したが、かれらがすなわち「親日派」である。3・1運動以後、日帝の政策に順応した旧開化派、大多数のキリスト教指導者、大地主や企業家など富裕層がこれに含まれる。かれらは「完全な国民」、すなわち皇国臣民になるためには天皇が使う言語で話さなければならないと、朝鮮人の存在のアイデンティティを否定して日本人になろうとした。

京城帝国大学など日帝が作った高等教育機関を卒業して、高等文官試験に合格して官吏になる道は、朝鮮人が富と権力を蓄えて日本人と同等な資格をもった「国民」になる近道だった。高等文官試験に合格して満州国で仕事をし、解放後、商工部次官を務めた金奎敏《キムギュミン》は、日本の官吏を務めたことは親日ではないと話る。日本のために仕事をしたのではないし、朝鮮の独立を遅らせたことなどさらにしなかったと主張する。しかし、「朝鮮人が忠実な日本人になる」ことは、自分の利益のために民族の独立性を進んで放

*盧基南《ノギナム》（1902～84）
韓国カトリックの最初の韓国人の司教である。

棄したことであり、結局、隣の国家を武力で侵略・支配した日本帝国主義戦争に協力し、ともに参加したという意味で一種の戦争犯罪行為と見ることができる。

尹致昊は、日本の満州侵略と日中戦争は不道徳な行為だと批判した。しかし、「弱者は強者の餌」であり、「力がまさに正義」である状況で、天皇には満州を征服して皇帝として君臨する権利があると考えた。また、かれは、朝鮮が日本に追いつこうとしたら、2世紀はかかるとして朝鮮人の能力を悲観して、そのコンプレックスのために進んで天皇の臣下になったと言った。1937年、日中戦争勃発以後には、さらに積極的な親日行動にでて、キリスト教の日本化事業を推進する一方、国民精神総動員朝鮮連盟と朝鮮志願兵後援会など代表的な親日団体の中心人物として活動した。ついに、かれは当時の総督の諮問機関であり支配を合理化する機構であった中枢院の顧問職を受諾して、1945年には日本帝国議会の貴族院の勅撰議員に選任された。

この頃、金九《キムグ》*が率いる大韓民国臨時政府は、中国国民党政府の傘下に入り、日本の学徒兵から脱出した朝鮮の青年たちを含んだ光復軍を国内に進攻させる計画を立てていた。理念や闘争方法において臨時政府と路線が違っていた朝鮮義勇隊は中国で直接日本軍と戦闘を繰り広げていた。

国内では、呂運亨が植民地末期の暗澹たる状況で日帝の敗北が遠くないことを知って、秘密裏に建国同盟を組織して独立を準備した。建国同盟は武装蜂起の計画まで立てたが実行できず、また日帝の監視と統制があまりに厳しく全国組織に拡張できなかった。し

＊金九《キムグ》（1876〜1949）号は白凡。黄海道海州生まれ。3・1運動後は、上海に渡り大韓民国臨時政府で役職を歴任。1940年、臨時政府が重慶に移ってからは、その中心的人物となり、臨時政府主席に就任。彼は「統一・自主独立」を建国原則として、李承晩の南韓鮮単独政府樹立論と真っ向から対立した。1949年6月、李承晩の密命を受けたといわれる安斗熙に暗殺された。

かし、1945年8月12日には、日帝の降伏が予想より早くなることを知って、「独立宣言書」を作成して連合国軍に朝鮮人が政府を樹立する権利があると提示することを決めていた。そのため左右連合の臨時政府樹立を構想していた。

李承晩たちは米国の政界にずっと手紙を送りつづけ臨時政府を認めてくれるように要求しており、金日成《キムイルソン》*ら抗日バルチザン勢力はソ連軍に編入されて行動していた。しかし、米国や中国で活動した独立運動勢力はいくつにも分裂していたので、国際連盟の認定を受けるに足りる団結や「責任能力」を対外的に示せなかった。

日帝の過酷な直接統治は、朝鮮の土地で独立運動をしたり、建国を準備したりすることをほとんど不可能にした。結局、武力で独立を勝ち取ろうと主張していた人びとは、弾圧の中で日帝の降伏を見られないまま世を去り、海外の武装独立闘争勢力は同胞に自分の存在を知らせる機会をもてなかった。

このような状況で、ただ開化を名分にして日帝に服従して、富と権力を享受した日和見主義者たちだけが経綸を集め名前を知られたのであった。かれらは日本に協力した恥ずかしい過去のために、8・15以後、米国・ソ連・中国など自分が亡命していた国の人脈と後光を後ろ盾にしていた「海外派」と必死に手を結ぼうとした。金・地位・人脈など強力な資本をもったこれら日帝協力勢力、財力を基にして米国や日本へ留学することができた人びとは、どんな手段を使ってでも「解放」後に自分の既得権を維持しようとした。8・15以後、朝鮮半島の歴史、そして大韓民国史を屈折させた植民地の遺産とは

＊金日成《キムイルソン》（1912〜1994）
平安南道出身。1948年9月の朝鮮民主主義人民共和国建国時から94年7月死亡時まで一貫して最高指導者の地位にあった。

まさにこのことであった。

以後、展開する「解放空間」で、38度線以南の韓国では望まれなかった二人の客、つまり「米国／ソ連」と「キリスト教／共産主義」がぶつかった。大韓帝国末期の開化／独立路線が延長戦を繰り広げたのだ。進んだ西洋についていこうという新開化派である親米派と親ソ派対民衆の力を土台に独立国家を建設しようという新独立派、自主派が本格的に一勝負つけることになった。もちろん、日本の敗北直後は、親日官僚・軍人・警察など「生き残り派」が少しの間は力を失っていたが、強大国の力に便乗して再起して、最も強い力をもっていた。民衆の利益を優先する新しい制度を取り入れて、民衆の覚醒と組織された力で真の独立を成し遂げようとしていた民権開化派と民権独立派の力は弱かった。

再び8・15の性格を問う——光復節／建国節／分断／信託統治

厳密な意味での光復は、統一が達成されてこそだという理想が今でもなお残っている。しかし、5・10の選挙で成し遂げられた大韓民国の建国は、光復という目標が少なくとも韓国では達成されたことを意味した。（……）われわれの社会と国会の一部で今「建国節」制定の動きが勢いを帯びていることは、いつの頃からか「光復節」の記念を1948年ではなく、1945年に合わせることで光復という言葉がもっている本当の意味が失われて、歴史的記憶に混乱が起きているからである。光復のために犠牲になった独立闘士たちの功を無視してではなく、むしろその方がたの真意を称えようということが建国節制定を主張している人びとの目的である。

李仁浩《イインホ》「光復節は大韓民国建国を記念する日である」『中央日報』2015年8月13日

連合国は、日本ではなく朝鮮を処罰する

われわれは１９４５年8月15日を「光復」あるいは「解放」の日と呼ぶ。ところで、２０１５年8月13日、李仁浩韓国放送公社（ＫＢＳ）理事長は、１９４８年8月15日、すなわち大韓民国政府が樹立した日を「光復節」と呼ぼうと提案した。政府の樹立を建国あるいは光復と呼ぼうということの主張がなぜ、突然に今になって出てきたのか？

一方、日本人にとって１９４５年8月15日は、終戦の日であり敗戦の日である。解放と敗戦の違いは、今日の大韓民国においてどんな意味があるのか？　また、１９４５年8月15日直後、米国とソ連の軍隊によって朝鮮半島の南と北が分けられたことは、いかなる結果を招いたのか？

朝鮮半島を38度線で分割した当事者は、米国とソ連である。かれらはいつから朝鮮半島を分割占領する計画を立てたのだろうか？　南北の分割は、米国の国務部、陸軍部、海軍部の合議体である3部調停委員会（ＳＷＮＣＣ［State War Navy Coordinating Committee］）で決定された。米国の陸軍省作戦局のチャールズ・ボンスティール［Charles Bonesteel］（後に駐韓米軍司令官）と米陸軍長官補佐官のディーン・ラスク［David Dean Rusk］（後に米国国務長官）は、ナショナルジオグラフィック社の壁掛けの地図に38度線を引いてみた後、分割占領案を米国合同参謀部と3部調停委員会に送り、この案が大統領を経て「一般命令第1号」としてマッカーサー*司令官に伝達された。米

＊ダグラス・マッカーサー（１８８０〜１９６４）
米国の軍人、陸軍元帥。連合国軍総司令官、国連軍司令官を務めた。

国の38度線分割占領の提案を、ソ連は異議なく了承した。
1945年8月15日、日本の天皇が連合国軍に降伏を宣言した。正確にいうと、日本は7月26日に米・ソ・英・中の連合国がポツダム宣言で決定した降伏勧告を受け入れたと発表した。次の日になると、朝鮮人たちは朝鮮半島の全国至る所で通りに群がり出てきて「解放」を喜んだ。

暗く苦しい夜が長かったけれど、三千里のこの江山で夜が明ける。
同胞よ、地を蹴り立ち上がりなさい、
山を越え、海を越え、太平洋を越えて
ああ、自由の、自由の、鐘が鳴る。
（……）

〈独立行進曲〉金聖泰《キムソンテ》作曲、朴泰遠《パクテウォン》作詞

日章旗に太極模様を描いて翻しながら、昨日まで日本の天皇の臣下だった朝鮮人たちは、自由になった喜びでいっぱいだった。ところで、その喜びはつかの間のものだった。すぐに連合国軍総司令官のダグラス・マッカーサーは、「一般命令第1号」を宣布した。それによれば、38度線を境界に北側の日本軍はソ連軍に、南側の日本軍は米軍に降伏することになった。ソ連軍が予想より早く北側地域に入ってくると、米国も占領を急いだ。

1945年9月8日、仁川港に到着した米陸軍24軍団（Ⓒ dok 1. flickr）

1945年11月、38度線上に立つ米軍とソ連の軍人たち（© dok 1. flickr）

9月8日、朝鮮半島の最も近くにいたホッジ中将が指揮する米陸軍24軍団が仁川《インチョン》からソウルを占領した。それより1日前に、マッカーサーは朝鮮統治に関する「布告令第1号」を発表した。

日本の天皇と日本政府の命令とこれを助けるため（……）調印された降伏文書の内容に従って、私の指揮下にある勝利に輝く軍隊は、今日北緯38度以南の朝鮮の領土を占領する。朝鮮の人民が長い間奴隷状態にあったという事実と、適当な時期に朝鮮を解放独立させようという連合国の決定を心にしっかり刻み付けて、朝鮮人民は、占領目的が降伏文書を履行して自分たちの人権および宗教の権利を保護することにあることを保障される。このような目的を実施することと同時に朝鮮人民の積極的な支援と法令順守が必要である。

第1条　北緯38度以南の朝鮮領土と朝鮮人民に対する政府のすべての権限は、当分の間私の管轄に属する。

（…）

第3条　すべての人はすぐさま私のすべての命令と私の権限の下で発表した命令に服従しなければならない。占領部隊に対するすべての反抗行為もしくは公共の安寧を妨害するすべての行為は、厳重な処罰を受ける。

（…）

第５条　軍事的権利を行う間は、すべての目的のために英語が公式言語である。

９月９日、米極東軍司令部は、南韓に対する軍政を宣布してアーチボルド・アーノルド［Archibald Vincent Arnold］少将を軍政長官に任命した。朝鮮総督府の建物の日章旗は下ろされて代わりに星条旗が掲げられた。米軍は、11月まで38度線以南地域を中央から始めて道・郡・面単位まで順番に占領した。

「軍事占領とは、一方は主人の役割をすることであり、もう一方は奴隷になること」だというマッカーサーの回顧のように、それは対象地域の住民を一方的に屈服させ、交渉と妥協ではない軍事力で支配する行為である。米国は、韓国の軍政を日本軍の武装解除のため「制限された目的をもった非常手段」と説明したが、朝鮮人たちは日本よりずっと絶対的な権力をもった米国の軍隊に服従しなければならないという事実を悟った。

１９４５年９月２日、東京湾に停泊した米国戦艦ミズーリ号の甲板で、日本の外務大臣重光葵*が降伏文書に調印した。そして、その後7年間米軍が日本を占領・統治した。米国が敗戦国である日本を占領したことは、当然なことであった。ところで、日本の植民地だった朝鮮は、なぜ米軍に占領されなければならなかったのか？

朝鮮半島の38度線での分割は、植民地以前に戻ることでもなく、厳密にいえば「解放」でもなかった。朝鮮人の意思と全く関係のない米ソ両国による一方的な分断と占領

*重光葵（１８８７〜１９５７）日本の外交官、政治家。１９３２年4月29日、上海虹口公園における「天長節」祝賀式典で、朝鮮の独立運動家尹奉吉が投じた爆弾により重傷を負った。

は、一種の処罰だった。第二次世界大戦が終わった後、敗戦国であるドイツ・イタリア・日本は、周辺国を侵略して苦痛を与えた罰を受けなければならなかった。だから、ドイツは連合国4大国によって東独と西独に分断され、首都ベルリンも東西に分割された。一方、東アジアの戦犯国家である日本は分断されず、その代わりに日本の植民地だった朝鮮が分断された。

ただより高いものはない

1945年8月15日、日本が降伏した後、日本に強制占領されたアジア諸国の中で、どの国もすぐには独立できなかった。日本の侵略以前、米国の植民地だったフィリピンは翌年の1946年に独立し、中国では蒋介石の国民党と毛沢東の共産党の内戦が続き、イギリスの植民地だったミャンマーや西アジアのいくつかの地域は再びイギリスの支配を受けるようになった。

朝鮮を始めとして日本の植民地だったアジアの国々の戦後処理は、米国が主導した。実際に連合国50か国は、すでに1945年4~6月にサンフランシスコで会議を開いて、日本が降伏した後、東アジアをどのように処理するか話し合った。この時、植民地の人びとが連合国軍に参加して日本と戦ったということが重要な考慮事項だった。米国で活動していた李承晩らの訴えにもかかわらず、中国にあった大韓民国臨時政府は連合国の一員として認められなかった。米国はすでに1942年から日本の降伏後、朝鮮をどうするかを検討していて、朝鮮人の全面的な支持を受ける単一の独立運動勢力がいることを認めず、1898年以後フィリピンを支配していた経験を基に朝鮮もやはり当分の間保護と監督が必要だと決定した。1947年8月4日、送られた「連合国軍最高司令部指令SCAIM1757号」にも、朝鮮は、連合国・中立国・敵性国の三つの範疇のどれにも属さない、特殊地位国家（オーストリア・イタリア・タイなど）に分類されていた。

戦争が終わった後、連合国に属した国は「即刻独立」対象であり、敵性国は「軍事占領」対象だったが、特殊地位国家は特別な「保護と監督」が必要な対象であった。これがすなわち、われわれには信託統治として知られた朝鮮に対する米国の公式政策であった。国際連合の信託を受けた国家が、自らが統治する能力をもてなかった国を一定期間統治して、独立の準備をさせようという発想だった。米国は、日本の支配下にあった朝鮮半島に急進的な革命勢力が潜在していて、これらが保守勢力に比べてはるかにより多くの大衆の支持を受けているということを知っていた。結局、1945年ヤルタ会談*で米国が提案してソ連・イギリス・中華民国が合意した信託統治は、朝鮮で民族主義と左派勢力が主導権をもっている状況を抑えて、米国の影響力を維持して将来政治的独立を認めようということであった。つまり、信託統治はまずは米国主導の世界経済体制に組み込むために考えられたのである。

事実、列強がアジアの諸地域を見くびっていた大韓帝国末期以後、朝鮮は米国が重要

*ヤルタ会談
1945年2月4日から11日にかけて、当時のソ連クリミア自治共和国ヤルタ近郊で行われた米国（ルーズベルト）・イギリス（チャーチル）・ソ連（スターリン）による首脳会談。

な関心をもっている地域ではなかった。だから、米国は日本の朝鮮侵略を黙認した。しかし、米国にとっては、朝鮮半島に完全にソ連の影響力が及ぶのは防がねばならなかった。日本が降伏する時まで朝鮮半島に対する米国の構想は、完成されていなかった。さらには米国戦争部作戦局は、日本の降伏を受け入れる条件として、日本が台湾と朝鮮を続けて支配するようにする法案まで検討していた。

米ソの38度線での分割占領は、臨時措置に過ぎなかった。米国が提案した分割占領をソ連が受け入れた理由は、朝鮮半島の半分を占有する案に満足したためである。第二次世界大戦を終えた時、ドイツとの戦闘だけでも１０００万人以上の軍人が戦死したソ連は、すでに疲れ切っている状態だった。その上、ソ連が太平洋戦争に参戦したのは１９４５年２月以降であったから、東アジアで日本軍を降伏させるためにした役割は特になかった。

日本の天皇裕仁は１９４５年の初めからすでに降伏する意思があったし、米国も日本の降伏は時間の問題だということを知っていた。それならば、１９４５年8月、東京ではなく広島と長崎に落とされた2発の原子爆弾は、日本を降伏させるためではなかったということになる。米国は日本を早期に降伏させようという軍事作戦上の必要からではなく、戦後秩序においてソ連を牽制するための外交上の切り札として核を使用したのである。だから、米国の核爆弾投下は第２次世界大戦の終結ではなく、冷戦という新しい米ソ対立時代の始まりを意味した。

連合国の勝利で独立の機会を得たアジアの旧植民地国家は、帝国主義を撃退したことに寄与したかどうか、すなわち連合国軍の一員として日本を撃退する戦闘に参加したかどうかという基準で独立が保障された。功労があってもすぐに独立できたのではなかった。例を挙げれば、朝鮮と最も似ている立場のヨーロッパのポーランドは、連合国の一員として参戦して数百万人が犠牲となったが、かれらの亡命政府はヒトラーの敗北後個人の資格で祖国に戻らなければならなかった。米国とソ連の両強大国が共にドイツと日本の支配を受けていた国が第2次世界大戦後に、自分たちの影響力から抜け出すことを警戒したということを意味する。

1910年ごろ、日本の朝鮮支配を後援し黙認していた米国・イギリスなど西欧国家は、その後も日帝の朝鮮支配を支持して、朝鮮は単一亡命政府の主導下で武力で日帝に抵抗できなかった（もしくはしなかった）と考えた。言うまでもなく、この判断は36年間たゆまず抵抗した朝鮮の独立運動家たち、とくに武装抵抗勢力には悔しいことである。しかし、臨時政府の光復軍と朝鮮義勇隊などが日本軍を相手にした戦闘で日本軍の戦力を決定的に弱化させた例がないことも事実だ。

米国は将来朝鮮を代表する政治団体として、中国で活動していた臨時政府を全く認めなかった。米国は、朝鮮の代表的な知識人たちが日本の植民地支配と太平洋戦争に積極的に協力した事実のゆえに、そのように判断したともいえる。申采浩が「朝鮮革命宣言」（1923年1月）で、なぜ、武力で日本に立ち向かわなくてはならないかを強調して、自治を請願したりロビー活動をしたりして独立を獲得しようという崔麟《チェリン》＊・李承晩ら「自称」独立運動家たちを強烈に批判していた理由がまさにここにある。しかし、時はすでに遅かった。

日本の敗北直前、金九や呂運亨らも朝鮮人が抗日武装闘争をしない状態で、日本が降伏する場合にもたらされる結果をとても心配した。それで、大韓民国臨時政府は日本が真珠湾を攻撃して太平洋戦争を起こすと「対日宣戦声明書」（1941年12月10日）を発表して、光復軍を中国国民党の軍隊に編成させ参戦する計画も立てた。しかし、結局、戦闘できないまま日本の降伏の知らせを聞いた金九は、「うれしい知らせというよりは、天が崩れ、地が割れる」衝撃を受けたと思わず語った。

8・15直後、「ただより高いものはない」という平凡な真理が確かになった。日本を力で倒すことができなかったことはもちろん、朝鮮の多くの知識人たちが露骨に日本の侵略戦争に協力して、植民地政策を支持していた代価は重かった。冷酷な国際政治の論理は植民地時代だけではなく、日本の敗戦後にも続いたのであった。

反託と賛託／非反託に分かれた民族

解放と同時に、朝鮮半島は新しい隷属状態になった。この混乱がある者にとっては新しいチャンスとなった。実際に日帝の支配が厳しかった時は、抵抗どころか忠実な日本人として生きてきて、地位と権力をほしいままにしてきた人びとが、日本が負けた後の

＊崔麟《チェリン》（1878〜1958）　3・1運動時は、民族代表33人の一人として独立宣言に署名し、懲役3年を宣告された。しかし、1933年末、大東方主義をうち出して親日派に変わり、光復まで一貫して親日活動を行った。

1945年10月。ソウル市内に掲げられた連合軍歓迎の横断幕（© dok 1. flickr）

モスクワ3相会議で強大国によって信託統治が決定すると、「自主独立」を叫んで独立闘士のようにしゃしゃり出てきた状況をどう見たらいいのか？

8・15の頃、ヨーロッパはドイツの降伏で米国の敵が完全に消えた状態だった。しかし、アジアは中国で毛沢東の共産党勢力が勢いを増すなど情勢が流動的であり、それに従って米国の東アジア政策も変わった。米国はソ連と中国の共産主義を牽制して、朝鮮半島を米国の政治・軍事的利益を保障できる地域にすることが必要だった。だから、1945年8月末から10月まで、米国の国務部、陸軍部、3部調停委員会と合同参謀本部が集まって、朝鮮関連の方針を集中的に論議した。その結果が3部調停委員会の「韓国の米軍占領地域内民間行政に関する米陸軍太平洋地区司令官に与える初期基本訓令」（以下「基本訓令」）である。この指令で、米軍は占領が信託統治へ替わることを明らかにした。そして、「日本統治の残滓と非民主的要素の漸進的解消」という但し書きをかかげてはいるが、既存の行政機構と実定法を活用しろと指示した。すなわち、朝鮮を日本から分離したあとに段階を追って徐々に独立させるという内容だった。

米国が主導する国際社会の考えや計画を全く知りえなかった朝鮮人は、日帝が降伏したら独立国家を建設できるものだと期待を膨らませていた。しかし、それはただの希望に過ぎなかった。朝鮮は「解放」されたのではなく、日本から「分離」されただけだった。米国は敗戦国日本が経営していた植民地の領土の主権が、自動的に戦勝国である米国に移譲されることはないと見ていた。むしろ、天皇が降伏宣言をした後も朝鮮に対する日本の主権を認めて、朝鮮が完全に独立するためには一定の手続きが必要だと考えた。

1945年8月15日以後、日本の植民地だったアジアの人びとは、再び厳しい独立運動を始めた。インドネシアは日本が負けた後に戻って来た帝国主義のオランダを相手に、ベトナムはフランスを相手に独立闘争をしなければならなかった。しかし、朝鮮人は、日本が米ソ両軍によって武装解除されたことで、特別に闘争する対象がいなかった。代わりに、太平洋戦争末期に積極的に日帝の侵略戦争を称え、鼓舞した内部の日帝協力勢力の清算が最も重要な課題に上った。

1945年12月米・英・ソ3か国の外相会議がモスクワで開かれた。そこで初めに米国が提案した、米・英・ソ・中4か国が行政・立法・司法機能を行って「朝鮮民主主義臨時政府の樹立」、「朝鮮臨時政府と合意して5年以内を期限とする朝鮮に対する米・英・ソ・中4か国信託統治協定を実施するための4大国政府の審議」などが決議された。この会議でソ連は「まず政府の樹立、その後に信託統治」案を提案し、その期間を短くすることを主張した。実際にソ連の対朝鮮半島政策は、38度線以北地域の人民委員会に自治権を与えて政府の樹立を後援するなど38度線以南に対する米軍政の「直接統治」とは対照的だった。もちろん、その背景には38度線以北にはソ連が直接統治しなくても、ソ連に友好的な共産主義政権が政権を執るという自信があった。

李承晩と保守派、日帝協力勢力は、モスクワ3相会議で決定した内容の中で、朝鮮に対する信託統治が米国の提案だったという事実を間違いなく知っていたはずだ。ところが、この決定が発表される1日前の12月27日、『東亜日報』はトップ記事で、「ソ連は信託統治主張、米国は即時独立主張」という、事実と正反対の見出しで報道した。これは単純な誤報ではなく、歪曲報道であった。また、一つおかしな点は、本国の方針が韓国に対する信託統治ということをよく知っている米軍政も、間違った報道を正すことはしなかったという事実だ。ホッジ中将は朝鮮に対する本国の信託統治案に否定的だったのであり、共産主義者の脅威を防ぐためには、米軍単独で南韓を掌握しなければならない、と考えた。

とにかく、『東亜日報』の報道をきっかけに中国から戻って来た臨時政府、国内の富裕層と日帝協力勢力の集まりである韓国民主党〔以下、韓民党〕、米国から戻って来た李承晩ら保守勢力は、反信託統治〔以下、反託〕運動の先頭に立って大衆の民族感情に火をつけた。当時、朝鮮人たちにとってまたもや強大国の統治を受けるということは悪夢のようなことだったので、民族感情は思いっきり燃え上がった。韓民党の代弁者だった『東亜日報』と保守勢力は、米国が提案した信託統治案をソ連が提案したと歪曲したあとに、このような反ソ感情に火をつけた。

8・15以後、すっかり息をひそめて韓民党に入っていた日帝協力勢力が、反託運動を通して再び堂々と愛国者として変身した。一方、初めには反託を主張したが、急に「モスクワ3相会議の決定支持」によって立場を変えた左翼陣営はソ連の操り人形だと攻撃された。当時、中道右派や中道左派の指導者は、信託統治はモスクワ3相会議の決議事項の一つに過ぎないのだから、朝鮮人が反託か親託かで対立することは民族の分裂の危険があると考えた。しかし、賛託／反託運動で左右の主導権争いが激しくなった解放空間で、「慎重に対処しよう」といっていた中道勢力が立つ居場所はなかった。

第2次世界大戦以前、産業化や民主主義の水準で韓国より格段に先んじていたオーストリアも終戦後10年間の信託統治を経て独立国になった。オーストリアは1938年ドイツに併合されたが、ドイツ敗北の直前に分離を宣言した。以後、オーストリア臨時政府は左右合作に成功して、1955年完全に独立を成し遂げた。もちろん、当時朝鮮人たちがモスクワ3相会議の決定を受け入れたとしてもすでに対立状況に向かっていた米ソが、朝鮮人たちの統一国家建設をそのまま支持したかは未知数である。しかし、朝鮮臨時政府の樹立と信託統治実施という冷戦直前の米ソ間の最後の合意を朝鮮人たちが拒否する限り、統一国家樹立が水に流れたことは間違いなかった。南韓社会は反託運動で左右が極端に分かれ、日帝協力勢力は「右翼」を自任して反対派をすべて左翼だとみなして排撃してそのまま単独政府樹立の道を進んだ。

日帝強占期の行為がやましい人びととその子孫たちは、1948年8月15日を建国節とずっと主張してきたが、最近では、初めからその日が事実上の「光復」だと主張する。あげくの果てには、2015年8月15日には「光復67周年」だとプラカードまで押し立てた。1945年8月15日、すなわち朝鮮のすべての民衆が歓喜したその日は、日帝協力勢力には悪夢のような死亡宣告の日だったが、南韓の単独政府を樹立した1948年

8月15日は、かれらにとって起死回生の日だった。南北の対立が持続される限り、かれらはずっと自分たちが左派の脅威の前で「自由」を求めて国を建てたといって愛国者として振る舞うことだろう。

大韓民国　保守の起源――米軍政／韓民党／親日警察

金武星《キムムソン》［ハンナラ党］代表の亡父金龍周《キムヨンジュ》の日帝時代の発言をみると、かれが相当インテリだったことがわかる。日本の古代史から明治維新に及ぶ歴史について述べながら、日本人と朝鮮人が同じ一つの民族の根から生まれていることを説いている。しかし、すべての発言の帰結するところは、朝鮮の若者たちが太平洋戦争に勇敢に参戦しろということだ。花郎官昌《ファランクァンチャン》＊のように、死六臣《サユクシン》成三問《ソンサムムン》＊のように、命を捧げろと要求する。ただ、その忠誠の対象が日本の天皇であるだけである。天皇のために桜のように散れという。

「親日金武星の父が愛国者に化けている」『ハンギョレ』２０１５年８月１日

＊花郎官昌
黄山伐戦闘（６６０年）で勇敢に戦い戦死した新羅の若き花郎の名前。花郎とは、新羅時代にあった軍事訓練や文化的教育機関としての青年組織またはそのリーダー。

＊死六臣成三問（１４１８～56）
朝鮮時代の１４５６年（世祖2年）、先王（端宗）の復位を図ったが失敗して処刑された六人の忠臣の一人。

日帝協力勢力の既得権守護の戦略

これまでの70年間、韓国を率いてきた政権勢力「保守勢力」は、誰なのか？ かれらはいかなる考えといかなる履歴をもっていたのか？

8・15直前、日本が降伏するだろうという事実をあらかじめ知っていた朝鮮総督府の遠藤柳作*政務総監は、当時国内の右派民主主義勢力の指導者宋鎮禹《ソンジヌ》*と中道左派系列の指導者呂運亨に治安維持に協力してくれるように頼んだ。しかし、宋鎮禹は、遠藤の要求も呂運亨側の協力提案も拒否した。宋鎮禹の協力を得られなかった呂運亨は、遠藤の提案を実行するために1945年8月16日から朝鮮建国準備委員会（以下「建準」）の活動を始めた。呂運亨はその日の午後1時、徽文《フィムン》中学校の運動場で次のように演説した。

われわれは白旗を掲げた日本の心情を理解しよう。もちろん、われわれは痛快な気持ちを禁じざるを得ない。しかし、かれらに対してわれわれの雅量を見せよう。白頭山《ペクトゥサン》の麓で育ったわれわれの力を世界の新文化建設に捧げよう。

宋南憲《ソンナモン》『解放3年史1』カチ、1985年、36ページ

しかし、建準が左派も右派もまとめるすべての朝鮮人を代表する機構として認められるのには、いろいろ厳しい障害が横たわっていた。

＊遠藤柳作（1886～1963）　政治家、官僚。1944年、朝鮮総督府の政務総監に就任した。政務総監は総督に次ぐ第二の地位で、行政、立法、司法の実務を統括した。

＊宋鎮禹《ソンジヌ》（1890～1945）　1921年から24年まで『東亜日報』社長をつとめた。1945年9月には、金性洙らと韓民党を設立した。

8・15の日本の降伏宣言で、日帝に協力していた朝鮮総督府の朝鮮人官吏や知識人は大きな衝撃を受けた。当時、総督府の下で働いていた朝鮮人官吏は、高等文官の400人余りを含む約4万5000人であり、さらにそこに満州国の官吏出身者が3000人余りいた。恥ずかしさで同胞の前に出て来られなかったかれらは、降伏宣言以後何日間か隠れていてほとんど出勤もしなかった。日帝の徴兵と徴用、創氏改名、慰安婦動員などの業務を実行していた末端警察や官吏たちは、住民たちに引きずり出されリンチにあったりもした。このような混乱の中で、これまで日帝の弾圧で地下に隠れていた共産主義者たちが最も早く動き出した。かれらは日帝の弾圧で瓦解していた朝鮮共産党を再建して、米軍が進駐する直前に人民共和国(以下「人共」、1945年9月6日)を宣布した。一方、左翼の動きに合わせて、日帝に自治を請願していた消極的独立運動勢力と、日帝末期に戦時総動員体制に協力・服従していた日帝強力勢力、地主ら保守勢力は韓民党に結集した。

日帝協力勢力は、自分の過去を覆い隠して生き残るために名分が必要だった。かれらが海外の右派独立運動の象徴である臨時政府を「絶対支持」したことは、生き残るための必死な自己救済策だった。これら保守勢力の顔である宋鎮禹が左翼の協力提案を拒否した理由は、自分たちの財政や人力がほかの勢力より勝っているという自信があったからである。韓民党は、日帝のもとで民族の独立よりは自らの既得権を守ることに重きを置いていた勢力が主軸になった政党である。したがって、その韓民党が、国内の左翼・

中道独立運動勢力と力を合わせて民族の未来を作り上げることを期待するのは無理だった。個人や集団があることを「絶対支持」したり「絶対排撃」したりする時は、必ず理由があるのだ。自己防衛のための心理的理由が大きいのである。権力と金、すなわち既得権を守ることがその基本動機になる。

当時、朝鮮民衆の圧倒的多数は左右両派の協力と自主独立を望んでいた。しかし、日帝強占期の間ずっと溝が深かった左右の陣営は、米軍進駐後にも力を一つにまとめることができず、分裂と葛藤で収拾できない状況に陥っていた。建準内部にも左右の争いが起こり、朴憲永が主導する左派が人共を宣布すると、韓民党にとって絶好の攻撃材料になった。韓民党の指導部は、まだ朝鮮の事情をきちんと理解できなかった米軍政に対して人共を認めないように説得した。アーノルド軍政長官は、10月10日に「南韓には米軍政以外の他の政府が存在することはない」と強硬な声明を発表した。

左派が政局の主導権をつかむため宣布した人共もやっつけ仕事で、拙速な措置であった。一方、韓民党の人共に対する批判声明に出てきた「発悪［あがき］」、「人心を眩惑」、「傍若無人」、「民心惑乱」「狂態」、「反逆的言動」などの用語も非紳士的で険悪な言葉だった。8・15以後、保守勢力が出した初の声明が人共を攻撃するものであり、内容も険悪な言葉で満ちあふれていたという事実にかれらの不安を推し量ることができる。これは、以後韓国の保守右翼が歩むことになる道を予告していた。

日帝の暴力的な植民地統治があったために、いかなる抗日勢力も朝鮮の人びとに不動の権威を持ったり、指導力を発揮した勢力はなく、朝鮮は二つの強大国が主導する国際政治の流れに適応しなければならない状況であった。そう考えると、8・15以後、日帝協力勢力を除外したすべての政治指導者は、路線と理念が違う勢力を無条件に排斥してはいけない状況だった。しかし、左翼の人共は自分たちが唯一の代表だと自認し、韓民党は大韓民国臨時政府に対する「絶対支持」を繰り返して、建準と人共を仇のようにみなした。

米軍政の右翼偏向政策

ソウルに到着した進駐軍司令官ホッジ中将と朝鮮総督阿部信行が降伏の調印式をした1945年9月9日、市中では「米軍司令部で英語が解読できる人を探しているので、該当者は明日昼食過ぎに朝鮮ホテルに来い」という広報が出た。次の日の午後1時が過ぎると、本館1階の建物には呉天錫《オチョンソク》、趙炳玉《チョビョンオク》*、李勲求《イフング》、李大偉《イデウィ》ら米国留学経歴がある者や、英語が得意な者50人余りが集まった。この「朝鮮人有志招請懇談会」は、米軍と朝鮮人の最初の公的な接触だった。この場で、米軍は何人かに軍政庁の朝鮮人部処長の役割をまかせた。この集まりは同じ日の午前10時に鄭一亨《チョンイルヒョン》、李卯黙《イミョムク》、崔淳周《チェスンジュ》の3人と軍政庁が前もって計画したとおりに行われた。そして、10月5日、米軍政は、呂運亨、曺晩植《チョマンシク》*、宋鎮禹、金性洙《キムソンス》*ら各界の人物11人を軍政長官の顧問に任命した（この中で、曺晩植は北朝鮮にいて出席せず、呂運亨は初めの会議に出席した後辞退した）。

＊趙炳玉《チョビョンオク》（1894～1960）
日帝強占期は新幹会の財政部長などを歴任。解放後は韓民党に参加。その後、李承晩と対立、野党の重鎮として大統領候補となったが病に倒れ死去した。

＊曺晩植《チョマンシク》（1883～1950）
平安南道江西出身。民族主義独立運動家。解放後も北に残り、反託運動を展開。ソ連軍当局や共産主義者らと対立し、朝鮮戦争勃発直後に処刑されたといわれている。

＊金性洙《キムソンス》（1891～1955）
全羅道高敞の大地主の家に生まれる。1920年に『東亜日報』を創刊、32年には私費を投じて普成専門学校（現高麗大学）の経営を建て直し校長に就任した。日本資本や総督府との強力なコネクションを背景に企業家としても大成功をおさめた。

一方、ホッジ中将の特別補佐官である李卯黙を始めとする韓国人通訳たちは、表ではホッジと米軍幹部の通訳をしていたが、実際には米軍政の政策を動かす実力者として活動した。特に李卯黙は、「南韓の土地全体の半分をもっている」という話が出るほど力があった。また、米軍政はカトリックの代表的指導者だった盧基南主教に政治家60人を推薦してほしいと頼んだ。盧基南主教は、金性洙・張徳秀《チャンドクス》*・金炳魯《キムビョンノ》*ら保守的な人物を中心に推薦して、「左翼系の民心扇動の謀略に特別に対処してくれ」と要請した。

米軍政は本国の国務省の指令に従って、公式にはどんな政治勢力とも手を結ばなかった。米国は臨時政府が朝鮮を代表するとは見なかったから、臨時政府の要人たちは私人として2回に分かれて帰国した。さらに、第2陣はソウルではなく木浦《モッポ》飛行場に到着した。李承晩もやはり私的に帰国したが、米軍政の特別な配慮を受けた。かれが帰国すると、米軍政は自ら企画して歓迎大会を開催した。ホッジ司令官が特別にかれを紹介したが、それは米国がかれを支持するというシグナルだった。

マッカーサーの布告にもあるように、38度線以南に入って来た米軍政は、この地域で自分たちが排他的な統治権を行使しなければならないと考え、日帝の秩序がそのまま維持されることを望んだ。すると、大勢に順応することに卓越した感覚をもった日帝協力勢力は、確固とした親米反ソの立場をとり、米国の思い通りに攻撃的で非妥協的な反共産主義の路線を打ち出した。日帝のもとで民族的自尊心を捨て去って侵略戦争に加わっていた過去は明らかに恥ずかしいことであり、一部の者ははっきりとそう考えていたが、

*張徳秀《チャンドクス》（1894～1947）
1945年、金性洙らと韓民党を組織して、右翼の中心人物として活躍した。李承晩の単独政権路線を支持し、臨時政府との関係が悪化するなか、47年、自宅で暗殺された。

*金炳魯《キムビョンノ》（1887～1964）
1910年、日本に留学して法学を修め、帰国後弁護士を開業した。解放後は10年にわたって大法院長をつとめた。

かれらはその恥ずかしさを攻撃性に変えた。

長い間滞在した米国で、自由主義と反共主義の思想が体に染み込んでいた李承晩は、解放前から日帝が敗北して去った朝鮮に共産主義勢力が影響力をもつのを心配していた。それで、かれは右派の臨時政府を支持した。帰国後には、自分の米国の人脈、キリスト教の人脈、植民地下で軍、官僚、警察の手下をしていた人びとと手を結び、非常に評判がよくない親日の企業家たちから政治資金を受け取った。大韓経済輔国会所属の企業家たちである。かれらはかつての親日行為が免罪されるための保険と考えて、自分の利益を代弁してくれることを期待して李承晩に政治資金を提供した。

結局、米軍政に積極的に協力したり、米軍政が直接雇用したりした米国留学経験のある知識人とキリスト教関係者は右派一色になった。前に米軍政が軍政長官の顧問として任命した11人中7人が韓民党員であり、大部分が地主出身かキリスト教関係者だった。これについて、『タイム』誌のモスクワ支局通信員だったリチャード・ラウトバークは、かれらは「朝鮮人に恨まれ無視されていた人びと」だと指摘した。

それだけではなく、米軍政は、１９４６年から４７年の間に少なくとも５３００万ウォン以上の現金を右派指導者たちに提供した。特に、韓国に駐屯した米24軍団情報参謀部の９７１防諜隊は膨大な秘密資金を運用していたが、それは主として左翼の捜査や弾圧、右翼の支援に使われていた。米国はＣＩＡを動員して、日本でも右翼自民党の結成と成功のために莫大な資金を支給するなど東アジア全域で右翼を支援して、左翼を牽

李承晩入国歓迎式：1945年10月、朝鮮総督府（当時米軍政庁）前で開かれた。写真の真ん中に座っているのが李承晩である。その横のサングラスをかけた人物が軍政庁司令官ジョン・リード・ホッジである。（© dok 1. flickr）

制する政策を繰り広げていた。

立法・司法・行政を掌握した米軍政は、南韓の政治勢力の拡大に最も決定的な影響を与えた。米軍は日本と朝鮮に同時に進駐したが、二つの国で行った政策は、まったく異なった。日本は軍事的に占領されたが、直接統治はせずそれまであった政府を維持させた。日本の政府は、マッカーサー司令官の命令に従って平和憲法を制定して、戦争を招いた軍国主義を解体する改革を推進した。マッカーサー司令部は1945年10月4日、「人権指令」*を出して、過去の帝国主義のファシズムを支えていた法律を廃止した。また、天皇の手下として侵略主義の中心的役割をした特別高等警察（以下「特高」）組織を解体して関係者を罷免した。その結果、特高の課長および外事課長558人を含む特高関係者の半分に当たる4990人が罷免された。しかし、日本の軍国主義時代の思想検事たちは「人権指令」による罷免対象から抜け落ちていたために大部分が生き残り、かれらは以後公安検事に変身した。一方、米軍政は自治警察制度を導入するなど警察の民主化措置を実施した。反対に、南韓では米軍政は朝鮮人の代表を選ばず、直接統治しただけではなく、むしろ植民地時代の統治秩序をそのまま維持することに重点を置いた。

警察国家だった日帝植民地の残滓をなくそうとするなら、警察組織の改革が最も急がねばならない課題だった。米軍政は、朝鮮警察が「徹底的に日本化され、暴政の道具として能率よく使用」されていた点はもちろん、日帝の警察に対する朝鮮人の恨みがどんなに大きいかも、知っていた。しかし、警察という統治道具は米軍政にも必要であり、

＊人権指令
正式名称は「政治的、公民的及び宗教的自由に対する制限の除去の件（覚書）」という。反体制的な思想や言動を厳しく取り締まっていた日本政府に対し、1945年10月4日、GHQが自由を抑圧する制度を廃止するよう命じた指令である。

朝鮮人の警察が日本に奉仕していたように自分たちにも忠実に奉仕するものだと期待した。米軍政は警監級以上の１００％、警衛級の75％を日本警察の出身者から採った。検察は１９４８年8月15日の政府樹立当時、１４５人の検事の中で１４２人を日帝の協力者から採用した。さらに甚だしいことには、米軍政は日帝の協力者たちを1階級ずつ昇級させて登用したのだ。

軍政庁警務局長の趙炳玉は、日本警察の出身者の起用に反対したという理由で、日本強占期から知っていた独立運動家出身の警務局捜査局長の崔能鎮《チエヌンジン》*を、「国家警察の士気を奮い起こして命令系統を確保するのに有害だ」と罷免した。当時の首都警察庁長張沢相《チャンテクサン》*は、チェ・ヨン、盧徳述《ノドクスル》*、李益興《イイグン》*、崔鎮河《チエジナ》*ら朝鮮人抗日運動家を逮捕・拷問することで悪名が高かった警察幹部たちを積極的に起用した。米ソ共同委員会に参加するためにソウルを訪問したソ連の代表が「愛国志士と独立運動家を犠牲にさせた悪質警察官をそのまま起用した点」について批判すると、張沢相は、「わからないことを言うな。おまえたちが尊敬するレーニンも権力を握った後帝政ロシアの警察をそのまま使った事実を知らないのか。警察はどこまでも技術職だ」と言い返した。

米軍政は抗日運動の経歴がある民族主義者を事実上の左翼と見なした。自分たちの統治に順応しない左翼と民族主義の勢力よりは、「行政技術」をもった日帝の官吏たちを好んだのだ。だから、植民地統治の手下たちを留任させた。日帝協力勢力を再び起用した米軍政の政策は、本国の国務省の方針を露骨に無視したものであった。国務省が送っ

＊崔能鎮《チエヌンジン》（１８９９～１９５１）

＊張沢相《チャンテクサン》（１８９３～１９６９）
１９５４年、第3代、１９５８年第４代民議員に当選して、反共闘争委員長として反共闘争の先頭に立った。

＊盧徳述《ノドクスル》（１８９９～１９６８）

＊李益興《イイグン》（１９０５～１９９３）

＊崔鎮河《チエジナ》（１８９６～？）

国防警備隊発足式：1946 年 1 月、日本軍出身将校らを中心に南韓国防警備軍隊が発足した。
(© dok 1. flickr)

た最初の「基本訓令」には、「日本に協力した法曹人と警察を追放しろ」という指示が入っていた。しかし、南韓の事情も知らず行政訓練も受けていないまま、突然南韓の統治を任せられた米軍政の将校たちは、反共・反ソの立場が確固とした日帝の警察や軍出身者たちを利用する価値があると判断した。米本国の３部調停委員会は、東京のマッカーサー行政部が親日の経歴がある官吏を起用する対朝鮮政策を批判して憂慮を示した。このような様子をみて、１９４６年南韓を訪問した雑誌『シカゴ・サン』の記者マーク・ゲイン*は、「改革と復旧に対する熱い思いより共産主義に対する恐怖が、米軍の朝鮮政策の確固たる基盤になっていることがわかった」と吐露した。

米軍政は、左翼の経歴がある人物でも、必要なら情報業務に起用した。その代表的な例が朴正熙《パクチョンヒ》*だ。かれは解放後、南労党の秘密団員として活動していたが、１９４８年10月麗順《ヨスン》事件*直後の粛軍過程で死刑宣告を受けた。この時、米軍政の顧問官ジェームズ・ハウスマン［James Harry Hausman］は、かれに、同僚を密告したら命を助けてやろうと提案した。結局、朴正熙は南労党の仲間を密告した代価に、軍服を脱いで文官として情報業務を担当することになった。

米軍政は朝鮮総督府よりもっと中央集権的な新しい警察組織を作り、ソ連との冷戦対立が本格化する前の１９４６年1月に、日本軍出身の朝鮮人将校たちを中核にすえた南韓国防警備隊を発足させた。これによって、以後大韓民国の中心国家機関になった軍と警察は、米軍政の計画のもとで初めから日帝の植民地時代の手先たちで占められてし

＊マーク・ゲイン（１９０２〜81）
米国およびカナダのジャーナリスト。

＊朴正熙《パクチョンヒ》（１９１７〜79）
第５・６・７・８・９代大統領（在任１９６３〜79）

＊麗順《ヨスン》事件
１９４８年10月19日、済州島四・三事件鎮圧のため出動命令が下った全羅道麗水郡駐屯の国防警備隊第４連隊で隊内の南労党員が反乱を先導、これに隊員が呼応し部隊ぐるみの反乱となった。反乱は隣の順天郡にも及んだので、麗水順天事件ともいう。

まった。

米軍政が作った大韓民国

米軍政が保守勢力を支持した政策、すなわち植民地時代の官僚と警察をそのまま起用した政策は、米国という国家の性格や、太平洋戦争期の短い期間を除外した、1905年以後一貫して日本を支持してきた政策を考えてみれば十分に予想することができた。それは、以後70年間の大韓民国を左右した最も決定的な選択だったし、日帝側に立って同胞を苦しめていた人びとは、いかなる方法でも処罰されなければならないという普通の朝鮮人の常識と道徳感情、すなわち不義に対する激しい怒りを踏みにじる選択だった。

戦争が終われば、大体勝者は敗者を処罰し、国際社会は戦犯を断罪する。600万人のユダヤ人を虐殺したヒトラーとナチの幹部たちは、敗北時点で自殺したり、あるいはすぐに開かれたニュルンベルク裁判*で審判を受けたりした。日本を占領した米国も、当初から太平洋戦争を起こした戦犯をどのように処罰するかを検討した。

マッカーサー司令部はまず20万人以上の日本人を公職から追放した。そして、戦争犯罪に協力した三菱・三井・安田・住友など4大財閥を解体した。この過程で、67社の主要な会社と3658社の子会社・孫会社が整理された。その後、1946年5月東京で戦犯裁判を開いた。

しかし、当時国際的に冷戦の流れが形成されていて、東アジアでソ連に対抗する反共

＊ニュルンベルク裁判
1945年11月から1946年10月、ドイツ・ニュンベルクで開かれた第2次世界大戦のドイツ主要戦争犯罪人22名に対する連合国の国際軍事裁判。

基地を建設することが、日本の民主化より緊急な課題として浮かび上がった。結局、東京裁判で米国は戦争の最高責任者である天皇を処罰の対象から除外して、ごく少数を除いた、利用価値のある大多数の戦争犯罪者を生かしたのだった。さらに、自分たちが作った新しい憲法で天皇の地位を維持させ、以後天皇は日米同盟の最も強力な支持者になった。中国人と朝鮮人を生体実験した極悪な戦争犯罪集団の731部隊*出身者も、処罰を免除する条件で米国に医学情報を提供して再び取り立てられた。結局、権力の頂点で命令を下した天皇は処罰を受けず、命令に従った人びとは処罰を受けるという、あきれかえることが起こったのだ。

そうすると、日本の暴力的支配と「なんら名分のない」戦争を積極的に支持した朝鮮人、すなわち帝国主義の手先たちはどのように扱われたのか？　日帝末期に日本の侵略戦争を公に支持した知識人、日帝の戦争費用を援助して慰安婦強制募集の活動をしていた末端の朝鮮人官吏や警察は、どのように処罰されるべきだったのか？　日本の統治の強制があったとはいえ、日本の抑圧と朝鮮人の奴隷化を称えて、朝鮮の青年たちを戦争に駆り立てた人びとに対して、誰がどんな罰を与えなければならなかったのか？

南洋群島*などの地で日本軍の軍属になり、連合国軍の捕虜を虐待した朝鮮人の青年たちの一部は、B、C級戦犯となり、イギリスとオランダの法廷で処刑された（戦争犯罪で有罪判決をうけた韓国朝鮮人148人――死刑23人、無期懲役18人、有期懲役107人――うち129人が捕虜監視員であった）。しかし、マッカーサー司令部が次第に日

＊731部隊
第2次世界大戦期の大日本帝国陸軍に存在した研究機関。正式名称は関東軍防疫給水部で、初代部隊長は石井四郎中将である。

＊南洋群島
当時、日本がヴェルサイユ条約批准により、1919年11月から委任統治していたミクロネシアの島々を指す。

本の戦犯も生かす方向に変わった時に、日本の手先に過ぎなかった朝鮮人の青年を処罰することに無関心だったのは当然だった。今や、それは朝鮮人同士の問題となった。

米軍政が親日警察と官吏たちを処罰どころか、むしろ積極的に活用すると、かれら悪質な反逆者に対する朝鮮人の激しい怒りは私的な報復となって表れた。全国各地で日帝に加担した警察と官吏に対する報復テロが起こった。慶尚北道倭館《ウェグァン》では、住民が警察署長を石で殴って殺すという事件もあった。8・15直後の南韓社会はいつ爆発するかわからない火薬庫だった。

日帝協力者に対する怒りは沸騰したが、左翼勢力を除いたほかの政治勢力はすべてかれらを処罰しようと主張しなかった。そうした中、信託統治反対運動が起こると、左/右、親米/親ソの対立構造が政局を支配して、それすら全く問題にもならなくなった。1945年12月28日、モスクワ3相会議で南韓に対する5年間の信託統治が決定すると、李承晩は金九とともに反託運動の先頭に立った。この過程で、日帝協力勢力は独立促成国民会などに参加して反託運動に積極的に動き回り、解放初期の「民族対反民族」の対立構図を「左翼対右翼」の対立構図に転換するのに成功した。

結局、戦後米ソの対立が避けられないことを予想して、米国が支援する単独政府を作ろうとした李承晩に有利な状況になったのだ。左右両陣営の政治指導者は、米国とソ連が朝鮮半島を分割占領した状況を自分たちの立場を強化することに利用して、統合よりは、一方に立ってもう一方を極端に排撃することに命を懸けた。

1945年2月、当時の米国務省極東局長ジョゼフ・バレンタイン［Joseph Valentine］は、備忘録に日帝下で米国で活動していた李承晩らを次のように評価した。

米国内の一部の朝鮮人代弁者たちは、朝鮮人の国民的利益の拡大より自身の個人的利害および特定集団の利害が増えることにずっと多くの関心があるようで、一部は個人的な功名心をもち、一部は自分から国務省に巧妙に取り入って自分の気に入る言質を得ようと望んでいるようだ。かれらは私的な野望に燃えていて、大体において無責任な者たちで、付き合うには相当に注意しなければならない。

金国泰《キムグッテ》『解放3年と米国1』トルベゲ、1984年、17～19ページ

1946年、ついに火薬庫に火がついた。1946年10月1日、大邱《テグ》で市民と警察の間で大きな衝突が起こった。南労党の9月のゼネストに触発されたこの事件は「秋収暴動」、「10・1抗争」などと呼ばれる。米軍政の米配給政策の失敗で、極端な食糧難に苦しめられていた労働者・農民・大衆が抗議デモをする過程で警察と衝突した。大邱で始まった騒動は、慶北一帯から全国へ広がった。事件の始まりは左翼の「新戦術」だったが、展開して広がった過程には、日帝出身の警察とその手先たちが同胞を苦しめたことに対する激しい怒りがあった。マッカーサーも、この事件が日帝協力者の生き残りと、日帝の下で働いていた朝鮮人官吏の腐敗のせいで起こったと分析したほど、植民地の残

滓清算は必ず越えなければならない山だった。秋収暴動は結局米軍政によって鎮圧され、以後警察は暴動に加わった者に報復を加えた。すると、暴動に参加した一部の者は、近くの山に入ってゲリラ闘争を展開した。

大邱10・1抗争は、大韓民国の理念対立・政治葛藤・国家暴力の発源地だった。この事件以後、米軍政は左翼を不法化して、南韓で中道政治路線が立つ空間はなくなった。テロと暴力が全国に蔓延して、息を潜めていた親日官僚・警察・軍人たちは米軍政の要職に就いた。以後、米軍政は親日・親米・キリスト教指導者たちに日帝が残していった財産を払い下げて、かれらが大韓民国の主流勢力として登場できる物質的な基盤を準備してやった。崔仁勲《チェイヌン》*は、小説『広場』で越南者の口を借りて当時の南韓を説明している。

> 以南には（……）卑劣な欲望と仮面をかぶった権勢欲とそしてセックスだけがあります。（……）日本の奴らの下で役人になり、父のような愛国者を捕まえて殺した奴らが、〇〇局長、〇〇署長、〇〇庁長職について人民に号令しているのです。
>
> 崔仁勲『広場／九雲夢』文学と知性社、１９９６年、１１５〜１１６ページ

植民地残滓の清算

１９４７年７月、南韓過渡立法議院は「日帝の協力者・民族反逆者・奸商の輩に関した特別法律条例」を制定して、日帝に加担した人びとを処罰しようとしたが、米軍政は

＊崔仁勲《チェイヌン》（１９３６〜２０１８）　小説家。１９６０年発表の長編小説『広場』は安住の地を求めて、彷徨する自意識を描き、戦後小説の傑作の一つに数えられる。

法の公布を許可しなかった。１９４８年の政府樹立直後にも日帝協力者勢力の清算が最優先課題として持ち上がった。制憲国会は１９４８年９月７日、「反民族行為処罰法」（以下「反民特為法」）を可決した。これによって、反民族行為特別調査委員会（以下「反民特委」）が作られ、和信財閥の朴興植《パクフンシク》＊と崔南善《チェナムソン》＊・李光洙《イグァンス》＊ら知識人、盧徳述・金泰《キムテ》錫《ソク》ら親日警察がぞくぞくと逮捕された。しかし、極右団体は反共救国総決起大会を開いて、国会の共産党のスパイを粛清しろと脅迫し、大統領の李承晩はかれらを積極的に応援した。

日帝強占期に悪名高かった高等警察出身の盧徳述が逮捕されると、李承晩は解放後の治安確保の功労をあげて釈放を要求した。特別検察官が拘束され、信念のある検察官が辞退するなど、反民特委は事実上機能停止状態に陥って結局１９４９年６月６日、特別警察隊が強制的に解散させられた。そして「反民特為法」も改定されて業務を開始してたった８か月の10月に「反民特委」は解体された。

すでに、親日勢力が政府の要職を掌握した「反共政権」の立場からすると、親日を断罪しようという反民特委の活動は最大の障害物だった。青鹿派の詩人趙芝薫《チョジフン》の父親趙憲泳《チョホニョン》＊議員は、反民特委弾圧に対して次のように批判した。

現政府は民族の反逆者による政府であり、親日反逆者の処罰を主張する人びとを共産党の手先、民族の分裂を引き起こす悪質なならず者に逐いやり、国民の支持を得るこ

＊朴興植《パクフンシク》（１９０３～94）
植民地期には、和信商会㈱、朝鮮飛行機工業㈱、和信デパートなどの社長、解放後は、和信産業㈱、光新学園理事長などを歴任した。

＊崔南善《チェナムソン》（１８９０～１９５７）
李光洙とともに韓国における近代文学の開拓者。３・１独立宣言書起草者。解放後、日帝末期の文人報国活動で反民特為法に問われた。

＊李光洙《イグァンス》（１８９２～１９５０）
韓国最初の近代長編小説『無情』を書いた。親日活動の先頭に立って朝鮮文人協会会長をつとめた。創氏改名して「香山光郎」と名のった。

＊趙憲泳《チョホニョン》（１９００～88）
独立運動家。社会運動家。大韓民国初代および二代無所属議員などを歴任した。

とはできていない。

国会事務処「制憲国会速記録」第1回94号、1948~50年、797~802ページ

このようにして、植民地清算という時代的課題は挫折した。形式的には、日帝協力勢力が親米政権の主役となりそのまま衣替えだけして居座り、内容的には、自主独立国家建設の法的・道徳的基盤になるはずの正義と民主主義の原則、国民教育と学問の基本を打ち立てることができなくなった。このような状況にあって、日帝強占期の高等文官出身の官吏たちの中で、ほとんど唯一、自身の過去を懺悔した前弘益《ホンイク》大学総長の李恒寧《イハンニョン》*は、次のように述懐した。

私がいわゆる社会指導層に属するということも漫画であり、笑うべきことなのです。(……)私の最大の関心事は、どのようにすれば一日でもより長く楽な生活を続けることができるかということです。この汚れた欲望は、よりによって今日の私の哲学ではなく、日帝時代から私が万古不滅の鉄則として肝に銘じて守ってきた私の確信です。(……)今日のわが国には真の学問がなく、真の教育がないことは、すべて私のような破廉恥漢のためです。私はそれを深く懺悔しています。

李恒寧「私に後ろ指を指しなさい 歴史の転換点に立って」『朝鮮日報』1980年1月26日

*李恒寧《イハンニョン》(1915~2008)
法哲学者

以後、日帝協力者は愛国者に変身して、左翼は言うまでもなく、右翼性向の抗日民族主義の人物までをも危険な人物とみなされて苦しめられた。かれらは自分の金と地位だけ守れたら、日本の支配が続いてもいいと考えていたから、分断や新しい外国勢力の支配を拒否する理由がなく、李承晩はかれらの利益を擁護する最も頼もしい友軍だった。今日の大韓民国の保守勢力はこのように作られたのだ。

なぜ国家保安法は憲法の上に君臨してきたのか?

——政府樹立／左翼粛清／国家保安法

人びとは、政府が北朝鮮の実体を認めながらも、反国家団体として規定するのは偏狭な反共論理に縛られているからではないかと誤解をしている。現行憲法三条は、「大韓民国の領土は朝鮮半島とその付属島嶼である」と規定していて、朝鮮半島の中には、二つの主権が存在することはないという大法院の判例が確立された憲法の解釈である。下位の法律が上位の法律に逆らうことはできない。憲法において北朝鮮を国家として認めていないのに、下位の法律である国家保安法において北朝鮮を国家として認めることができるのか? 国家保安法を改め廃止しようとすれば、まず憲法を改定しなければならない。

「大韓民国の国民ならば、国家保安法廃止の主張はできない」

(公安検事高永宙《コヨンジュ》のインタビュー)『月刊マル』* 1994年4月号

*『月刊マル』 1985年6月に民主言論運動協議会の機関誌として創刊され、89年に定期刊行物になった進歩的な月刊誌。2009年3月号を最後に発行が中断されている。

「解放空間」の左翼粛清

われわれが暮らしている大韓民国は、「外国勢力から自主的で国民が主権をもつ」という辞書通りの意味の主権国家であるのか？　１９４５年８月15日、朝鮮半島は日帝の植民地から解放され、１９４８年８月15日、大韓民国政府が樹立された。政府が樹立され、今こそ正々堂々と「国民」になった人びとが、相変わらず日帝下で訓練を受けた警察と官吏の暴力と干渉に苦しんでいるとしたら、そして軍の運営と国の経済が米軍の指導と支援なくしては維持できないとしたら、その国を主権国家と呼ぶことができるのか？　独立のためすべてを捧げた人びとが生命の危機にさらされ、殺害される国をはたして解放された主権国家と言えるだろうか？

米軍政で10か月間勤務して本国に戻ったヘンリー・ショーモン兵長は、１９４７年４月２日、トルーマン大統領に次のような内容の手紙を送った。

私はこれまで見たことのなかった残酷な行為を見ました。それは、ナチ支配下でどんなことが起こったかを推測することができる事件でした。統営《トンヨン》で共産主義の疑いをかけられていた運動選手が、警察で自分の足で立てないほどの暴行を受けました。続いて、警察はかれに「腕立て伏せ」をさせて、結局かれは倒れてしまいました。動かないかれをひっくり返してみたら息をしていませんでした。警察は３００人余りの住民を無作為に捕まえてきて警察署の前で4時間土下座をさせました。その中から何人かを選んで警察署の中に引っ張って行って拷問しました。(……)何人かが外に走り出て、われわれにあいつら(警察)を殺してくれ、撃ってくれ、そして拷問を中止させてくれ、と祈るように頼みました。

米国国立文書記録管理庁、文書群59、7389番ケース、89500/4―2217

警察の残酷な拷問と暴力は、1946年の大邱10・1抗争以後、南韓全域に広がった。毎日全国で右翼のテロが起こったが、それを止めることができる法や公権力は存在しなかった。

日帝は憲兵警察の暴力に依存したテロ統治をしながら、朝鮮人にいかなる自治権も許さないなど主権を完全に剝奪した。「解放」された朝鮮で日帝の警察が再び力をもって、抗日闘士たちと民族主義者たちに日帝の時よりもっと激しい暴力と拷問を加え、左翼と右翼は互いを仇のように敵対した。その上、米軍政の経済政策の失敗で大多数の朝鮮人は、敗戦国の日本よりはるかに悲惨に暮らしていた。

1948年5月10日、南韓で単独政府の樹立のための選挙が行われた。それは、李承晩が1946年6月10日、井邑《チョンウプ》で単独政府について最初に言及した後、米国が朝鮮の問題を国際連合に移管した結果だった。左翼はすでに勢力を失って越北した状態で、単独政府の樹立が朝鮮半島の永久的な分断を招くことを憂慮した金九と臨時政府系民族主義勢力は、総選挙に参加しなかった。各界各層の代表、特に一生を祖国独立に捧げた人びとは、自分の意志で選挙に不参加だったり、警察と右翼団体の妨害で出馬できなかったりした。この選挙期間中に、引き起こされた暴力を目撃した外国人たちは、その後樹立された李承晩政権を「超反動政府」だと呼んだ。

8・15以後、崔能鎮が体験した残酷な状況は、大韓民国の性格をよく示している。かれは8・15直後、以北で建国準備委員会の活動をしたが、ソ連軍の弾圧を受けて越南した。米軍政の警務局の捜査局長に抜擢されたが、親日警察の登用と腐敗に抗議して左遷された。以後、5・10総選挙の時、李承晩の選挙区であるソウルの東大門《トンデムン》甲区に出馬したが、選挙管理委員会はかれが選挙法に違反したという理由で候補の登録を取り消した。そして、李承晩は大統領になるとすぐに、自分に挑戦した崔能鎮を「国家転覆企図」という罪名で起訴した。崔能鎮は一審で3年6か月という軽い刑を受けたが、金九が暗殺された直後、獄中断食闘争をしたという罪名で二審では刑が懲役5年と重くなった。かれは刑務所に収監中、朝鮮戦争が起こると、今度は人民軍支配下のソウルで停戦・平和運動を繰り広げた。このことで、軍法会議で死刑宣告を受けて、1951年2月11日大邱の近くで処刑された。

単独政府の樹立をめぐって広がった争いは、大韓帝国末期の開化優先派と独立優先派の争いの再現と見ることができる。開化派の継承者たちは米国式の自由主義の体制を樹立しなければならないといい、独立派の継承者たちは民族統一が最優先課題だと強調した。今回も金九・金奎植のような新独立派は、米国の力を背景にして単独政府の自立を主張した李承晩と韓民党、そして彼らを支持した新開化派、すなわち日帝協力者勢力によって追いやられた。自主独立派、すなわち民族主義者たちは統一された国家なしでは自由も民主もないと主張したが、親日・親米勢力は、共産主義者たちとともに暮らすよりは、いっそ分断がましだと主張した。

この時期に済州島《チェジュド》では、左翼ゲリラの主導で総選挙と単独政府樹立を拒否する4・3蜂起が起こって、選挙を行うことができなかった。これを鎮圧するために派遣された、国防警備隊14連隊内部の左翼勢力は、同じ民族同士が血を流すことはできないと、鎮圧することを拒否して、麗水《ヨス》で反乱を起こした。済州島や麗水で無政府状態が長い間続くと、李承晩は米国が韓国政府の指導力を疑問視すると憂慮して、次のように強硬な討伐を指示した。

男女児童までもことごとく調査して不純分子は全て除去して（……）。

「李承晩大統領談話文」１９４８年11月5日

叛徒および窃盗などの悪党を過酷な方法で弾圧して、法の尊厳を示すことが要請される。

「国務会議録」１９４９年1月21日

結局、解放された南韓の済州島、麗水、順天で、日本の植民地時代にも見られなかった残酷な、同族に対する虐殺がほしいままに行われた。この事件をきっかけに、何年か前まで光復軍や抗日バルチザンを討伐していた日本軍間島《カンド》特設隊*の出身者たちが同族の討伐に動員された。そして、軍部内の左翼の粛清が始まった。陸軍情報局は、3000人余りの軍人を調査して150人余りの南労党員を見つけ出した。名簿は李承晩に報告されて、米国の臨時軍事顧問団のジェームズ・ハウスマンは状況を毎日点検した。李承晩は、共産党と「不純分子」を取り除くことを国家最高の目標と考えた。左翼ゲリラは右翼警察の家族を虐殺し、軍・警察の討伐軍はかれらに協力した民間人を無差別に虐殺するなど、敵対勢力間で暴力と報復が次から次へと繰り返された。むしろ、日帝の植民地時代のほうがましなほどだった。

1948年8月15日、大韓民国政府が樹立して国会は李承晩を初代大統領に選んだ。その前に、単独政府樹立と総選挙に反対していた金九は、1948年2月10日、「三千万同胞に泣いて告げる」という声明を発表して、民族の分断は事実上の主権消失であり、新しい奴隷化の道であり、より悲劇的な内戦を予告すると叫んだが、時はすでに遅かった。

日本と戦争する同盟国が勝利した時に、われわれも自由で幸せな日を過ごせると思った。しかし、倭人はむしろ歓笑して愉快な日を過ごし、反対にわれわれ韓人は恐怖の中で罪人のような日を過ごしている。(……)われわれが待っていた解放はわが国土

***間島《カンド》特設隊**
日本帝国の傀儡国であった満州国が、抗日組織を攻撃するために1938年組織され、日本の敗戦まで存続した部隊である。

を二つに分けてしまい、今後はそれを永遠に両国の領土にしてしまう危険性を内包している。それゆえ、韓国にとって「解放」とは辞典の上に、新しい解釈を載せないといけなくなってしまった。　金九「三千万同胞に泣いて告げる」１９４８年2月10日

分断は未完の独立

8・15直後、発表されたマッカーサーの「布告令第1号」は、朝鮮がいまだに主権を回復できない状態だということを示している。そして、南韓の単独政府が樹立されたが、総選挙から政府の樹立に至るすべての活動が国際連合の監督のもとで行われて、政府が樹立された後でも南韓には米軍が駐屯した。極右勢力が天下に敵なしの力を振るい、宋鎮禹・張徳秀・呂運亨らは政府樹立の前に、金九は１９４９年に暗殺された。南韓の治安は、警察の暴力なしでは維持できなかった。

米国が主導した連合国の陣営は日本に太平洋戦争の責任を問うたが、その前に行われた植民地支配については問題にしなかった。国際連合を主導した米国・イギリス・フランスなどすべての強大国が植民地を経営していて、第二次世界大戦後にもそれを放棄していなかったからである。連合国は「平和」体制を樹立しなければならないと言ったが、かれらが主張した「平和」には植民地問題が含まれていなかったし、その目的は日本とドイツの侵略主義が二度と頭をもたげないようにすることだった。むしろ米国は、日本が降伏する前から、日本を東アジアの対ソ連基地として作る方策を構想していた。

事実、「サンフランシスコ講和条約」が発効した1952年4月28日まで朝鮮の国際法上の地位は曖昧だった。1953年10月に進められた第3次日韓会談で、「『サンフランシスコ講和条約』を締結する前に、朝鮮が独立したことは不法」という日本の首席代表久保田貫一郎*の「妄言」もこの脈絡で出てきた。つまり、1945年8月15日の日本の降伏、1948年5月10日の総選挙と8月15日の政府樹立へと続く一連の出来事の結果から大韓民国が主権をもったのではなく、敗戦国日本と戦勝した連合国が結んだ条約の結果として主権を手に入れたというのが久保田の主張であった。

日帝強占期に中国で武装独立闘争をしていたが、太行山《テハンサン》の戦闘で銃に撃たれて片足を失った朝鮮義勇隊「最後の分隊長」金学鉄《キムハクチョル》*は、長崎刑務所に収監されていたが、8・15以後釈放された。ソウルに戻って来たかれは南労党の朴憲永に幻滅を感じて、1946年越北した。金学鉄は、YMCAで開かれたある集会に参加したが、「ソ連と米国によってわが国が解放された」という朴憲永の演説を聞いて激怒した。

> わが朝鮮義勇軍は、日本が投降する日まで絶え間なく武装闘争を堅持しました。この国の解放のためにたくさんの人びとが血を流し、命を捧げました。われわれは誰かのように手をこまねいて、他人が解放してくれるのを待ってはいませんでした。ムーダンのクッをみてふるまい餅を食べることはしなかったということです。
>
> キム・ホウン、キム・ヘヤン『金学鉄評伝』実践文化社、2007年、208ページ

＊久保田貫一郎（1902〜1977）
日韓基本条約に向けての日韓会談では日本がインフラ投資などで韓国の生活を向上させたという韓国併合を肯定する発言を行った。

＊金学鉄《キムハクチョル》（1916〜2001）
本名は、洪性杰。独立運動家。1945年8月15日光復後、小説家となった。2001年9月、中国吉林省で死去した。

しかし、かれは北に行ったものの、金日成に違和感を感じ中国に再び亡命をした。一生を中国で暮らしたが、1989年再び韓国の土地を踏んだかれは、朝鮮義勇隊時代の同志だった尹世冑《ユンセジュ》*と金元鳳《キムウォンボン》*の故郷である密陽《ミリャン》を訪ねた。そこで、かれは「分断は未完の独立」だと語った。分断国家は、独立した主権国家がもっている十分な国民主権・民主主義・自主外交・自主国防、そして国民に対する国家の責任を保障することができない、と考えたからである。

かれの言葉どおり、統一は分割された二つの国家が一つになることを超えて、真の独立を成し遂げることであり、独立は人民主権の完全な保障を意味する。民族の統合、そして人民が主人として参与することだけが、外国の勢力が介入する余地をなくすことができるからである。

憲法の上に君臨する国家保安法

個人の自由と尊厳を保障する国家が主権国家である。国民が国家からどんな扱いを受けるか、法が王や大統領、もしくは国家機関の権力濫用と専横を止めることができるかが重要なことで、形式上の独立国家建設が重要なことではない。憲法でいくら民主共和国と国民主権の原則を強調しても下位の法律や例外法が憲法を無視したら、国民が完全な主権を享有しているとはいえない。

＊**尹世冑《ユンセジュ》**（1901〜42）
独立運動家。朝鮮義烈団の創設に参加して、武装抗日闘争を行った。朝鮮義勇隊を率いて太行山の拠点に到着したが、42年5月、日本軍40万人と戦い、死去した。

＊**金元鳳《キムウォンボン》**（1898〜1958?）
独立運動家。1919年、義烈団を組織し、38年には朝鮮義勇隊を創設するなど武装闘争を展開した。48年4月以降、北朝鮮地域に留まり、政府樹立後には労働相などを歴任したが、58年に要職解任。以降の消息は不明である。近年、独立運動家認定要求の動きがある。

8・15直後、どんな政治体制に基づく国を建設するのかについて、国民の間には曖昧な合意しかなかった。当時、日本では戦争責任の主体である天皇制を維持するかという問題が大きな争点になっていた。しかし、朝鮮では誰も君主が支配していた朝鮮、すなわち大韓帝国時代に戻ろうとは言わなかった。李氏王朝の誰一人として独立のために闘争した例がなかったからである。すでに、1919年、上海で臨時政府が樹立した時、新しく作る国を「民主共和国」と設定した。事実、日本の植民地になる前に、すでに朝鮮王朝は朝鮮人たちから徹底的に捨てられてしまった。1948年、大韓民国憲法の制定過程で、新生大韓民国は共和制と国民主権の原則を政治体制の基礎にするという点については誰も反対しなかった。

1948年に制定された制憲憲法は、左右両陣営の立場をバランスよく反映している。まず、1941年に大韓民国臨時政府が作った「建国綱領」の精神を継承した。「建国綱領」は3・1運動以後合意した、民主共和制・国民主権・基本権・権力分立の条項を含んでいて、財産・教育・権力の平等を強調した独立運動家趙素昂《チョソアン》*の三均主義の精神が基になっている。臨時政府は帝国主義と君主政治を否定して独立的な共和政を提示した。また、社会的には身分制度を否定して人民の平等に基づいた民主政を支持した。そして、社会主義者たちの平等主義の要求を受け入れて、土地および重要産業を国有化することを強調した。また、敵（日本）に付和雷同した者、独立運動を妨害した者には被選挙権を与えないことを明らかにした。

＊趙素昂《チョソアン》（1887～1958）　独立運動家。臨時政府外務総長、内務総長などを歴任し、1929年には金九らと韓国独立党を結成した。政治・経済・教育の均等とする三均主義を主張した。

制憲憲法はこれを継承して「すべての人の機会を均等にする」、「国民生活の均等な向上を期する」という内容を盛り込み、主要産業・鉱山・山林などの国有、国営に言及している。しかし、臨時政府が明らかにしていた土地の国有化、重要産業の国有化、敵国財産の没収などの内容は除かれた。結局、制憲憲法は平等と正義の価値はある程度受け入れて「自由」の価値に重点を置いたものとなった。しかし、政府の形態については意見が分かれていて、結果的には李承晩が最後まで主張した大統領制が採択された。

制憲憲法は、はっきりと議会民主主義と市場経済の原則に立っていた。しかし、当時の議員たちが独裁の危険性を知っていながら李承晩の大統領制の主張を受け入れたのは、共産主義の脅威という非常状況であることを認めていたからである。自由民主主義の価値を重視するのか、共産主義の脅威に立ち向かうことを優先するのかは、憲法制定の過程でも大きな論争になった。しかし、結局、後者を強調して反共のスローガンのもとで、日帝の植民支配が残したさまざまな制度・法・人物の清算を放棄することになった。

「人民」という用語を使ってきた兪鎮午《ユジノ》*の憲法草案が、日帝の用語である「国民」に変わったことも、親日派たちに被選挙権を与えないという主張が黙殺されたことも、その結果である。国民の権利付与という普遍的趣旨において、より適切だと判断してきた「人民」という用語は、大韓民国は反共国家だという尹致暎《ユンチヨン》*らの強力な反発で日本帝国主義が使っていた「国民」に変わった。また、日帝協力勢力に被選挙権を与えないという要求は、「国会議員選挙法」で事実上日帝の爵位を受けた極少数の者の選挙権だけ制

*兪鎮午《ユジノ》（1906〜1987）
法学者、教育者。政治家。解放後は、韓日会談の主席代表、高麗大学総長、新民党総裁などを歴任した。

*尹致暎《ユンチヨン》（1898〜1996）
政治家。解放後、ソウル市長、国会副議長、内務部長官などを歴任した。

限する方向に縮小された。趙素昂や臨時政府の綱領はもちろん、韓民党の方針にも言及されていた重要産業施設の国営化のような平等主義・社会主義の条項が抜けたことも同じ理由である。1945年9月16日に発表された韓民党の主要政策には「重要産業の国営、また統制管理」が盛り込まれていて、「土地制度は合理的に再編成」するという内容も含まれていた点は記憶する必要がある。

米軍政の初期の政策でも自由民主と反共との間の葛藤をうかがうことができる。しかし、1947年以後西側陣営で反ソ・反共の冷戦の機運が高まると、南韓でも南労党と左翼系の社会団体が非合法化され、のちには秤の中心が急速に反共側に傾いた。

1948年7月20日、制憲国会において大韓民国初代大統領として選出された李承晩は、自由民主主義の原則を最小限盛り込んだ制憲憲法の内容や精神もきちんとは守らなかった。一人独裁の可能性の道を開いた大統領制は、民主共和制の根幹を揺るがした。さらに、制憲憲法上の人権保障、自由民主主義の条項はすぐあとに制定された「国家保安法」によって色あせ、「新しい共和国の建設」という理想は日帝植民地が残したごみの中に埋められた。

1948年10月19日、麗水で14連隊の軍人が済州島4・3蜂起を鎮圧するのを拒否して、反乱を起こした。すると、日帝強占期に悪名高かった予備検束制度が復活した。国家の存立を保障するための「非常時の措置」が必要だという名分で、日帝が独立運動を弾圧するのに利用していた「治安維持法」が「国家保安法」という名前に変わって国会に提出された。「国家保安法」制定を主張していた国会議員たちは、「韓国が人民共和国に変わるのか、それとも子々孫々自由な国家を作ることができるのか」がこの法律にかかっていると考えた。当時、権承烈《クォンスンヨル》法務部長官は、「これはもちろん、平和時の法律ではありません。非常時の非常措置なので」と、「国家保安法」の必要性を強調した。内務部長官尹致暎も、「今は革命時であり非常時であります。従って（……）共産党取締法を通過してくださるようにお願いいたします」と要請した。

結局、１９４８年12月１日、専門家の意見や法律の制定に反対する議員らの発言を聞くなどの一切の過程を省略したまま、「国家保安法」が強行採決された。この法は、「国憲に危害を与え、政府を僭称したり（……）国家を紊乱したりする目的で結社、または集団を構成した者」を最高10年の刑に処することができるようにした。翌年には、「国を転覆することに対して死刑にすることができないことは矛盾」という論理で最高刑を死刑に変更した。結社や集団を組織したり組織に加入したりする積極的な行為をせず、ただ「協議・宣伝・扇動」した人も処罰できるように改定した。国家に対してだけではなく、最高権力者に反対した人も、敵あるいは反逆者として処罰できるようにしたのである。

このようにして、なんら反国家行為をしなかったにもかかわらず、国家に対して批判的な立場や考えをもっているという理由だけで、もしくは政府が規定する「反国家団体」を組織したり加担したりしたという理由だけで、国家が国民を処罰できる枠が形成された。

国家保安法体制は植民地の延長

制憲憲法第5条によれば、「大韓民国は政治・経済、社会、文化すべての領域において各人の自由と平等と創意を尊重して保障」する。また、第9条によれば、「すべての国民は身体の自由をもつ。法律に基づかなければ、逮捕、拘禁、捜索、審問、処罰と強制労役を受けない。」ところが、「国家保安法」は憲法の権限の上に君臨して、国民が直接反乱行動をしなくても心の中で体制を否定する考えをもっただけで、その人の自由と権利、さらには生命まで剝奪することができる。「治安維持法」や「国家保安法」は、近代法の最も基礎的な原理である「行動の結果で判断」するのではなく、人の「心の中の考えを疑い」、それを表すデータを見つけて処罰する、専制君主時代の法である。このような側面において、隣近所になんら被害を与えなくても体制を否定する書籍や文書をもっているという理由だけで、もしくは隣近所の人びとが集まって「信仰生活」をしたという理由で処罰してきた朝鮮時代の刑法と似ている。憲法裁判所は1990年に「国家保安法」第7条讃揚鼓舞罪*について合憲の決定をくだしたあと、2015年まで全部で6回にわたって合憲判決を維持している。

「解放された」朝鮮の理念の葛藤が極端に達して、大韓民国が日帝の遺産を復活させていたころ、日本の極右の戦争犯罪勢力は、日本をアジアの反共の砦にしようという

*第7条讃揚鼓舞罪
反国家団体やその構成員の活動を讃えたり、鼓舞・宣伝・扇動・同調したりすることで成立する罪。

マッカーサー司令部と手を組んで、「天皇制こそ国家」という主張を打ち立てて、天皇制を存続させるのに成功した。それでも、日本は戦争末期のファシズム的な法律と制度が廃止されて、民主主義国家の外見を整えた。しかし、韓国はそうはできなかった。「国家保安法」の処罰の程度は、日帝が朝鮮人を処罰したことよりはるかに過酷だった。特に、1949年国民保導連盟*の組織と、朝鮮戦争中に李承晩政権が行った虐殺は「民主共和国」の憲法精神に完全に反する。憲法は大韓民国で生まれた人をすべて「国民」だとしたが、「国家保安法」と戦争中の非常命令は「思想犯」、「反乱勢力」の嫌疑を受ける人を「非国民」とみなして虐殺した。

「国家保安法」が通過した後、1949年だけで10万8620人もの人びとが検挙された。全国の刑務所を埋め尽くしたのは一般の刑事犯ではなく、「国家保安法」違反の人びとであった。李承晩に忠誠を誓わなければ、抗日独立運動家も犯罪者にされたのであった。

朝鮮は日本から「分離」されたが、南韓は自らが国防と経済、さらには国家の運営に責任をとることができなかった。だから、1948年単独政府が樹立されて一年が経った後になってようやく、米軍が撤収した。それも完全な撤収ではなく、500人余りの軍事顧問団を残していった。米軍の軍事顧問団は公式的には諮問機関だったが、実際には韓国軍を指揮した。事実、米軍は、国内外の世論と予算の問題から、自分たちと決定的な利害関係がない朝鮮半島地域から撤収しようとした。しかし、李承晩は北朝鮮と内

＊国民保導連盟
1949年4月に、左翼転向者を啓蒙・指導するために組織された官製団体。132ページを参照。

部の批判勢力を制圧するのが難しかったので、これに強力に反対した。

米軍が駐屯して新生韓国の安全保障と経済を管理していたことも事実だが、日帝の遺産である「国家保安法」や植民地時代の警察が憲法上の国民主権の原則の上に君臨していた。われわれは「解放」されたが真の意味の独立には失敗していたのである。日帝植民地以後の歴史、特に1980年代までの韓国の政治は、尹致昊の後継者である大韓帝国時代の急進開化派、日帝強占期の穏健な民主主義勢力、あるいは日帝協力勢力によって支配された。安重根の継承者である独立優先の開化派のほとんどは、1948年単独政府樹立の過程で追いやられたり政治と縁を切ったりしたが、1970年代以後、韓国の反政府統一運動、民主化運動として復活した。大韓帝国末期の独立協会や東学農民軍の継承者である民権優先独立派は、日帝植民地時代や分断以後の市民運動や労働・農民運動に繋がった。また、義兵勢力の継承者である武装独立運動派は、国内外の共産主義運動、義烈団*運動に繋がったが、韓国では完全になくなってしまい、北朝鮮でも金日成派を除けば冷や飯を食わされることになった。

結局、「解放された」朝鮮人たちは、1948年38度線以南で独立政府を樹立して憲法を作り国民の代表を選出したが、そのようにして作られた大韓民国は、外から見ても内から見ても、半分、いや「半分の半分」の主権だけ保障された国家に過ぎなかった。天皇の臣民は「国民」になったが、かれらが国家から受ける待遇はたいして変わりがなかった。朝鮮の民衆が自らの力で独立を獲得できなかった、その辛い結果だった。

＊義烈団　1919年11月、満州吉林省で組織された抗日武力運動団体。1920年代には、日本高官の暗殺や官公社爆破など過激な活動を行った。

2章　「自由世界」の最前線

——国家宗教になった反共・親米

朝鮮戦争が残したもの——制限戦争／爆撃／反共国家

「朝鮮戦争は神様の国の民衆がサタンの攻撃に立ち向かった霊的戦争である。」6月26日、仁川純福音教会大聖殿で開かれた時局講演で、権寧海《クオンヨンヘ》長老が言った言葉だ。また、かれはこの戦争は今も継続していると強調した。（……）権長老はキリスト教徒ならば与党だろうが野党だろうが政治的立場を越えて、エホバと敵対するサタンの輩とともにいる北朝鮮政権とこれらに従う韓国内部の従北*勢力をこの地から追い出さなければならない、と声高く叫んだ。

「前安企部長権寧海長老、文益煥《ムンイッカン》*牧師は代表従北」
『ニュースエンジョイ』2014年7月3日

＊従北
韓国内で北朝鮮の政権政党である朝鮮労働党とその指導者である金日成の主体思想を無批判に追従する傾向を指す言葉。

＊文益煥《ムンイッカン》（1918〜94）
牧師であり民主化統一運動家。1993年まで国家保安法違反などで計6回にわたって投獄された。

コリアンの戦争なのか？　米国の戦争なのか？

６・25あるいは朝鮮戦争*をどんな名前で呼び、この戦争の性格をどう定義するかは、韓国で合理的な討論が不可能なテーマである。東国《トングク》大学の姜禎求《カンジョング》教授は２００５年７月２日、国内のあるインターネットメディアに寄稿したコラムで、この戦争を「統一戦争」と書いたところ、「国家保安法」で起訴された。われわれは朝鮮戦争を北朝鮮による「侵略戦争」とだけ言わねばならず、この戦争による被害もまた、「侵略者」北朝鮮の責任だけだと言わなければならない。なぜ、われわれはいまだにこの戦争の名称から性格まで少しも自由に論議することができないのだろうか？　一体、誰がこの戦争中起こった事実や戦争の性格を自由に規定することを恐れているのだろうか？

１９５０年６月25日、北朝鮮の人民軍は38度線を越えて全面攻撃を敢行した。以後３年間、戦線は朝鮮半島全域に広がり、軍人と民間人をはじめとする３００万人以上の「コリアン」と米軍４万人、中国軍１００万人以上が犠牲になり、多くの負傷者・離散家族・戦争孤児が発生した。その過程で米国空軍の無差別爆撃で国土は荒廃して、数多くの文化遺産が破壊された。家族は散り散りになり、多くの人が住み慣れた土地を捨てなければならなかった。初めには韓国と北朝鮮の内戦の様相を呈していた朝鮮戦争は、すぐに米国と中国などが参戦した国際戦争に拡大して、戦争の破壊性と残酷性において第２次世界大戦に劣らなかった。戦争の最大の被害者は当然、韓国と北朝鮮のコリアンたちだった。

＊朝鮮戦争　韓国では、朝鮮戦争が１９５０年６月25日の明け方、北朝鮮の攻撃で始まったことから６・25または６・25戦争と呼ぶことが多い。また「朝鮮戦争」ではなく、「韓国戦争」という。

南北の軍事的衝突は朝鮮半島の中に二つの政府が樹立された時、ある程度は予想できた結果だった。戦争を通して李承晩勢力を倒して、朝鮮半島を「解放」させようとした北朝鮮の金日成政権と、「昼飯は平壌で、晩飯は新義州《シンウィジュ》」で食べようと騒ぎ立てた李承晩政権は、互いに正面衝突に向かって走っている汽車だった。金九は、分断政権は必然的に同族が互いに殺し合う道に向かうものだと予言した。

万一われわれ同胞が両極端の道のみを突進したら、今後南北の同胞には、国際的圧力と挑発によって、本意ではないが、同族相残の悲惨な内戦が発生する脅威はなくならず、再武装した日本軍が再び海を渡って勢力を広げてくるかもしれない。

金九「統一を推進」『朝鮮日報』1948年8月15日

南北のコリアンには二つの政権の武力統一への熱い願いを牽制する力がなかった。1948年の政府樹立以後、米国の軍隊が朝鮮半島から一応撤収したことはしたが、金日成と越北した朴憲永ら左翼勢力は、米国の東アジア戦略が真の意味では「撤収」しなかったことをきちんと把握できなかった。かれらは38度線を越えて進軍さえすれば、韓国に隠れていた左翼たちが同調して蜂起するものだと期待した。もちろん、当時、米国が韓国を確実に防衛するという意志をはっきりと公表していたら、金日成は行動を起こそうとはしなかっただろう。そうなっていたら、分断は続いたかもしれないが、戦争というとてつもない大悲惨劇は止めることができたろう。しかし、米国は、韓国を米国の決定的利害がかかった地域だとは見なかった。米国務長官のディーン・アチスン［Dean Gooderham Acheson］は、韓国を米国の防衛範囲から除外して500人余りの軍事顧問団だけを残して軍隊をすべて撤収させた。

李承晩は、核保有国であり、現代戦争の勝利を左右する空軍力で圧倒的に優勢な米国が後ろから支援してくれるものだとみて、人民軍の侵略を軽く撃退できると信じた。しかし、米ソの分割占領がそうだったように、冷酷な国際政治にただより高いものはない。米国が危機に瀕した大韓民国を助けるならば、壬辰倭乱《イムジンウェラン》［文禄・慶長の役］の時、明国が日本軍を撃退した後、朝鮮に対してそうしたように、韓国を自分の思いのままに扱うことは明確であった。米国の主要な関心事は日本経済の復興であって、韓国ではなかった。また当時、軍事的・経済的に米国と比較にならない開発途上国のソ連が北朝鮮をあやつって自分たちに刃を向けることはないと考えていた。しかし、北朝鮮が南に侵略したら、すぐに生命と権力を失う可能性があった李承晩と韓国の政府与党には、米国が示した「適当な」無関心は不安そのものだった。

韓国の保護よりは、共産化した中国を半月形に包囲するアジア防衛戦略に焦点を合わせていた米国は、北朝鮮が侵略した直後にソ連と中国の考えをすぐに知ろうとした。北朝鮮の南侵略を知った米国は気が進まなかったが、そのままにしておくわけにもいかず、結局、徐々に介入していかざるをえなかった。従って、朝鮮戦争への参戦は米国の立場からすると、「日帝の侵略主義を懲らしめる」ための太平洋戦争や、「ヒトラーの全体主義を潰す」という第2次世界大戦の道徳的・歴史的大義とは隔たりがあった。かれらにとって、朝鮮戦争は結末を見るものではなく、適切に終わらせなければならない「制限戦争 Limited War」であった。結局、戦争は米国の思い通りに休戦で終わった。

米軍は1950年7月1日、国際連合の旗のもと参戦を決定した。北朝鮮の侵略に対する軍事介入を山賊やちょっとした盗賊を退治する「警察行動」として見たために、トルーマン大統領は連邦議会の承認も受けなかった。その結果、朝鮮戦争において実に4万人余りの自国の青年が犠牲になって、朝鮮戦争は今も米国の公式記憶から消された、「忘れられた戦争 Forgotten War」として残っている。普通の米国人や全世界の人びとは、なぜコリアン同士がこのように戦ったのか、なぜ北朝鮮が世界で最も強硬な反米国家になったのかわからない。

北朝鮮の人民軍の南侵略の情報が伝わると、日本西部に駐屯していた米軍24歩兵師団はすぐさま出動命令を受けた。24歩兵師団のチャールズ・スミスが指揮した歩兵中隊2個と砲兵中隊一個で構成された機動部隊は、強い戦力を誇示して南下した人民軍の勢いに驚き、7月5日、烏山《オサン》の竹美嶺《チュンミリャン》で153人が戦死するという大敗北を喫した。

太平洋戦争の時から日本人と黄色人種に対して人種優越主義をもっていた米軍は、朝鮮半島で繰り広げられた戦争の性格と意味も全く知らないまま前線に投入された。池学《チハク》淳《スン》主教は当時の米軍を次のように記憶する。

大部分の米国軍人は、われわれの基準からみると人間としての水準が私たちよりとても低く見えていたのに、韓国の人びとはみんな野蛮人であり、馬鹿であると思っているので実にあきれ返るばかりだった。米国の人びとは韓国人すべてを泥棒扱いした。

池学淳『私が経験した共産主義』カトリック出版社、１９７６年、１７９ページ

米軍は続々とやってくる避難民の中に共産主義者が隠れていると疑い、空中と地上で民間人に向かって銃弾を浴びせた。戦争の初期に忠清《チュンチョン》北道《ブクド》老斤里《ノグンニ》などの地で引き起こされた米軍の民間人虐殺*は、このような混乱とパニック状態の中で発生した。

南北と米国の同床異夢

戦争が勃発するや、ソウルを死守すると語った李承晩政権は、なんらの措置も取らないまま米軍の到着だけを首を長くして待っていたが、たった三日で大田《テジョン》へ避難した。7月12日、韓国の外務部と駐韓米国大使館は、韓国に駐屯する米軍の刑事管轄権に関する協定の覚書を交換して締結した。いわゆる「大田協定」である。この協定で、大韓民国の軍隊の構成員に対して米国の軍法会議が排他的な裁判権を行使し、米軍は米国軍隊、またはその構成員に加害行為をした韓国人の現行犯を一時拘束できるようにした。また、米軍は米軍以外のいかなる機関にも服従しないと釘を刺した。

*民間人虐殺（老斤里虐殺事件）
１９５０年7月、米軍が忠清北道永同郡黄間澗面老斤里鉄橋の下で韓国人約３００人を射殺した事件。

大田協定

正式名称	在韓米国軍隊の管轄権に対する大韓民国と米合衆国間の協定
内容	1 米国軍法会議が駐韓米軍構成員に対して専属的刑事管轄権を行使すること。 2 韓国人が米軍またはその構成員に対して加害行為をした時その韓国人を米軍が拘束すること。 3 駐韓米軍は米軍以外のいかなる機関にも服従しないこと。

このように李承晩政権は、7月15日、国連軍の総司令官マッカーサー元帥に韓国軍の統帥権を移譲した。米軍は韓国軍の作戦指揮権をもつことになった。これは戦争初期の極度に混乱した状況で米国と結んだ暫定的な了解事項に過ぎなかったが、以後その内容が「韓米相互防衛条約」(1953年10月1日)「韓米駐屯軍地位協定SOFA」(1966年7月9日)に含まれ、条項も追加されて今日まで効力を維持している。

朝鮮戦争時、連合国軍を指揮した米国ホワイトハウスと国務省は、冷戦 cold War が熱戦 hot War へと爆発するや、共産主義をヒトラーのファシズムや全体主義の一種と見なした。参戦した米国の兵士たちはわずか5年前に終わった第二次世界大戦で同じ側に立っていたソ連と共産主義を、突然ヒトラーと同じ悪党として見る自国の権力者の視点に面食らった。しかし、米国が1945年8月、日本の速やかな降伏のため2個の原子爆弾を日本の本土に落とした時、すでに冷戦は始まった。米ソ両国とも朝鮮戦争が世界的に拡大する状況を憂慮した。当時、この戦争を通して自国の威信と利益をどのように大きくするか、そろばんをはじいた。

戦闘が続き、前線に投入された米軍の指揮官たちは、この戦争が第2次世界大戦とは性格が大きく異なるという事実に気付き始めた。かれらは、李承晩政権が「自由民主主義」という米国の価値や理念から考えても、それとはまったく合致しないものであり、つまり全く助けてやる価値がない政府だという事実にすぐ気づいた。ベトナム戦争当時の国防長官であったロバート・マクナマラ〔Robert McNamara〕は、南ベトナムが敗北して数十年が過ぎてやっと自分がなんら名分もなく、その国の事情も知らないまま戦争を指揮したという事実を悟った、と大変後悔した。しかし、それより10年以上前の朝鮮戦争の時、軍人マッカーサーは、ホワイトハウスのトルーマンと政治家たちが核の使用を禁止しながら「負けもせず、勝ちもするな」式の態度を見せたことに、とてつもない混乱と当惑を覚えた。

米国は朝鮮戦争をソ連・中国との全面戦争にする意思はなかった。マッカーサーの満州爆撃論と原子爆弾の投下計画を、トルーマンが阻止したのもそのためである。しかし、李承晩は、北朝鮮が侵略したら米国が介入するしかないという事実を見透かして、それを統一に結びつけようとしていた。かれはマッカーサーとともに「制限戦争」を「全面戦争」、すなわち北進統一戦争にするために必死になった。1951年に李承晩は次のように語った。

この戦争はわれわれが願っていたことではなく、世界大戦の避けることのできない情勢によって戦うものであります。われわれが一つ考えることは、民主主義と共産主義が生存競争をする大きな渦に巻き込まれたということなのです。この二つの主義は並立することができないものであり、そのうちの一つはなくならなければならないのです。

李承晩「第6周年光復節慶祝辞」1951年8月15日

南北の二つの政権は、それぞれ相手をなくして自分たちの統一国家を作ろうという熱烈な気持ちに満ちあふれていた。しかし、米国とソ連は南北コリアンの指導者の統一民族主義の特別な感情を理解できず、関心ももっていなかった。すでに軍事主権を米軍に返納した李承晩は、休戦協定を結ぼうという米国の意志を変えることができなかった。1951年7月8日から2年間に159回の本会議と500回以上の小委員会を行うという長たらしい休戦協議が続いた。李承晩は1953年6月18日に釜山《プサン》・光州《クアンジュ》・論山《ノンサン》など全国8地域の捕虜収容所に収監されていた3万5000人の反共捕虜を一方的に釈放したが、休戦協定の当時国ではない韓国がこのような措置をとったことは、国際的な戦争規範に照らせば完全にルール違反だった。休戦協議を妨害し、韓国に対する米国の支持を確約させようという崖っぷちの戦術だった。

この戦争で誰が何を手に入れたか

韓国は3年間の戦争でほとんどすべてのものを失った。米国の空軍は、北朝鮮はもちろん、韓国の益山《イクサン》・龍山《ヨンサン》・丹陽《タニャン》・礼川《イエチョン》・浦項《ポハン》・泗川《サチョン》にも無差別的な空中爆撃を加え、数多くの人命を殺傷した。1951年3月、ある外国通信社とのインタビューで、李承晩は米空軍が北朝鮮地域はもちろん、韓国の都市を爆撃することに対する韓国人の考えを尋ねる質問に対して次のように語った。

韓国人が自分の家を破壊されることを目の当たりにすることは恐ろしいことだ。しかしかれらは、それを黙々と我慢し、万が一家屋が破壊されることがあっても、敵に国を奪われて、独立した国家で自由に暮らすことができないことは望んでいない。

キム・テウ『爆撃』創批、2013年、389ページ

友好国の無差別爆撃によって、自国民がむごたらしい身の上になっても国家だけ維持されればいいという話だ。結局、この悲劇的な戦争を経て国民の信望を失った李承晩大統領と当時の政府与党は、反共主義を利用しなければ権力を安定させることができなかった。北朝鮮の南への侵略は李承晩の一貫した非妥協的な反共主義を立証する最も重要な証拠であり、米国を再び朝鮮半島に引き入れることができる機会となった。李承晩と韓国のキリスト教指導者は、朝鮮半島が直面した最悪の悲劇と受難の現実を、むしろ世界反共聖戦の最前線で闘争する使命と任務を与えられた「特権」と解釈した。

日本は対岸から出た火を「神が下した贈り物*」と解釈した。戦争特需を利用して経済復興の加速ペダルを踏むことができ、反共主義という名で過去の植民地侵略戦争の犯罪

＊「神が下した贈り物」　朝鮮戦争当時、日本の首相だった吉田茂の言葉。

者たちに免罪符を与え権力に復帰させた。そして、1955年から今日まで自民党がほとんど一党独裁を続け、官僚と大企業が緊密に結合した右翼保守勢力を安定的に維持した。今日の大多数の日本人は、朝鮮戦争が朝鮮植民地支配の後始末における過程で発生した事実も知らないし、かれらがこの戦争で最も大きな恩恵を受けたことも知らない。

米国に立ち向かって戦った新生国家中国は、全世界に自分たちの存在感を誇示した。米国の保守派は、朝鮮戦争を全世界に反共を宣伝強化する機会に活用した。また、自国の軍需産業を活性化して経済をよみがえらせ、マッカーシズム*で左翼を取り除くこともできた。

金九の予言どおり、南北のコリアンたちは日帝の植民地支配から抜け出してたった5年で同族間の殺戮戦争を起こし、結果的に日本と米国、中国など周辺国家だけを喜ばせた。これは南北の政治家や指導者が民族の自主独立、すなわち朝鮮半島の統合と統一に向かう努力を放棄して、単独政府樹立に邁進していた歴史の必然的な結果である。政治勢力間に理念と路線の相違があったとしても、それは、相手を仇のように考え、400万人の同胞を犠牲にする戦争を引き起こした理由には決してならない。

結局、半分の「独立」は内戦を呼び込み、しかも自らが北朝鮮を退ける能力がなかった韓国は、米国が主導する新しい国際秩序の「将棋の駒」になった。以後、李承晩と大韓民国政府は壬辰倭乱後あらゆる侮辱という侮辱を受けて、明国に引っ張り回された朝鮮王朝の身の上となんの変わりもなかった。

＊マッカーシズム
1950年代に米国で起こった反共産主義による社会運動、政治運動。米上院議マッカーシー（共和党）による告発をきっかけに「共産主義者である」とされたメディアや映画関係者らが攻撃された。

同族が殺し合う内戦を経験した南北のコリアンは当時全世界の人びとの中で最も不幸であり、李承晩・金日成両政権は全世界で最も愚かな存在だった。李承晩は世界の反共戦線の先導者であることを誇り、金日成は世界最強の米国を退けたと自慢したが、しかし、これよりひどいパラドックス、物笑いの種があるだろうか？

このひどいパラドックスは、韓国で学者たちが実際に起こったことをむやみに話したり、主流とは違う視点で語ったりしただけで「国家保安法」違反で起訴される事件として繰り返された。朝鮮戦争に対する解釈は、北朝鮮はもちろん、大韓民国という国家のアイデンティティ、いやもっと正確に言えば、両方の軍部指導者が勲章をぶらぶらとぶら下げて、ずっと地位を保っていられる大義名分であり、主流勢力が権力を維持することができる基になってきた。

越南者たちが作った大韓民国?——信川虐殺/反共主義/宣教奇跡

2003年3月1日、ソウル市庁広場で解放直後以来最大規模の右翼の集会が開かれた。この場でオ・ジャボク以北五道民会長は、「大韓民国に左翼、右翼、保守、進歩はいない。民族反逆者金正日《キムジョンイル》と闘う愛国と反逆があるだけである。大韓民国側に立てば愛国、金正日側に立てば反逆だ」と絶叫した。また、その場に参列した過去の反共政治家李哲承《イチョルスン》自由民主総連盟総裁もやはり、「金正日を追い出して北朝鮮の同胞を救うこと(……)反託以後このようなデモは初めて」だと語った。

金貴玉《キムグィオク》『離散家族、反共戦士でも赤でもなく』歴史批評社、2004年、140ページ

虐殺の記憶と二つの分断国家のアイデンティティ

２０１５年、１０００万人の観客を動員した映画『国際市場』＊は、越南した父親とその家族が経験した現代史を描いている。朝鮮戦争時、興南《フンナム》＊を離れる過程で父と別れて釜山へ避難した主人公は、米軍兵士に付いて回って飢えをしのいだ。１９６０年代には金を稼ぐために鉱夫として西ドイツに行き、１９７０年代には今度はベトナムに技術労働者として出かけた。ひたすら、家族のために生きてきたかれの生きざまは多くの韓国人の共感を呼び起こした。

実際に今日の韓国は、映画の主人公のように、北朝鮮から「越南した人びとが作った国」である。このように言うと、読者は何を言ってるのだと戸惑うだろう。１９４５年から１９５３年までの越南者数について、正確な統計はないが、学者たちは大体80万人から１２０万人程度と見ている。数字だけ見るとそれほど多くはない。しかし、李承晩大統領をはじめとして軍と警察の最高位の幹部、キリスト教指導者、政府、メディアの上層部でのかれらの影響力は数では計れない重みがあった。

大韓民国は、越南したエリートが自分の故郷を「踏みつけた」共産主義を追い払い、その地を「取り戻す」ための国という性格をもっている。越南民の信仰とも言える反共主義は、大韓民国のアイデンティティの核心を構成する。１９５０年10月黄海道の信川で起こった左翼右翼両方による虐殺にその起源がある。この事件は、北朝鮮と韓国においてそれぞれ異なる意味の国家存立の根源的記憶となっている。日帝強占期以来、朝鮮

＊『国際市場』　公開は２０１４年12月17日。第52回大鐘賞では作品賞など10部門を受賞した。日本では『国際市場で逢いましょう』という題名で２０１５年5月16日に公開された。

＊興南　北朝鮮咸鏡南道の中部にある。

に入ってきたキリスト教と共産主義が最も熾烈に戦った信川虐殺は、南北の最も重要な公式な歴史の記憶であり、国家のアイデンティティを確立したきっかけとなった。

戦争中の1951年4月15日、北朝鮮の外相朴憲泳は国際連合に書簡を送り、国連軍が後退する時に「米軍と李承晩一味」が、信川郡だけで2万5000人、黄海道全体で10万人以上を虐殺したと主張した。翌年、北朝鮮を訪問した国際民主法律家協会の調査委員会は、1950年10月17日から12月7日までに米軍が3万5383人の住民を虐殺したという報告書を提出した。そして、信川出身の越南者たちによる血腥い殺戮が韓国にも伝えられた。1958年3月北朝鮮は、金日成の指示によって信川虐殺の現場に博物館を建設した。

> 米帝の侵略者たちが、信川を一時的に強占していた52日間に、当時の信川の人口の4分の1に当たる3万5383人を虐殺したが、このような蛮行はいかなる国の歴史の記録にも見つけることはできない。
>
> ハン・ファリョン『戦争の影』ポエンブックス、2015年、36ページ

北朝鮮側は信川《シンチョン》博物館*を米軍と右翼治安隊が罪のない人民を殺害した象徴的な場所として聖域化して、北朝鮮の住民たちに反米意識を奮い立たせる政治宣伝の道具として活用した。2001年11月、朝鮮中央放送は、黄海道信川郡で朝鮮戦争中に殺害されたと

*信川《シンチョン》博物館
黄海南道信川郡に1960年6月25日に開館した。

見られる59体の遺骸が新たに発見されたと報道した。信川博物館の展示室には、米軍が信川郡温泉《オンチョン》面で1万1530人を虐殺したなどという内容の記録が展示されている。この記録によれば、米軍とともに従軍牧師たちとキリスト教信者たちも虐殺に協力していて、北朝鮮は虐殺を指示した人物として米8軍副司令官ウィリアム・ケリー・ハリスン［William Kelly Harrison］中尉を名指ししている。

はたして、北朝鮮の主張は事実なのか？　信川に行って調査することができないので、われわれがその主張の真偽を確かめる方法はない。しかし、北朝鮮の主張とは反対に、戦争中米軍と韓国軍が北上していた1950年10月13日、黄海道載寧《チエリョン》などに隠れていた右翼の青年とカトリック信者たちが反共蜂起を起こしたが、人民軍に虐殺されたこともあった。そして同じ頃、信川でも右翼のキリスト教信者たちが蜂起したが左翼によって虐殺された。

一方、10月19日から12月初めまで北上していた韓国軍が、中国軍に押されて再び南下する前までの治安の空白状態の中で、信川一帯を掌握した右翼は、村ごとに治安部隊を結成して左翼系の住民たちを虐殺して報復した、と越南者は証言した。これがまさに北朝鮮が語る米軍による信川虐殺である。これらを通じて、われわれは2回の信川虐殺があったということを知ることができる。

朝鮮戦争中、朝鮮半島のほとんど全域において左右両方の住民間で想像を絶するほどの残酷な虐殺がくり返された。その中で、北朝鮮で最も規模が大きく残酷な虐殺が起こった場所が信川一帯だった。ぞっとするほど残酷なことを経験した人びとは、「日帝に40年間搾取されても、解放後一人の犠牲も出さず穏やかに日本人を日本に帰したこの地区の純朴な農民たちが、敵の支配下（金日成の支配下）5年後に、これほどまでにむごたらしく同族間で血戦を繰り広げた理由がどこにあるのか？」と問いかける。幼い時、村で魚を捕まえたりして一緒に遊んでいた友達同士が何年後かに不倶戴天の敵になって、オオカミの群れのように、互いを噛みちぎり殺し殺される、このような悲劇はなぜ起こったのか？

信川虐殺の展開過程

平安道と黄海道は、朝鮮時代にも「両班・下郎」の身分差別がそれほど大きくなかった地である。穀倉地帯であっただけではなく、朝鮮半島のほかの地域とは違って住民の大部分が中農だったので、日帝支配下で地主と小作人間の葛藤もそれほど深刻ではなかった。それで、この地域はほかのどの場所より開化に積極的であり、抗日運動に参加した人も多かった。また、大韓帝国末期から新しい教育に大変熱心で、日帝強占期にも余裕がある家では子女たちを日本に留学させてもいた。

大韓帝国末期、開化の風が吹くと信川でもキリスト教という新参者がやって来て、日帝強占期には、ほかの地域と同じく共産主義というもう一つの「お客」もやって来た。黄皙暎《ファンソッキョン》*の小説『客人』もまさにこれを指している言葉である。すべての人はハナニ

＊黄皙暎（1943〜）70年代を代表する作家。日本語で読める作品としては、『客地』『張吉山』『懐かしの庭』『客人』などがある。

ムの前で平等であるというキリスト教の思想と資本主義の階級差別を打破する道を提示していた共産主義は、植民地の秩序に幻滅を感じたかれらには福音だった。だから、信川は大韓帝国末期以来、反封建と文明開化という二つの路線、すなわちキリスト教と共産主義の縮図になった。

1945年8月15日以後、38度線以北で社会主義勢力が人民政権をたてて、土地改革を進めて地主や自営農だった人びとの土地を奪うと、下層に属していた人びとが自分の世の中になったというように興奮した。趙霊巌《チョヨンアム》*は当時の北朝鮮を次のように描いた。

北朝鮮素描
密陽の朴旦那も怖がったし、金海《キメ》の金旦那も恐ろしがったよ。
ノマの親父がシベリアに行った後、村のみんなは飢えて肌が黄色くなって、オクセが地主の女房を強姦し、作男がとんでもないならず者になり、とっても善良なホ里長も民の敵として隣の郡に逐い払われて行き、犬の子1匹見かけない村ごとにスターリン氏の肖像と金日成の肖像が険しい顔でにっと笑って立っていたんだよ。

趙霊巌『北朝鮮日記』38社、1950年、10〜11ページ

昨日まで主人にぺこぺこしなければならなかった作男が、突然自分本来の人生に出会ったようにのさばり、「無知な」人間たちが偉くてたくさん勉強をしてきた人びとの

*趙霊巌（1918〜?）江華島出身。僧侶、詩人、作家。

過去の親日行為を攻撃した。

8・15直後、以北では韓景職《ハンギョンジク》＊牧師のように、日帝末期からキリスト教系の指導者として評価されてきた人びとが、教会の青年とともに地域の治安の仕事を任された。ところで、ソ連軍が入ってくるとすぐ、隠れていた共産主義者たちが力を発揮し始めた。それによって、韓景職らキリスト教指導者はキリスト教的使命意識のもとキリスト教社会民主党を組織することになった。結局、かれらは「反動分子」として逐われて9月末に越南した。ほかのキリスト教信者・親日地主・金持ちたちも1945年末から大挙して越南した。かれらにとって南側は天国だった。しかし、この天国でも「共産主義」が「蠢く」のを見たかれらは、極度の恐怖を感じた。一方、信川一帯に残っていた右翼とキリスト教信者は、1946年以後北朝鮮の社会主義政権の弾圧を避けて、近くの九《ク》月《ウォル》山《サン》を根拠地にして、バルチザン活動を展開した。しかし、1950年全面戦争が勃発して米国と中国が介入すると、戦線はのこぎりで引いたように朝鮮半島の南北を行ったり来たりした。

1950年10月13日、人民軍は北に後退しながら、信川・載寧・安岳《アナク》地域の右翼らを殺傷していった。特に、載寧では、右翼が蜂起するとすぐ、後退していた人民軍が蜂起を鎮圧して右翼隊員とキリスト教信者ら、いわゆる「反動分子」たちを殺した。1950年10月中旬以後、人民軍は後退したが、国連軍や韓国軍がまだ戻ってきていなかった治安の空白状態の中で、右翼キリスト教の青年たちが、1946年以後かれらを

＊韓景職《ハンギョンジク》（1902〜2000）
韓国長老会の牧師、教育者。

弾圧していた地域の左翼の人びととその家族を報復によって虐殺した。

　事件直後の１９５２年現地を訪問調査した国際民主法律家協会の調査委員会は、実際に米軍が住民たちを焼き殺し、ハリスン中尉が現場にいたと主張した。しかし、作家黄皙暎は小説『客人』を通して、信川虐殺は、米軍ではなく、現地の右翼治安部隊とキリスト教の牧師などが犯したことであり、その原因は１９４６年以後社会主義政権が右翼の人びとを弾圧・虐殺したからだという。

　これまで出てきた証言を総合すると、米軍が虐殺を指揮したという北朝鮮側の主張は信じがたい。１９４６年以後、北朝鮮の人民政権が実施した土地改革過程での争い、そして、大多数が中小地主出身であるキリスト教信者の反発と報復が重要な原因であったという証言が多い。黄皙暎の『客人』にリュウ・ヨソプという名前で登場するユ・テヨン牧師は、反共主義を信奉するキリスト教右派が大変残酷に共産主義狩りをするのを目撃したと証言した。かれによれば、それにもかかわらず、北朝鮮は共産主義者たちを苦しめたキリスト教右派に対していかなる報復もせず、むしろ福祉を提供したという。

　越南者たちも、キリスト教右派たちが共産主義者を虐殺したと遠回しには認める。カトリック信者イ・セシリアによれば、「10月13日載寧の反共義挙はカトリック信者たちが多く決起した。」殷栗《ウニュル》郡長連《チャンヨン》面の「十字軍組織」は、以後右翼ゲリラ部隊である連《ヨン》豊《プン》部隊・九月山部隊・ドンキ部隊の母体になった。「十字軍組織」は長連カソリック教会の青年たちで構成されていたが、10月17日に蜂起して「労働党員」２０００人を逮捕してそれぞれの面の治安隊に「引継ぎ」をしたと語った。これはまさに血腥い報復の虐殺を別の表現にしたものだった。

結局、北朝鮮の金日成政権は、人民軍が北に後退する中で犯した虐殺については言及しないまま、キリスト教右派が犯した信川虐殺の記憶だけを国家の公式記憶として政治化し、反米宣伝と教育現場に活用したことになる。

キリスト教反共国家、大韓民国の誕生

信川虐殺は韓国でも引き続き繰り返された。1950年12月、中国軍の参戦で戦いの情勢がひっくり返った。人民軍が再び黄海道に下って来ると、信川一帯で左翼に虐殺を行った人びとを含んだキリスト教信者と右翼の青年たちは、近くの江華島《カンファド》と喬桐島《キョドンド》の地へ南下して、そこで暮らしていた越北者と残っていた左翼の家族たちを虐殺した。

結局、1946年以後北朝鮮で進められた土地改革と社会主義の政権下で弾圧され、戦争中に人民軍に虐殺された右翼の越南者たちが受けた受難の記憶は、以後韓国で極右反共主義と政治テロを正当化する背景になった。これは穏やかな形で今も持続している。その中の一部の者は、虐殺の被害者であると同時に、北朝鮮地域で、そして韓国へ下ってきて越北者や左翼の家族を虐殺した加害者でもある。しかし、このような事実は韓国ではタブーになっている。

1945年末に越南した人びとは主としてキリスト教信者や階層的に中産層に属して

いた人びとで、米軍政傘下の各機関に簡単に就職することができた。その中で多数の青年が韓景職牧師の永楽《ヨンラク》教会に集まったが、この後、永楽教会の青年会は西北《ソブク》青年会*（以下「西青」）のような反共団体に発展した。かれらは軍や警察に入って、南労党を撲滅することに命を懸けた。当時米軍政の警察は、西青の極右テロを公然と支援したり黙認したりしていた。反民特委の活動で危機に陥っていた親日の企業家もこれを財政的に支えていた。西青に資金を出していた人としては、制憲国会副議長の金東元《キムドンウォン》*、和信デパートの朴興植、韓国ガラス会長の崔泰渉《チェテソプ》*、新東亜《シンドンア》グループ創業者の崔聖模《チェソンモ》*、韓民党財政幹部のウォン・イクソプ、金鉱で儲けた金持ち崔昌学《チェチャンハク》*らがいた。

　戦争中、米軍の爆撃が恐ろしくて遅れて越南した人びとは、韓国で「反共闘士」を自任した。「共産党と戦って越南した」履歴は、反共国家になった韓国のどこに行っても通じる保証手形だった。しかし、「越南者は反共闘士」という神話は虚像に過ぎない。越南者たちが多数定着した束草《ソクチョ》などを対象にして調査した金貴玉は、政治・思想的動機で越南した人びとは32・7％に過ぎず、残りは非自発的な状況で避難したと明らかにした。

　西青などの極右青年組織は、済州島４・３事件でも投入され、テロと虐殺で悪名を轟かせ、さまざまな政治テロに動員された。呂運亨・金九らの要人暗殺にも関わったという疑惑が濃い。このように反共闘士を自任した越南者たちは、休戦以後今日まで大韓民国社会を極端な左右陣営論理で分ける決定的な役割をした。

***西北青年会**
１９４６年11月30日に設立された右翼青年団体。１９４９年10月に解散した。

***金東元《キムドンウォン》**（１８８４〜１９５１）

***崔泰渉《チェテソプ》**（１９１０〜98）

***崔聖模《チェソンモ》**（１９０９〜76）

***崔昌学《チェチャンハク》**（１８９１〜１９５９）

戦争前後、韓国軍と警察が犯した国民保導連盟員虐殺事件*と人民軍に協力した者に対する虐殺は、極端でヒステリックな反共主義の結果であった。虐殺を命令した軍・警察の指揮官の大部分が越南者であった。保導連盟の構想者である日帝時代の検事出身の呉《オ》制道《ジェド》*、朝鮮戦争開戦直後に保導連盟員の虐殺を決めたと思われる張錫潤《チャンソギュン》*、かれの後を継いで治安局長として仕事をした金泰善《キムテソン》*、陸軍情報局を指揮した張都暎《チャンドヨン》*らは、すべて越南したキリスト教信者である。すなわち、越南者たちは韓国の政治・社会で反共の名を揚げた公権力の暴力、キリスト教保守主義、捜査・査察機関の違反行為と越権行為、親米イデオロギーが定着するのに決定的な役割をはたした。1987年の民主化以後、蔚山で労使の紛争が起こった時も使用者側が「北朝鮮出身の青年数百名を募集して、救社隊《クサデ》［労働運動を鎮圧するために会社側が雇った人びと］を組織した」という話が出るほど、かれらは労働運動はいうまでもなく、あらゆる形の民主化運動も反政府運動も「アカのしわざ」と見なした。

　1992年、ノーベル賞に比肩される世界最高権威の宗教賞である「テンプルトン」賞*を受賞した韓景職牧師は、記者会見で「キリスト教信者たちは共産党員まで人として対しなければならない」と語った。しかし、かれは、自分の講話を受けた青年たちが済州島4・3討伐の過程であれほど野蛮で残忍な虐殺を行った事実については触れることなく死去した。

　韓国における保守と進歩の対立、近代化と改革を取り巻いた路線の葛藤、李承晩に対

*国民保導連盟員虐殺事件　朝鮮戦争時の1950年6月末から9月ごろまでに数万人以上の国民保導連盟員が軍と警察によって殺害された。

*呉制道《オジェド》（1917〜2001）第9・11代国会議員。

*張錫潤《チャンソギュン》（1904〜2004）

*金泰善《キムテソン》（1903〜77）

*張都暎《チャンドヨン》（1923〜2012）

*「テンプルトン」賞　米国の投資家ジョン・テンプルトンによって1973年に創設された賞。とくに、宗教観の対話・交流に貢献のあった存命の宗教・思想家らに贈られる。

する評価など、今日まで続くイデオロギーの葛藤の相当部分は、まさに朝鮮戦争時に繰り広げられた深刻な対立と虐殺の記憶に基づいている。このように見ると、信川虐殺は1920年代から続いたキリスト教と共産主義の対立が延長されたものであり、以後韓国で続いた敵対的な政治の予告編だった。信川虐殺は、北朝鮮では好戦的な反米宣伝の素材になり、韓国では共産党の蛮行を全国民にとって戦争の公式的な記憶とする素材となった。南北の間で続いている葛藤は、こうした自らの記憶だけを一方的に押し通そうとするところから来ている。

1950年代以後、韓国は世界で類例がないキリスト教国家になり、北朝鮮は戦闘的で好戦的な反米国家になった。このように、信川虐殺は植民地時代と分断の葛藤とを繋ぐリングの役割をした。言ってみれば、朝鮮戦争前後における、キリスト教と共産主義の極端な衝突は、事実上、大韓帝国末期以後の朝鮮の近代化過程、日帝強占期における開化と独立をめぐる対立、そして日本が退いた後に建設しなければならない新しい国家の理念と本質をめぐる対立の延長戦でもあった。

韓国における宣教奇跡の秘密

韓国のキリスト教系の元老で指導者である孫鳳鎬《ソンボンホ》教授は、今日の韓国教会について次のように批判する。

教会が金を偶像として仕えている。聖典の教えとあまりにも違っている。プロテスタントの歴史上、今の韓国教会ほど堕落した教会はなかった。
「韓国教会、プロテスタントの歴史上もっとも堕落した」『時事ジャーナル』2011年2月25日

キリスト教の宣教史において、韓国のように短期間にその勢力が拡張した「奇跡」が起きた国はない。特に、量的な面で韓国は最も成功した事例である。8・15当時、全人口の1%にも満たなかったプロテスタントが、2014年になると国民の21%が信じる最大の宗教になった。1993年米国の月刊誌『クリスチャンワールド』が選定した世界50大教会中23が韓国のプロテスタント教会だった。権力層のプロテスタント信者の比率はさらに高く、19代国会議員の40%がプロテスタント信者である。また、プロテスタント財団は有名な私立大学と大型メディアを所有している。

戦争と分断を抜きにしては、韓国で起こった「宣教の奇蹟」を説明することはできない。1960年代に入るまで韓国人の半分は宗教を持っていなかった。1961年の調査によれば、米国人の74%は来世があると考え、ヨーロッパ諸国でも大体60%以上が同じように考えていたが、韓国人は来世に対してとても否定的だった。来世について嫌ったり関心がなかったりという人が70%以上だった。特に、人口の大部分を占めていた農民は宗教を持たず、伝来の儒教的な慣習や巫俗信仰に従って生活していた。たとえキリスト教に帰依したとしても、それを神秘主義的な迷信や呪術的な方法で表現する場合が

多かった。

戦争の経験から絶望に陥った韓国人たちに、教会は精神的・物質的な救済の手を差し伸べた最も重要な機関だった。地獄のような現実から抜け出すことができる精神的力をキリスト教が与えたといっても過言ではない。1950年代後半からキリスト教信者の数は爆発的に増えた。キリスト教の政治・社会的な影響力はキリスト教信者の量的な増加よりはるかに急で、もはや仏教など他の宗教とは比較することができないほどになった。戦争直後の韓国人は、キリスト教が韓国を救った米国の宗教であるという点と大統領をはじめとする有力な指導者が信じる宗教だという点でほぼ肯定的な考えをもつようになった。「イエスを信じれば、われわれも米国のように、豊かな国になって日本から独立するのだ」と期待した。

李承晩とともに帰国して、第1共和国*のエリート集団を占めた人びとのほとんどはキリスト教信者だった。李承晩政権は、政教分離の憲法の原則に違反してまでキリスト教の宣教の先頭に立った。1950年9月28日、ソウルを取り戻した時、中央庁［日帝強占期の朝鮮総督府で、当時は政府庁舎］でマッカーサーと李承晩はソウル入城の公式な儀礼としてともに祈祷をした。1952年には、プロテスタント信者の長官・次官や道知事・市長ら32人の政治家が参加した「政界特別祈祷会」を開いたりもした。1953年以後には、大統領をはじめとして国防長官、陸軍参謀総長らがクリスマスのメッセージを発表した。大部分の国家儀式がキリスト教式に執り行われ、公務員に入信を勧めた

＊第1共和国
1948年8月15日の政府設立から1960年4・19革命で第2共和国が誕生するまでの韓国最初の共和国。李承晩が大統領、自由党が政権与党であった。

りもした。朝鮮戦争当時、軍隊と捕虜収容所にはさまざまな宗教の中でプロテスタントの牧師とカトリックの神父だけが入ることができ、軍宗・軍牧制度まで導入された。

一方、教会は戦後に救護のための社会福祉機関としての役割も担った。すなわち、米国の援助物資は主として米国の教会からきたものであったが、これを配分する機関が教会だった。実際に、米国の教会は韓国の教会の増築にも大いに寄与して、教会が地域社会、市民社会の中心の機関としての位置を占めるのに決定的な役割をはたした。

韓国のキリスト教の拡大の中心は、まさに越南したキリスト教信者たちである。「共産主義とキリスト教は水と油のように交じり合えない」と見たキリスト教信者と教会は、反共主義の最も重要な砦だった。韓国のキリスト教における極右反共主義がほとんど信仰のようになると、教会に通ったりキリスト教信者になったりすることは、反共主義の証、すなわち身元を保証してくれる身分証の役割をした。だから、思想的な理由で李承晩・朴正熙政府から疑いを受けていた人びとは教会や聖堂に通うことによって、「身元保証書」1通を受け取ることができた。虐殺された人びとの遺族と越北者の家族も韓国で「市民」として認められるため教会に通った。済州島4・3当時、左翼として軍や警察に虐殺された被害者の家族が軍隊に志願し入隊して免罪符を得ようとした行動と似ている。

1946年から教会は越南者たちにとって信仰の共同体であり、同時に故郷の人びとと会って仕事を得られる出会いの場所の役割をした。在米同胞社会では教会が韓国人たちの社交の場であり、苦しみや哀しみを癒してくれる機関になって、事実上の住民センターの役割をしていることとも似ている。1950年代中ごろまでに新設された2000の教会のうちのほとんど90％が越南したキリスト教信者によって建てられた。それだけではなく、越南した牧師たちが韓国のほとんどすべての教派の実質的な権力を掌握して、今日まで宗教界の元老として莫大な影響力を及ぼしている。

江華島の北西部に位置する喬桐島《キョドンド》は、地理的に黄海道と近いので越北者もいたが、戦争の時北から越南した住民も多かった。このような背景のために、喬桐でも血腥い虐殺が繰り広げられたりもした。信川・載寧など黄海道からやって来た青年たちが国連軍傘下の8240部隊などで働いた後、喬桐地域に住み着いた。戦争の後、約10の教会ができた。宣教の歴史がとても長いところではあるが、このように急に教会ができたことは明らかに朝鮮戦争時期の越南者たちと関連があるだろう。教会の牧師たちは、主として海兵隊など喬桐駐在の軍人出身である。喬桐こそ1950年代以後、キリスト教の拡張が反共主義とどのように関連しているかがよくわかる代表的な地域である。

休戦後、韓国で教会は李承晩政権の反共路線により消滅したり、御用組織化した職能・社会組織を代替する地域の拠点となった。政党活動や住民自治の集いが事実上不可能になった社会で親族・同郷会・同窓会など血縁と地縁を通した組織を除外したら、残った組織は教会しかなかった。だから、韓国人には父母として学校に参加することを除けば、教会に行くことがほとんど唯一の社会的な活動になった。教会が地域社会の空間を占めれば、それが既得権になり他の組織が入ってこられない理由にもなる。

　このような奇跡のような宣教の背後には、大変暗い影がある。朴正信《パクチョンシン》は、韓国のキリスト教の特徴について浅薄な物量主義、利己的な祈福信仰*、伝統的な反共主義の三つを挙げ、キム・フンスも物質主義と祈福信仰の特徴を指摘したが、すべて朝鮮戦争と深く関連している。


　それぞれの教会が物質的な豊かさと余裕を求めるのに汲々として、キリスト教の復興と影響力を信者の数と献金額に照らして、すべてのことを物量で測り、信者は自分の家族だけの物質的な祝福を祈る信仰のみになった。

　朴正信「韓国キリスト教と社会意識」『韓国のキリスト教』キョポギ、2001年、234〜235ページ

　今日、韓国の教会の最も重要な特徴として挙げられている大型化、物質主義、世俗主義は、朝鮮戦争後の韓国教会の物量主義の伝統に始まっている。病気を治し富貴を追求するなどの世俗的な祝福、特に自分自身と家族の幸福だけを絶対的に重視する利己的な祈福信仰は、韓国人の気質や文化的な習俗に由来するものであるが、戦争が残した大きな傷とも深く関連している。戦争で家庭が破壊され、財産を失った韓国の大多数の人びとはキリスト教の神秘主義にはまった。戦争後の1950年代全国各地で似非宗教騒動、

*祈福信仰
　文字通り「福を祈る」信仰。すなわち、神への信仰を追求するより、自分自身の願い（立身出世、無病息災、子孫繁栄など）の成就を一番の目的とする現世的な信仰形態をいう。

らである。

聖霊運動、大復興運動が大々的に起こったことも韓国人に祈福信仰的な基盤があったからである。

戦争後、教会の量的な拡大だけではなく、教会に通う人々の熱情と熱気も注目に値する現象であった。「イエスを信じ、天国に行こう」は、韓国人たちが最もよく知っているキリスト教信仰のスローガンになった。すでに日帝末期から韓国の教会は政治に関心を絶ち、個人の内的平和と立身出世だけを願う福音主義的な傾向が支配的だった。戦争の渦中から奇跡的に生き残った人びとが、自分の生存をただ「神様の恩寵」以外に説明することができなかったことも、福音主義がはびこった背景であった。

さまざまな神秘的な体験を告白する教派が増えて、教会の分裂も深刻になってきた。その中で、反共主義をかさに着て成長した代表的な新興宗教が統一教会である。越南した文鮮明《ムンソンミョン》*が創立した統一教会は戦争以前の神秘主義を土台に特殊な教理を作り出し、大衆の絶望に便乗して反共主義理念を基にして勢いを大きく拡大した。統一教会をはじめとした新興宗派は、終末論・シャーマニズム・祈福信仰の要素を合わせもっていた。祈福信仰の要素、すなわち家族の幸福と物質的な成功を「神様の恩寵」と「祝福」として捉える教会と牧師の考えは、今日まで韓国の教会の最も重要な特徴である。

1960年代以後、キリスト教長老会をはじめとした一部の牧師たちと青年信者たちが、民主化運動、労働運動、統一運動などに積極的に加わった。しかし、かれらは少数であり、大部分の牧師や信者は反共主義の宣伝の先頭に立って独裁政権と既存の秩序を

＊文鮮明《ムンソンミョン》（1920〜2012）　平安北道定州郡出身。1954年統一教会（正式名は「世界基督教統一神霊協会」）を設立。1994年に「世界平和統一家庭連合」に名称変更、日本では遅れて、2015年8月改称された。

支持した。

日帝強占期には、絶望的な政治・経済的な状況がキリスト教の拡大に重要な影響を及ぼしたとしたら、朝鮮戦争以後は、戦争の痛みを癒して家族の福利と社会的な地位を追求するための積極的な意思が大いに影響した。8・15前後のキリスト教信者の増加とは大きな違いがあった。日帝強占期には、身分的隷属から抜け出して西欧化と人間解放の道を求めることがキリスト教拡大の重要な背景であった。一方、朝鮮戦争後は戦争の痛みを癒すこと、政権の支援、米国の膨大な後援と援助・配分機関としての役割が重要だった。

朝鮮戦争後、韓国のキリスト教は親米反共政権をほとんど批判することなく支持した。さらには、キリスト教信者たちは李承晩・朴正熙・全斗煥《チョンドゥファン》*政権を通じて独裁者たちのために祈祷もした。20世紀前半に繰り広げられた激しい左右の葛藤の中で、金教臣《キムギョシン》のような哲学あるキリスト教指導者は「純粋なキリスト教ではない、朝鮮風のキリスト教を作らなければならない」と考え、「韓国の教会が、米国の教会、西洋の教会から独立しなければならない」と強調していた。かれのようなキリスト教指導者が日帝の弾圧や戦争の渦中で消えてしまったことも、キリスト教が独裁政権を支持するようになった理由の一つである。仏教、儒教などの他の宗教と違い、キリスト教は政府と摩擦を起こすよりは全面的に結びついた。つまり、反共国家である韓国は事実上キリスト教国家になった。朝鮮戦争前後、極右反共主義の狂気と韓国の宣教の奇蹟は事実上同一の現象であり、

*全斗煥《チョンドゥファン》(1931〜)
第11・12代大統領（在任1980〜88）

同一の地域、主として越南者によって作られた現象である。

西洋の宗教であるキリスト教は人間解放の理念として朝鮮に入ってきたが、日帝支配から李承晩政権に及ぶ間に権力と妥協し、世俗的には権威主義・家族主義・資本主義的な物質主義と結びついた。宣教の奇蹟とキリスト教の物量主義は、コインの両面である。戦争と分断、そして米国の圧倒的な影響抜きにはこのすべての現象を説明することはできない。

共産主義もやはり階級解放の理念として入ってきたが、北朝鮮の社会主義はスターリン的な全体主義、世襲君主主義、儒教的忠孝の論理と結びついた。南北両方ともうわべはすべて西洋の衣服をまとっていたが、内側に入ってみたら、近代西洋文明の最も退嬰的なものと、清算しなければならない旧時代の遺産をそれぞれもっていた。

朝鮮戦争、左右両方による虐殺、南北の敵対と韓国の極右反共主義、キリスト教宣教の奇蹟、家族に対する無条件な献身と世襲主義、物量主義と成長至上主義など、今日の大韓民国の最も重要な特徴はすべて越南者たちが経験した苦難の記憶と無関係ではない。従って、大韓民国の本来の姿を知るためには、戦争、分断と越南した大規模な難民の歴史をよく調べなくてはならない。今まで、南北の全人口のうちの相当数が越北・越南した人びとだという事実をきちんと認めなかったり、縮小化したり、逆に、それぞれが越南・越北の人口を誇張して自国の体制が優れていることを誇示するのに使ってきたのだ。

反共が国是になった理由――自由党／不正選挙／金昌龍《キムチャンニョン》

本弁護人がわが国で刊行された冊子を見たところ、国是は「確定されている国の根本方針、国民全体が正しいと信じる主義と施政の根本方針」となっています。そうならば、国是に対する意見は、時代の流れに合った、または国民の意識の変化に従っていくらでも変更可能な問題だと考えられます。ところで、検察はわが国の国是がまるで反共であるかのように前提して控訴を申し立てました。5・16当時、「革命公約」に反共が国是だと打ち立てられて以来、多くの国民が地政学的現実のためにわが国の国是が反共だという主張を容認してきたことは事実です。しかし、その後、国務総理だった金鍾泌《キムジョンピル》氏*が議員の質問に、国是は自由民主主義だと断定的に答え、高等学校の教科書では国是が平和統一になっています。それならば、検察がわが国の国是は反共だとしたこと

*金鍾泌《キムジョンピル》（1926〜2018）
1961年の5・16軍事クーデターを朴正熙とともに主導し、以降朴政権では中央情報部長など要職を歴任。また、97年には金大中と連合して金大中の大統領当選に貢献し、金政権では国務総理をつとめた。

は、事実と違っており間違って理解しているものだと思います。

「睦堯相《モクヨサン》弁護士の兪成煥《ユソンファン》議員に関する弁論」

（1987年4月8日）『時事オヌル』時事ON、2014年1月21日

反共の侍女になった自由と民主

大韓民国憲法の前文には「自由民主的基本秩序」、「民主主義」、「自由」が強調されていて、第1条は「大韓民国は民主共和国」だと明言している。ところで、今までの韓国の政治史を振り返ってみると、このような憲法精神が守られていたか疑問である。5・16クーデターを起こした朴正熙は「革命公約」第1条で「反共を国是の第一義」にするとした。1986年、新民党の兪成煥議員は、「この国の国是は反共より統一でなければならない」と主張したが、国会で逮捕されて「国家保安法」違反の容疑で懲役1年、資格停止1年の判決を受けた。それならば、韓国の国家理念は自由と民主ではなく、反共だというのか？　それとも自由と民主がまさに反共なのか？

人は戦争という極端な危機におかれると、生存という動物的な本能にとらわれて倫理と道徳はもちろん、日頃主張していた理念や価値も投げ捨ててしまう。当時、内務部長官であった崔仁圭《チェインギュ》*は、李承晩の永久政権のため1960年3・15不正選挙を計画して、「李承晩が大統領にならなければ日本と共産党に国を奪われる」と公務員たちを駆り立

*崔仁圭《チェインギュ》（1919〜61）
李承晩政権崩壊後、「不正選挙元凶内務部事件」で告発され、1961年に処刑された。

てた。かれを見ると、なぜ朝鮮戦争がかれに自由とか民主とかいう憲法の価値を履き古した靴のように捨てさせ、手段と方法を選ばず独裁政権を擁護するようになったかがわかる。

共産軍が攻めてきた日の夜(1950年6月25日)、眠れずにした誓いを振り返ってみた。一つ、政府や大統領や国軍や警察に対して不平を言わず我慢すること。二つ、自由と民主主義のために闘争するといえども、感傷的で悲観的な面を清算して、自由と民主主義、また大韓民国とその憲法を共産主義の侵略から守ることができる強力な大統領と政府、そしてまた国防軍をもった国を建てるために命を懸けて闘争すること。三つ、共産党と妥協のない闘争をすること。

崔仁圭『崔仁圭　獄中自叙伝』中央日報社、1985年、123ページ

崔仁圭は5・16クーデター後、裁判所で「3・15不正選挙は国民が豊かに暮らせるようにと思ってしたもので、図らずも歴史に汚点を残すことになって申し訳ないばかりです」と弁解した。かれは李承晩の当選のために105号、108号という秘密警察組織を編成した。105号は3・15不正選挙を効果的に行うために、警察で組織された「選挙督察班」だった。かれらは担当する区域でどんな手段を使ってでも自由党の候補が85%を得票するようにしなければならなかった。この督察班は64人の警察幹部で組織さ

れていて、ソウル市と各地方別に運用された。道単位の督察班は、各道の警察局の警監・警衛級30人で組織されていたが、かれらは管内の警察署をそれぞれ担当区域として受け持った。崔仁圭は、国家を守って国民を豊かに暮らせるようにするためだという根拠を利用して、警察が選挙に介入して国民を脅迫してもよいと考えた。李承晩の当選が、憲法上の国民主権と自由民主主義の原則よりはるかに重要な至上目標だった。これはまさに李承晩の大韓民国だった。逆説的なことに、李承晩の永久政権の道具だった政党の名前が、まさに「自由党」である。

「自由 freedom」は、元来フランス語の「解放 liberation」と同じ意味であり、個人や国家が外部の拘束と圧制から「独立 independence」してこそ可能である。政治的には独立、すなわち自主統一国民国家を建設してこそ、「自由」が国家の基本条件として成立するが、統一運動を反体制運動とみなし、ある特定の外国勢力を救世主のように仰ぐ国家が国民に「自由」を与えることができるだろうか？　北朝鮮の侵略を受けて、国家の存立が危うくなっていた戦争状況の中で、新生大韓民国は米国の軍事的な支援がなかったら生き残ることができなかった。李承晩は韓国が軍事・経済的に米国に絶対的に依存した状態を「自由世界」と呼んだ。韓国で「自由世界」、「自由陣営」は、米国が主導する冷戦秩序のもう一つの名前である。１９５０年代初め、マッカーシズム*の嵐が吹き荒れていた米国もそうだったが、李承晩の「自由」は共産主義からの自由、反対派を「アカ」とひとくくりにして無差別的な暴力をふるう自由を意味した。すなわち、この時代、「自由」あるいは「民主」は共産主義の反対語だった。
ジョージ・オーウェル＊〔George Orwell〕が『１９８４』で描写したように、このような意味の「自由」は拘束・暴力・独裁を別の言い方で表現したものだ。共産主義に反対するいかなる独裁政権やテロ、資本主義制度も我慢して受け入れろ、という意味である。制憲憲法以後、歴代の韓国の憲法は自由民主主義を強調し表現と結社の自由を明示しているが、１９８７年の民主化以前までは思想と表現の自由はもちろんのこと、結社の自由も大いに制限されていた。朝鮮末期に、洪大容《ホンデヨン》＊は、「中国では朱子に反対して陸王学＊を尊崇する人びとも多くいて、すべて認められ、師門に背いたといって罪に問われたとは聞いたことがなかった」と、朱子一辺倒の朝鮮の思想風土を批判した。ところで、朝鮮時代でもない「自由世界」である韓国では、「国家保安法」が左翼はもちろん、李承晩に反対する知識人を拘束・弾圧して、警察が有無を言わせず市民たちを捕まえ殴ったりびんたを食わせたりした。

　李承晩政権時代の反共主義は憲法より上位の価値であっただけではなく、日本の天皇制のように信仰の対象であり、国家宗教である「国体」とほとんど同様なものであった。当時の宗教指導者である咸錫憲《ハムソッコン》＊が「考える民衆でなければ生きられない」という文を『思想界』＊に寄稿したが、検察はその文が国体を否定したという理由で捜査対象にした。日帝時代、日本の帝国主義や天皇を批判したら「治安維持法」によって国体を否定したと見なされたが、咸錫憲に対する検察の捜査は大韓民国が日帝の延長であるような錯覚

＊ジョージ・オーウェル（１９０３〜50）　イギリスの作家・ジャーナリスト。『１９８４』は49年に脱稿した。

＊洪大容《ホンデヨン》（１７３１〜83）　哲学者、天文学者。宇宙無限論を展開した。

＊陸王学　中国時代の宋の新儒学者である陸象山と明時代の王陽明の学説を指す。

＊咸錫憲《ハムソッコン》（１９０１〜１９８９）　１９７０年雑誌『シアレソリ（種子の声）』を発刊。73年には「民主回復を求める時局宣言」に名を連ねるなど、一貫して民主化と統一を訴えた。

＊『思想界』　１９５３年４月に創刊された月刊総合雑誌。張俊河が発行人である。

を呼び起こした。のちに、咸錫憲は「『考える民衆でなければ生きられない』を読み解く」という文を再び書かずにはいられなかった。

小説家朴婉緒《パクワンソ》*の言葉のように、「アカならば赤ん坊まで理由なく気味悪がって嫌っていた」時代を経験した後、すべての国民の考えと行動は「ただアカかそうでないかの問題に支配されていた。」警察の暴力がどんなに過酷だったか、人びとは「警察署という言葉を聞くだけでも顔色がすぐに青ざめてがたがた」震えた。

1950年代は「延長された植民地時代」と定義することができる。日帝の軍国主義・天皇制が反共主義を最も重要な基盤としていたように、李承晩政権も反共主義を統治の最高原理とし、反共主義者ならば犯罪者でも免罪した。崔仁勲《チェイ》*は『広場』で主人公の口を借りて次のように述べる。

> ミョンジュンは自分がまるで日本の警察の特高の取り調べ室にきているような考えにとらわれる。（……）アカを逮捕するのを見ると、今も日帝時代も変わりないと考えているのははっきりしている。日帝は反共である。われわれも反共である。だから、二つは同じだという三段論法（……）かれの意見によればアカはどんなふうに扱ってもいい。かれは昔はよかったという。
>
> 崔仁勲『広場／九雲夢』文学と知性社、1996年、71～72ページ

*朴婉緒《パクワンソ》（1931～2011）
1980年代中頃以後、女性文学の代表的作家として注目された。李相文学賞など受賞している。

1955年に結党され今日まで日本を支配している「自由民主党」は、軍国主義と天皇制を擁護していた戦犯たちと保守右翼勢力の主導で作られた。李承晩政権時期の政権与党である自由党もやはり自由、すなわち民族「独立」あるいは「解放」の妨げになっていた日帝協力者たちが作ったといっても過言ではない。日本の自由民主党や韓国の自由党の「自由」は、米国の冷戦政策に応える表現であり、同時に日帝の植民地支配と戦争犯罪に加わっていた権力層が既得権を維持する名分に過ぎない。「自由」は、日本にとって過去の侵略と植民地支配に対する否定であり、韓国人にとっては「民族」と抗日独立運動勢力に対する否定であった。「民族」が独立してこそ真の「自由」が保障される。この点で尹健次《ユンゴンチャ》*は、「植民地の経験がある朝鮮で民族を論じることは、本質的にそれ自体が自由と民主主義を懐古することに繫がる」と語る。

李承晩政権は、朝鮮戦争を経て、かつて日帝支配下で抗日独立運動をしていた左翼系指導者はもちろん、中道民族主義傾向の指導者までアカとしてまとめて排除した。その上、李承晩個人と政権に批判的な保守右翼傾向の指導者まで目の上の瘤と考え始めた。李承晩政権で政府・軍・警察の要職に登用された人びととは、キリスト教関係者や李承晩の米国亡命時代の側近、そして日帝の天皇と総督府体制に協力して同胞を攻撃したり苦しめたりした人びとだった。単独政府の樹立に反対した金九ら韓国独立党系列だけではなく、単独政府樹立に大いに寄与した極右民族主義者の李範奭《イボムソク》*と族青系（朝鮮民族青年団）も朝鮮戦争を経た後排除された。成均館大学を建てた抗日の士であり儒教の知識人

*尹健次《ユンゴンチャ》（1944〜）
在日コリアン二世。神奈川大学名誉教授。近著に『在日の精神史1・2・3』（岩波書店）がある。

*李範奭《イボムソク》（1900〜72）
韓国の初代国務総理。第二代大統領選では李承晩当選のために暴力団を使ったテロまでおこなった。

国際倶楽部事件・1952 年 6 月、李承晩の改憲案に反対するデモの途中で逮捕される心山（号）金昌淑。（©心山金昌淑先生記念事業会）

である心山金昌淑《キムチャンスク》のような保守民族主義者は現実の政治に関わらなかったために「アカ」とされなかったが、李承晩政権はずっとかれを仇のように考えていた。

韓国で左翼はもちろん、極右傾向の民族主義者まで排除されたということは、結局米国の冷戦秩序が民族主義傾向の右派さえも受け入れなかったからであった。米国の警戒対象になるいかなる政治勢力も権力の中に入れなかったことは、日本も韓国も同じである。北朝鮮と対立していた韓国は、日本よりその程度がはるかに激しかった。だから、ジャーナリスト宋建鎬《ソンゴノ》*は韓国の反共主義を偽物だと言った。

わが国の反共は偽物です。親日派たちは大勢を追いかけるものです。元来、親日派と反共は違う概念ですが、実際にかれらは全く同じ人びとです。親日派たちが反共になったのです。大体日帝時代には親米国、親李承晩として反共闘士になったのでしょう。言いすぎかもしれませんが、韓国の反共は本物の反共ではありません。

「真のジャーナリスト宋建鎬」民主化運動記念事業会ホームページ、2008年12月29日

韓国の反共が偽物だということは、韓国の反共主義は憲法上の自由民主主義を支えることができる理念や実践と無関係なものであり、実際には親日派の既得権の消失に対する恐れ、あるいは権力維持のための欲望をもっともらしく包装したことに過ぎないということである。1972年、朴正熙政権も南北首脳会談を秘密裏に推進しながら、国民

*宋建鎬《ソンゴノ》（1927〜2001）
1960〜70年代ジャーナリストとして民主化運動に大いに貢献し、1988年には『ハンギョレ新聞』を創刊して、初代代表理事となった。言論の民主化に生涯をささげた宋建鎬の志を称えて、2002年に宋建鎬言論賞ができた。

には反共でこけおどししておいて、裏では「傀儡政府」と呼んだ北朝鮮の最高権力者たちと会って取引をした。１９９７年の大統領選挙の際に起こった銃風《チョンプン》事件も同じである。当時、ハンナラ党の大統領候補であった李会昌《イフェチャン》の支持率を上げるために、青瓦台《チョンワデ》の行政官ら三人が、北京でアジア太平洋平和委員会参事パク・チュンに会って、北朝鮮が休戦ライン近くで武力行動をしてほしいと要請したのである。このように、政権勢力にとって反共と反北は権力維持のための国内政治用語であった。

三権分立が無意味な新君主制国家

韓国の制憲憲法には、西欧諸国が２００年以上闘争して手に入れた共和制、普通選挙権、三権分立、三審制度が明示されている。このことは、３・１運動直後結成された臨時政府の独立運動家たちが共和制と三権分立の精神を、これから建設する独立国家の基本精神にした結果である。しかし、三権分立の精神は憲法の条文のみに残った。李承晩とその後の朴正煕、全斗煥は、三権分立、司法の独立、国会の立法活動を実現しようという信念はなかった。

李承晩は李氏王族の遠い傍系に属していたが、王族としての郷愁と自負心を捨てられなかった。一生の大半を米国で過ごし、米国式の自由民主主義の洗礼を受けた。しかし、かれの秘書であった朴容万《パクヨンマン》は、李承晩を「口では民主主義を叫んだが、反対派に対してはこん棒やこぶしを振り回して相手を抑圧」する典型的な権威主義者だった、と振り返った。日本軍出身の朴正熙もやはり、国会の政治討論は生産的ではなく、自分の命令がまさに法だと考えた。韓国の法と制度は、米国式民主主義をモデルにしたが、現実の大統領は王朝時代の君主、あるいはファシズム体制の総統と同じ絶対的な存在だった。

わが国大韓の独立のため
一生をひたすら捧げてこられた
有難い李大統領　わが大統領
その名前は永遠に輝いている

「李承晩大統領賛歌」作曲・作詞　未詳

学校では「李承晩大統領賛歌」が鳴り響き、生きている人の銅像が建てられた。反共主義を国家宗教のように神聖視した「自由」大韓民国は、国民に一つの考えと思想を強制して、学校ではただ一つの歴史だけを教えた。日帝末期の「全体主義」と同じく、李承晩政権時代や朴正熙政権末期に、国会の演壇やラジオ放送、ニュースや映画館、国軍将兵に送る慰問の手紙に登場する声もただ一つだった。自由党政府は、公共の建物に李《イ》承晩の写真がないと共産党と見なした。1960年の選挙を前にして「李承晩博士と李《イ》起鵬《ギブン》*議長を選出しなければ、日本と共産党に国を奪われる」とおおっぴらに宣伝して国民の恐怖心をあおった。

＊李起鵬《イギブン》（1896〜1960）　李承晩の秘書。ソウル市長、国防部長官などを歴任。李承晩の終身大統領実現のため不正選挙を強行した。4・19革命後、一家全員が自殺した。

長い年月の間、王朝体制を経験してその後植民地の専制体制を経た普通の韓国人は、この状況を深刻な問題と考えなかった。大統領や国会議員を選出する選挙権を除いた残りの国民主権と権力に対する監視、司法権の独立などの原則についての考えは希薄だった。

極端な反共主義とキリスト教根本主義は、互いに通じる点が多い。李承晩の反共主義や「自由」を盲目的に擁護していた最も重要な反共勢力は、前に述べた越南者たち、とくに越南したプロテスタント信者たちだった。韓国軍にはほとんど神と同じ存在として崇められていた国連軍司令官マッカーサーと後任のリッジウェイ* [M・B・Ridgway] も聖書を文章そのまま解釈する極めて保守的で根本主義的なキリスト教信者だったから、韓国のキリスト教関係者や政治指導者も知らないうちにかれらの影響を受けたのである。特に、朝鮮戦争以後米国のキリスト教根本主義教団は、韓国の傘下の教団に宣教師と支援金を送り影響力を拡大した。このようにして、北朝鮮からやって来た反共主義のプロテスタント勢力と米国の保守的な根本主義的な影響が一緒になって、朝鮮戦争後、韓国のプロテスタントは強い保守傾向をもつようになった。

マッカーサーをはじめとした米国の保守キリスト教信者たちは、神を否定する共産主義を反文明、野蛮、サタン、さらには悪魔と同じものと見なした。解放後の韓国に派遣されてきた米国人宣教師たちも大抵福音主義の信仰をもっていたり、根本主義的傾向の教団からきたりした人びとだった。朝鮮戦争中に人民軍支配下で暮らしていたキリスト

***リッジウェイ**（1895〜1993）
マッカーサーの後任として51年4月より52年4月まで国連軍司令官として日本の占領統治に当たった。

教信者たちは、共産主義を「怪物」、「悪魔」、「赤い龍」などと表現した。戦争を経験して「共産主義はサタン」だという考えが一般化されて、キリスト教の久遠思想と選民意識は、韓国が世界の反共戦線の最先端に立ってサタンを撃退する任務を与えられたという荒唐無稽な論理と結びついた。

1950年代に韓国のプロテスタント教会の指導者たちは、全世界の反共主義の砦である米国プロテスタント信者よりずっと反共主義的であった。朝鮮戦争中の1951年、李承晩が、世界教会協議会WCCが「容共組織」だという内容のパンフレットを牧師であり国会議長である李奎甲《イギュガプ》らに送ると、それに続いて25人の国会議員がWCCはもちろん、会員教団の「大韓イエス教長老会総会」も容共団体であるという内容の声明書を発表した。1954年に開かれたWCC総会で、韓国のプロテスタントは、共産主義が「世界的な帝国主義」であり、決してこれらと共存することはできないという強硬な反共主義の態度を打ち出し、中国を承認しようというWCCや米国教会と関係を断絶しなければならないとまで主張して、反共産主義の本山である米国のキリスト教信徒たちを驚かせた。

牧師ではなく民間人の身分で、韓国教会協議会で長い間活動していた呉在植《オジェシク》*は、李承晩政権下でキリスト教反共主義の亡霊を次のように非難した。

かれらは、腐敗した李承晩政権に対する市民の不満と怨みが大きい時、その政権を擁

*呉在植《オジェシク》（1933〜2013）　平安南道平壌出身。参与連帯創立代表、大統領統一顧問、アジア教育研究院院長などを歴任した。

護して、さらに神の使者であるふりをして、祝福して講壇を守った。（……）かれらはキリスト教の名前をもちながらも社会正義と、不正を告発して改革しようという意志をみせるどころか、不作為の罪責感を反共という熱狂で帳消しにした。

呉在植「キリスト教反共主義の亡霊」『キリスト教思想』1970年11月、82〜83ページ

韓国キリスト教の主流である福音主義の信仰と根本主義は、1987年民主化運動で全斗煥政権が倒れる時までほとんどそのまま維持されて、その間に作られた大型教会は現在まで韓国の政権与党と保守主義を支える最も固い票田であり基盤として残っている。これらの勢力は、封建、帝国主義の抑圧に対抗して「自由」を勝ち取ったことはない。ただ、米国が主導する冷戦秩序、資本主義の理念と秩序に絶対的に追従し、自分たちに少しでも脅威になる勢力をすべて共産主義と見なした。

李承晩と自由党が打ち出した「自由」は、事実上米国が主導する冷戦秩序において米国と一体になろうという論理であり、私有財産を拒否する共産主義の脅威の前で自身の財産を守ろうという生存本能と欲望そのものであった。18、19世紀に「解放 liberation」の理念として登場した「自由 liberty」の理想は、1950年代の韓国で正反対の道を歩んでいた人びとによって、「自由」とは正反対の方法である強圧と暴力という形で実践された。

李承晩の独裁を倒した4・19革命時の学生は「自由でなければ死を与えろ」と叫び、

「言論・出版・集会・結社および思想の自由の灯は、無知な専制権力の悪辣なあがきによってちらっとしていた光さえ消えてしまった」と宣言した。これは、フランス革命時「第3身分」が叫んでいたスローガンだった。韓国版絶対君主の李承晩に立ち向かった、韓国版第3身分である学生たちは「自由」の主体であることを宣言した。馬山《マサン》で、3・15不正選挙に抗議する学生と市民たちが通りに出るや、李承晩はこの騒ぎの裏には共産党がいると脅迫まがいの談話を発表した。しかし、12年間政治的反対勢力の抗議や批判を共産主義に駆り立てた手法は、もう通用しなかった。ついに、4月19日に学生たちは「偽の自由」の象徴であるソウル市内の「反共会館」に火をつけて、李承晩の銅像を引きずり倒した。

飛ぶ鳥も落とす反共の化身　金昌龍

大韓民国には、女子を男子にする以外のことなら何でもできる政府組織がある。それは、国家情報院*（旧中央情報部、安全企画部）と国軍機務司令部（旧保安司令部）である。二つの組織の元をたどれば、李承晩政権時代の特務台（防諜隊）に行きつく。反共が国家宗教のようになった国で「アカ」を捕まえる「特別」捜査機関は、いつでも法の上に立っている「国家の上の国家」であった。元来、特務台は軍の捜査機関であるから対共産主義業務や軍隊内部の不正を捜査しなければならないが、法と規定に違反してまで国内政治や民間人査察、もっと正確に言えば大統領の権力維持のための諜報業務を管

＊国家情報院
国家安全保障にかかわる情報・保安・犯罪捜査などに関する事務を担当する大統領直属の情報機関。朴正熙政権時の中央情報部（ＫＣＩＡ）が全斗煥政権時に安全企画部と改称され、金大中政権時の１９９９年に改編されて、国家情報院となって現在に至っている。

理した。朴正熙政権時代、中央情報部は「反共法」と「国家保安法」関連の事件の捜査権をもっていたので、反体制・反政府勢力を逮捕・捜査する仕事をした。

中央情報部と保安司令部は、秘密裏に収集した情報を使って、政治家や社会運動家たちの弱点をつかんで脅迫するなど、汚い仕事のすべてを受け持った。二つの機関が行った脱法・越権行為は、国家安全保障、すなわち北朝鮮との軍事的対峙状況という名分として正当化されたが、実際には、選挙や議会政治など民主主義の手続きと国民主権の原則を踏みにじった。活動と予算など一切の情報が公開されない大統領直属機関であり、時には大統領でさえ統制することができないこの二つの組織は、過去に相当数の政治工作と拷問、疑問の死事件に介入して、真実は今も明らかになっていない。

1950年代に特務台を利用して大韓民国を牛耳った人物がいるが、それは李承晩政権のナンバー2の特務台長金昌龍《キムチャンニョン》*である。1948年8月15日、大韓民国政府樹立後、陸軍本部に設置された特別調査隊SISを母体にした特務台は、解放後、南韓に駐屯した米国24軍団所属の情報機関である防諜隊CICを手本としたものである。その創設メンバーは、米軍の訓練を受けた軍の情報要員たちだった。5・16クーデター勢力が作った中央情報部は、米国の中央情報局CIAを手本にしたものである。しかし、二つの組織の運用マニュアルと組織文化は、朝鮮の抗日運動家たちを捕まえ拷問して殺害した日帝の特高と憲兵と似ていた。8・15直後、米軍は日本に進駐するとすぐ、日本帝国主義の侵略戦争と戦争犯罪の核心であり、尖兵役を担った秘密警察、すなわち特高を解体し

＊金昌龍《キムチャンニョン》（1920〜1956）

てその要員を処罰した。帝国主義時代に特高は、天皇に反対する「宣伝・扇動をもっぱら行う共産主義者」はいうまでもなく、政府転覆を企てる者たちもすべて共産主義者と見なして「治安維持法」違反容疑で逮捕した。

ところが、8・15以後、韓国では反対の状況が展開された。日帝の特高と憲兵で日本人の指揮のもと抗日闘士たちを査察し拷問していた人びとがほとんどそのまま生き残ってまた起用された。特高と憲兵の使い走り役をした朝鮮人の警察と軍人たちは、米軍政の反共路線が強化されるや、警察の査察課や軍の特別調査隊に抜擢され、政府樹立後、左翼勢力の検挙活動が始まると短期間にその役割と権力を大きく伸ばした。

特務台は、李承晩の政敵を排除することを先頭に立って行った。金九暗殺にも特務台が関与した痕跡があり、金九暗殺犯の安斗熙《アンドゥヒ》*については米国の防諜隊要員による「李承晩が最も寵愛する側近」という記述が米軍の記録に残っている。安斗熙は豊かな地主出身で、反共・反北を信仰のように語っていた越南者だった。かれは米軍政時に西北青年会の核心幹部であり、対北諜報工作を主導した専門家だった。また、米軍971防諜隊の派遣隊と緊密な連携を取ってきた情報要員として米国が保証した人物である。安斗熙は1992年、「単独政府樹立に反対する金九を除去しなければならないと金昌龍特務台長が洗脳した」と証言した。人事管理を景武台《キョンムデ》［青瓦台の旧名称］が直接担当したことから、かれがどのような地位にあったかを推測することができる。

特務台は、進歩党党首であり、1956の年大統領選挙で李承晩の肝を冷やすことに

＊安斗熙《アンドゥヒ》（1917～96）
1949年6月、金九暗殺して終身刑を宣告されたが減刑され後に釈放された。最後まで暗殺の背後については明らかにしないまま自らも自宅で殺害された。

なった曺奉岩をスパイと見なして死刑にしたことにも関与し、また公開投票と代理投票を通じて全将兵の99%の支持を獲得したいわゆる「鳩作戦*」という不正選挙を断行した。まさに、この「特務」を担っていた金昌龍は1950年代を牛耳り、その勢いは「地上の星はいうまでもなく、天上の星まで落とすほどだった」。

咸鏡南《ハムギョンナン》道《ド》永興《ヨンフン》郡で生まれた金昌龍は、植民地時代に出世欲に身を焦がした。満州の日本軍憲兵隊の軍属として仕事をしていたが、夢に描いていた関東軍の憲兵になると、以後憲兵の伍長（下士官）として中国の朝鮮人抗日勢力と左翼勢力を逮捕した。解放後、北朝鮮で親日反動分子として逮捕され、2回にわたって死刑宣告を受けたが、脱獄した後、1946年5月に越南した。以後、「共産党を殴って殺すことが願い」になり、このためなら水火もいとわなかった。1947年警備士官学校3期を卒業して、対共諜報分野で向かうところ敵なしだった。麗順《ヨスン》事件直後には、軍隊内部の左翼を探し出す仕事で手柄を立て、朝鮮戦争の時は、同じ以北出身の呉制道検事とともに軍・検・警合同捜査本部を率いて、人民軍に労役した人を選別して処刑しろと虐殺命令を出した。朝鮮戦争中の最大の悲劇である国民保導連盟員虐殺事件にもかれが関わった形跡がある。

対共業務と左翼排除の分野で大きな功績をあげると、李承晩大統領は金昌龍を全面的に信任した。それで、かれは領官級の将校だった時、すでに階級序列を飛び越えて大統領に直接会うことができるようになった。大統領と二人だけで会うことができたという事実は、すなわちかれの力がいかに大きかったかを証明する。米軍の政時、米国の諜報

＊鳩作戦
軍の作戦の中で武力によるものではないが、軍が政治に関与する作戦を意味する。

要員だった高貞勲《コジョンフン》は、次のように語る。

実は、陸軍参謀総長の指揮下で隊内の方針を忠実に遂行せねばならないにもかかわらず、李承晩大統領の個人的な信望を得て、自分の思うままにしようという野心で参謀総長を通さずに直接大統領と話をして、軍人、政治家、民間人の区別などお構いなく、個人的な恨みがあると、さんざんに中傷して、謀略で葬ってしまった。（……）軍の士気を落とす一方で、特務台員は何の躊躇もなく人びとに迷惑をかけた。

高貞勲『歌えない歌』公益出版社、1966年、162ページ

このような絶対的な権力をもっていたために、国軍参謀総長も金昌龍を恐れるほどだった。かれは何の罪もない人びとを共産党員に駆り立てて裁判に回し、裁判官を脅迫して重い罰を宣告させ、そのことを景武台に報告して大統領に褒められたこともあった。このような権力の乱用と倫理にもとる行動のために、かれは1956年1月30日、部下の許泰栄《ホテヨン》大領に狙撃されて死亡した。李承晩は、かれが死亡すると異例にも直接弔問に行った。

金昌龍は、反共の名目で進められた、李承晩政権期の大統領の政敵排除、民間人虐殺、拷問、間諜操作など、ほとんどすべての事件に関わった。朝鮮戦争前後に反共主義という嵐が吹き荒れていた時代は、まさに金昌龍の時代でもあった。かれが育て上げた諜報

要員とかれらの活動方法は、今日まで特務台—保安司令部—国軍機務司令部、中央情報部—安全企画部—国家情報院へとつながり、名前が変わっただけで生き残っている。いかなる公式記録にもでていないが、金昌龍はまさに韓国現代史最大の主役である。日本軍の憲兵下士官出身として2回も死刑判決を受けたかれが、大韓民国のナンバー2になり、山川草木をふるえさせたという事実、かれが作った捜査情報機関が今も間諜操作と選挙への介入などのやり方で韓国の民主主義を嘲笑っているということが、今日の大韓民国を表している。

「国是」という全体主義の用語が、1980年代まで使われたことにもあきれるが、公安機関が相変わらず、韓国の国是は自由民主主義ではなく反共主義だと考えていることも全くあきれ返ることである。憲法上の民主主義や法の支配という価値は、反共・反北の論理の前では光を失う。2012年の大統領選挙に国家情報院が介入した事件*も、「対北心理戦」という名分として正当化された。日帝末期のファシズムが、きちんと清算されないまま冷戦に組み込まれた韓国では、自由・民主・国民主権という国民の基本権の実現がほど遠い状態である。韓国の反共主義は、共産主義に反対するのではなく、共産主義とは共存できない「病原菌」であるから「撲滅」しなければならないと考える。それゆえに、この病原菌を殺してなくそうという国家機関の脱法と暴力も正当化される。反共が国是である以上、考えの差異、寛容、憲法上の自由と民主、人権などを保障する制度や措置はいつでも単なる紙切れに変わってしまうのだ。

*国家情報院世論操作事件
国家情報院の心理情報局の職員たちが大統領選挙中にインターネットの掲示板を使って選挙に介入した事件。この事件をきっかけとして、朴槿恵大統領退陣の声が上がり、その後朴槿恵・崔順実ゲートに抗議するキャンドルデモによって、大統領は弾劾・罷免された（2017年3月10日）。

韓米関係は外交関係？——血盟／駐韓米軍／戦時作戦権

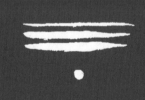

２０１５年５月28日、米国国防省のスポークスマンは、致死率95％の炭疽菌が米国内の９州と韓国の烏山駐韓米軍基地へ送られたと明らかにした（その後、生きている炭疽菌が全世界の８か国１９３施設に送られたことが確認された）。５月23日から米国防省などは炭疽菌配送事故を確認して収拾にあたった。炭疽菌が送られた全機関を５日間精密に調査した後、危険な状況は発生しなかった、と公式に発表した。ところで、米国政府はこのような重大な事実を調査していながら韓国政府には通報しなかった。さらに驚くべきことは、この事実を把握した韓国政府が米国に対していかなる抗議や論評もしなかったという点である。（……）今回の事態と似たようなことが、過去にも発生した可能性は大いに考えられる。しかし、駐韓米軍は韓国政府が接近することができな

い聖域なのである。
「駐韓米軍の傲慢なスーパーパワハラ」『時事ＩＮ』４０４号、２０１５年6月12日

米国、外国ではない「血盟」

韓国と米国の関係は普通の国家関係なのか？　特殊な関係なのか？　もしも後者ならば、ただ利益によってだけ結ばれる冷酷な国際秩序において「特殊」とはいかなる意味なのか？　１９４５年9月9日、米軍が京城（ソウル）に入って来た時、次のような歓迎のプラカードが掲げられた。

米国人と韓国人は神様のもとで友達である。

リチャード・ラウントバーク『ホッジのコリア』The Virginia Quarterly Review、１９４７年、No.23

一方、１９５０年9月の仁川上陸作戦後、ソウルを奪還すると、マッカーサーと李承晩は中央庁でともに祈祷した。このシーンに感激したある牧師は、次のように叫んだ。

天にましますわれらの父は、米国人の父であり韓国人の父であります。李承晩の父でありトルーマンの父であります。人類のハナニムであります。ですから、米国の人と韓国の人は、一人の父の息子です。一つの兄弟であるゆえに兄弟が苦しい時には兄弟が救い助けるのです。

キム・インソ『亡命老人李承晩博士を弁護する』独学協会出版社、1963年、85ページ

この時から韓国と米国は、「血で結ばれた兄弟—血盟」になった。朝鮮戦争以前に李承晩大統領は、単独政府樹立によって米国に死んでも返せない恩を受けた、と話した。

米国大統領トルーマン氏をはじめとして、米国議会と米国政府の高官たち（……）、わが大韓民国国民の幸福のために至大な同情ある関心をもったことに謝意を表します。この際、われわれは大韓民国の誕生と、さらにわが半島の南方部にだけでも自由と独立を享受することができることは、友邦米国の恩恵のたまものだという事実を、今一度思い起こしていただきたいのです。それだけではなく、わが韓国国民、そして、わが子孫たちは米国のこの変わらぬ恩情に対する感謝を永遠にもち続けます。世界の全ての国家が例外なく隣の国家を搾取するのに奔走している中で、こんなにも他国に対して物資援助を進んで提供してくれる国家があるのかという事実に、多くの人は戸惑っているほどであります。

「李承晩大統領談話文」1949年6月8日

作家金東里《キムドンニ》*も朝鮮戦争を経験して、韓米関係は血で結ばれた関係になったと詩に詠んだ。

今回、韓国を助けてくれた偉大な恩人たち
マッカーサー将軍、リッジウェイ将軍、トルーマン、アイゼンハワー大統領ら
私は心からその多くの名前を称え、忘れることはできないでしょう。
そして、あなたたちのように私の胸に鼓動を与え
私をむせび泣かせた人は多くないでしょう。
友が友の仇を討ち
兄弟が兄弟の仇を討ち
いかなる義人がまた、私の首都をあなたたちのように
大切に愛して守ってくれたでしょうか？
金東里「若い米国の旗、ベンフリット将軍に捧げる礼状」『文芸』1954年3月、134ページ

米国が韓国国民の生命を守ってくれて、韓国人の幸福のために特別に物質的な援助を提供したという考えは、李承晩だけではなく、戦争中米国のおかげで命を救われた大韓民国の多くの人が思っていた。「よその国」に来て4万人余りの軍人を犠牲にして膨大

＊金東里《キムドンニ》（1913～95）代表作に『巫女図』『等身仏』『黄土記』がある。

な無償援助を提供したので、米国は韓国人に返すことのできないほどの恩を与えた国に間違いない。特に、1949年米軍が撤収するとすぐ「死刑執行を受けた」かのようにパニック状態に陥った韓国の支配層に、米軍は朝鮮戦争以後戻ってきて韓国を助け出し、命も救ってくれた「救世主」であるほか何を言えるだろうか？

8・15直後、米軍を通して米国という国に接した朝鮮人たちにとって、かれらは前の支配者日帝とは比較にできないほど友好的であり優秀な文明国であった。特に、米国人たちの人権意識は驚嘆に値するものであった。米国人は「B29の戦闘機1機を失ったとしても、そのパイロットをどうやって助けるかがずっと重要な問題」と考えた。それは、「人の命より小銃1丁が重要だという日帝の思考方式よりははるかに人道主義的だった。米軍は、戦争中にも気の毒な人を助け、孤児たちを連れて歩き（……）社会事業家と会わせてくれた。」この姿は、日帝の過酷な支配から抜け出した朝鮮人に新鮮な衝撃と感動を与えた。

李承晩は、すでに大韓帝国末期の青年時代に、ロシアに対しては反感を、米国に対しては友好的な感情を抱いていた。1917年のロシアの共産化を確認してからは、このような考えはさらに確固としたものとなった。かれは米国で長い間生活し、米国式民主主義にどっぷりとつかった。李承晩は、冷戦初期に反共反ソの立場に立って「自由世界」という言葉をよく使っていたトルーマンの考えをそのまま受け入れた。それは、米国式自由主義を全世界に広げて「共産主義というコレラを防いで」世界人類を平和と繁栄へと導くという宗教的確信と同じであった。

前に論じたように、韓国は朝鮮戦争初期に「大田協定」を結んで、米国に作戦権も渡して治外法権まで行使できるようにした。しかし、李承晩政府が一方的に米政府の政策に従ったのではない。李承晩政府は米軍が38度線を越えると、それを北進統一まで推し進めようと強力に要求した。しかし、1951年初め以後、米国政府は戦争をだらだらと引きずりながら曖昧な態度をとった。結局、このことで、マッカーサーはトルーマン大統領と衝突して解任された。李承晩の立場からみれば、韓国の政権を樹立した米国が、いいかげんに体面だけとりつくろって休戦しようという態度に納得することはできなかった。それは、韓国を北朝鮮の脅威の中にそのまま置くという無責任なことだったからである。

李承晩は、米国が日本、フィリピンなどと安全保障条約を締結して韓国とは締結しないことに抗議した。そして、休戦協定直後、韓国に来たジョン・フォスター・ダレス*［John Foster Dulles］国務長官に、「わが民族全体の生命と希望が『韓米相互防衛条約』にかかっている」とひたすら願い出た。米国は、決死の覚悟で休戦に反対する李承晩をなだめるために、「韓米相互防衛条約」締結を受諾した。李承晩は、断崖絶壁の上に立つという戦術で米国の「大いなる譲歩」、すなわち駐韓米軍駐屯を手に入れたことになる。

1953年10月1日に結ばれた「韓米相互防衛条約」第4条に、大韓民国は米国に

*ジョン・フォスター・ダレス（1888～1959）
1953年1月から59年4月までアイゼンハワー大統領のもと国務長官をつとめた。

「陸海空軍を朝鮮半島と周辺に配置する権利」を与え、米国はその「権利」をもつことになった。従って、米軍の駐屯と関連したすべての事案について、韓国はその権利を認めるという受け身の立場に立つことになった。一方、条約第6条によれば、「本条約は、無期限有効である。」すなわち、この条約は韓国の安全保障に関する不安に対して米国側が応じて締結されたものであるために、朝鮮半島で戦争が起こった場合、米軍の将軍である国連軍司令官が作戦指揮権をもち、それは無期限に有効である。同時に、米軍はいつでも韓国の同意なく軍隊を撤収させる権利もある。

休戦後、仁川広域市の自由公園にマッカーサーの銅像が建てられた。国連軍が、洛東《ナクトン》江《ガン》まで追い込まれた状況から電撃的な仁川上陸作戦で戦況を覆したマッカーサーは、韓国人にはまさに救世主のような存在だった。地獄の目の前まで行ったが生き返った韓国人は、かれを国家の恩人と考えて銅像まで建てた。しかし、戦争以前にマッカーサーは、韓国の戦略的な価値をそれほど高く評価していず、米軍撤収も主張していて韓国を特別に配慮したこともない。それでも、その後朴正煕大統領はマッカーサーを、「われわれ韓国人の心の中にしっかりと刻まれた永遠の友」と褒めたたえた。このように、「血盟」は米国ではなく、ただ韓国の立場を表現したものである。

外国軍が作戦指揮権をもっている主権国家?

万が一、米国が朝鮮戦争に参戦しなかったら、大韓民国は倒れていただろう。命を助けてくれた恩人に是々非々を言えないことは当然である。韓国の大統領、政治指導者や軍部は、米国に言葉にできない屈辱を受けてもひたすら我慢するしかなかった。

マッカーサーは中国の逆襲を予想できず、38度線以北にあまりに深く進んだが、あわてて後退する過程で大きな戦力の損失を被った。そのために、かれの作戦は軍事専門家の間でも強い批判を受けたが、すでに「米国の戦争」になってしまった朝鮮戦争で、李承晩政府はかれの指揮に従うしかなかった。１９５１年初めから米国はすでに休戦を検討していたが、李承晩大統領は「鴨緑江《アムノッカン》・豆満江《トゥマンガン》＊に太極旗を掲げよう」と、北進統一と休戦反対を叫んで抗議した。１９５３年7月27日の休戦協定に韓国は当事者として参加できず、その過程や内容もやはり韓国の同意を経ないまま、米国・北朝鮮・中国の間で決定された。

米軍は韓国大統領の反対にもかかわらず、継続して軍の撤収を断行した。朝鮮戦争時、33万人に達していた駐韓米軍の兵力は、たちまち8万人程度に減った。１９７０年の東西デタントとともに韓国駐屯の名分が弱まると、米軍は完全な撤収を推進した。１９７０年、七師団の撤収とジミー・カーター大統領の地上軍の戦闘兵力撤収計画には駐韓米軍をさらに減少しようという計画があったが、米軍部と議会の反対で６０００人程度だけ減らし、それ以後には3~4万人程度の兵力を維持した。

駐韓米軍には、ほかの国にはない制度がある。それはカトゥサ制度である。カトゥサは、韓国の地で米軍に配属された韓国人兵士たちのことである。カトゥサＫＡＴＵＳＡ

＊鴨緑江《アムノッカン》・豆満江《トゥマンガン》
共に中国と北朝鮮の国境にある白頭山に源を発している。鴨緑江は黄海に注ぎ、豆満江は中国・北朝鮮・ロシア国境を東に流れ、日本海に注ぐ。

とは、「米軍に配属された韓国軍 Korean Augmentation Troops to the United States Army」という意味である。

1970年代に入り、東西デタントによって安保危機を感じた朴正熙政府は、米国に韓米連合司令部設置を要求した。韓米連合司令部は、過去に李承晩政権期の「韓米相互防衛条約」と同じく韓国の安全保障に関する不安を減らすための米国の「厚意」であり、司令官は米国人の大将が、副司令官は韓国人の大将が受け持った。

カーター米大統領は、1976年の大統領選の遊説期間、韓国に700基の核兵器が配置されていて大統領になったら全て撤収させると公約したが、それまで韓国人は核兵器が朝鮮半島に配置されたという事実を全く知らなかった。1994年、米軍は北朝鮮が核査察を拒否する場合、先制攻撃をすると決定した。朝鮮半島で戦争が起こる一触即発の状況だったが、米国は韓国政府とはいかなる相談もしなかった。元大統領カーターの北朝鮮訪問でこの危機は劇的に回避されたが、このような作戦体制では韓国政府が自分の運命を左右する戦争の脇役に転落する恐れが大きい。

戦争が終わって長い歳月が流れても、韓国軍の作戦権は相変わらず米軍がもっている。米軍政の民間人の要員として韓国に来ていたグレゴリー・ヘンダーソンは次のように語った。

この作戦指揮権問題は、世界的に唯一のものであり驚愕に値するものである。米軍司

令官が、米軍はもちろん、一時駐屯して今後再び駐屯することもできる国連軍、北朝鮮の脅威に対処する全韓国軍を指揮する。韓米連合司令官として米軍司令官はただ米国参謀総長の命令に従うだけであり、韓国政府の命令を受けない。

民族問題研究所編『民主化とアチム米関係』アチム文化院、1987年、140ページ

もちろん、韓国政府は大韓民国国軍の「指揮権」は変わらず大韓民国の大統領が保有していて、「北朝鮮に対する戦時作戦統制権」だけ韓米連合司令官に委任したものである、と言うだろう。しかし、韓国軍は主として北朝鮮との戦闘に備えて組織され運用されるだけではなく、平時の任務は事実上ないも同然なので、韓国軍の実質的な軍事作戦は、韓国大統領の権限外にあるといっても過言ではない。

1989年、ソ連の社会主義が倒れ、米軍が朝鮮半島に駐屯しなければならない名分が弱くなった。好戦的な北朝鮮が健在ではあったが、軍事的に北朝鮮が米国に太刀打ちできる敵にはならない状況で、今や、米国は東アジア全体、特に中国を潜在的な敵として見るようになった。しかし、韓国側の要請で米軍は継続して駐屯しており、そのように要請した以上、韓国は駐屯費をより多く出すほかなかった。今や、経済大国になった韓国が軍事力も北朝鮮に比較して桁外れだという指摘も多かったが、米軍は北朝鮮が敢えて挑発をできなくする引《イン》継《ゲ》鉄線《チョルソン》*の役割をするために、朝鮮半島に継続して駐屯しなければならないという保守勢力の主張がそのまま通用した。駐韓米軍の兵力は3万人余

*引《イン》継《ゲ》鉄線《チョルソン》
戦線で敵が進入してきて触れると、爆弾や照明弾、信号弾などが破裂して、敵を殺傷したり、敵の侵入を知らせたりする鉄線のこと。ここでは、米軍が韓国に駐留することで北朝鮮の侵入を防ぐ役割をしていることを指す。

りに過ぎないが、かれらがもっている各種の軍事情報と最新鋭武器は、それ以上の重要性があるということだ。

「韓米相互防衛条約」第4条に従って、大韓民国に駐屯する米軍の指揮と韓国政府がかれらに提供する施設および区域に関した事項を規定してきた協定が、SOFA(Status of Forces Ageement)、すなわち「韓米駐屯軍地位協定」である。朝鮮戦争後駐韓米軍による犯罪が相次いで新聞紙面にあふれ、韓国人たちの自尊心を大きく傷つけた。1962年、米軍による衝撃的リンチ事件を契機に、韓米行政協定を締結しなければならないというデモが起こったりもした。それで、「米軍の公務中の犯罪に対して韓国は、一次裁判権をもつ」という内容の「韓米駐屯軍地位協定」が1966年締結され、これが今日まで続いている。しかし、この協定には、「米軍が韓国に裁判権放棄を要請すれば、これを好意的に考慮して裁判権の行使が重要であると決定する場合を除いては韓国の一次的権利を放棄する」という内容があって、韓国が実際に米軍の犯罪を裁判することはほとんど不可能だった。

以後、韓国の要求によって不平等な条項が多少なくなりはしたが、相変わらずSOFAは韓米関係の不平等を最もよく示す象徴的な協約として残っている。1990年まで韓国で起こった米軍の犯罪に対して韓国が裁判権を行使した場合は1%にも達しなかった。結局、韓国は米軍にとって治外法権地帯だったということである。2000年代に入って、韓国の裁判権行使は7%に上がって、2003年には31%になった。しかし、京畿道華城《ファソン》の梅香里《メヒャンニ》などの米軍射撃場、全国の多くの米軍駐屯地近くで発生した強姦殺人事件などの人権侵害、騒音、環境汚染などによって韓国人が被った深刻な被害はほとんど救済されず、賠償も受けられなかった。２００２年、米軍の装甲車に轢かれて死んだミソン、ヒョスン二人の女子中学生の悲劇は、国民の憤怒を引き起こしてキャンドルデモが起こりもした。

ヨーロッパで冷戦は終息したが、南北の緊張は続いたために、米国に安全保障を依存する状況はずっと続いた。米国人たちも指摘するように、韓国は１９５３年の休戦当時ほとんど幼い子ども同様の状態から始まり、今や成人になった。それまでアジアで最も貧しい国だった韓国が、飛躍的な経済成長を遂げて世界14位の経済大国になった。南北間の経済力と軍事力も完全にひっくり返って韓国の国防費支出は、北朝鮮の30倍以上に達しているという報告もある。それでも、韓国の権力層と軍部は北朝鮮の核開発と奇襲攻撃、大量殺傷武器所持などを理由に、韓国は自ら安全保障に責任を取れずに駐韓米軍に継続して依存しようとする。韓国が米国に保護を求める限り、すべての面で米国の要求を聞くしかない。

米国と中国の間に戦争が起こった時、韓国は米国の支援要請に「ノー」と言えるだろうか？　１９０５年から１９４１年の真珠湾攻撃までそうだったように、最近になって米国は再び日本の再武装を支持している。韓国政府は、それは日本の主権の問題だというが、はたしてそうだろうか？　南北間に軍事的衝突が起これば、日清戦争の時にそうだったように、今や米国の支援を受ける日本が「自国の安全保障」を理由に再び朝鮮半島に入ってくる可能性がある。それと同じ危機に直面したら、韓国は日本と一緒になって北朝鮮と戦わねばならないのか?

駐韓米軍が戦時作戦権を継続して保持しているために、韓国軍は独自の安全保障体制の構築や戦闘力向上のための努力と意志が弱く、軍の運用に対する責任感もたいしてない。慢性的な軍の不正と軍内部の暴力による死亡事件なども、韓国軍が自ら国防の哲学と理念、軍隊運用の方向と目的をもてなかったままやってきたからではないのか?

国家を建設してから70年余りが過ぎたが相変わらず米軍が駐屯しているということは、韓国が主権国家だという通念に疑いをもたせ、独立国家としての威信をもたなかったということを表している。特に、駐韓米軍の犯罪、米軍駐屯地の環境汚染、米軍射撃場近辺住民の被害は数十年間続いてきた問題である。韓国がこれからもずっと米国は単純な「外国」ではなく「血盟」だと言うならば、これら全ての問題はこのまま我慢していかなければならないこととして残るのである。

駐韓米軍の存在理由

米軍の駐屯が米国の利他主義から出た結果ではないことを説明するために、国際政治学の理論まで引っ張りだす必要はない。米国大統領トルーマンは、朝鮮戦争が勃発するや「われわれはわれわれ自身の国家安全保障と生存のために韓国で戦っている」とはっきりと語った。朝鮮戦争勃発前、日本を訪問した李承晩との面談の場でマッカーサーは、「カリフォルニアを保護するように韓国を『保護』する」と語って李承晩を感激させた。しかし、かれは自分の祖国である米国のために戦っただけで、「韓国」のために戦争を勝利に導かねばならない、と語ったこともなければ考えたこともない。かれが戦争中北朝鮮を撃退するために、38度線を越えて鴨緑江まで進撃したことも、朝鮮半島統一のためではなく、米国の国益、すなわち戦争を勝利に導こうという軍人の立場からであった。

米国は朝鮮戦争直前の、１９４８年の軍の撤収の時もそうだったが、１９６０年代以後中国と関係を改善して韓国から米軍を引き上げようとする時も「友邦国」である韓国の安全保障よりは、明白に自国の政策路線と国家の利益に従って動いた。このような行動は韓国の政治指導者たちを極度の不安とパニック状態に陥らせた。

米国は大韓帝国末期以来、東アジア戦略構想において韓国だけを特別に考慮したことはなく、いつも日本などの隣国に含まれた地域とみなした。日露戦争中、「桂・タフト協定」*で日本の朝鮮併合を黙認したこともそうだ。１９４５年8・15直後、日本を民主化させる計画ははっきりしていたが、韓国には一貫した政策がなかった。また、日本を１９５１年まで占領したが、南韓では１９４７年から軍を撤収すると計画したこともそのためである。人口が日本の半分にも満たず、資源はもちろん、経済力や技術力もない朝鮮が米国の関心を引かなかったことは当然である。

米国は、ずっとヨーロッパに関心をもっていたが、朝鮮戦争の勃発でアジアに再び介

＊「桂・タフト協定」
１９０５年7月29日、内閣総理大臣桂太郎と米国特使タフト（後に第27代米国大統領）との間に交わされた協定。この協定で、米国は日本の大韓帝国支配権を黙認し、日本は米国のフィリピンの支配権を確認した。

入することになった。しかし、その後これまで米国はアジアよりは、同じ西欧文化圏でありソ連と接しているヨーロッパに、アジアのなかでは日本の経済復興に主として神経を使った。１９１７年のロシア革命以後、米国が堅持した自由主義的反共主義に基づいた戦争介入路線は、米国の新しい覇権主義を違う形で表現したものだという批判もあるが、米国の政治権力内部で伝統的に存在してきた不干渉主義（孤立主義）右派と、一部左派の反対を越える政治路線でもあった。１９４５年以後、自由主義的反共主義を集約したものが、アチスンが草案を作った「国家安全保障会議報告第68号ＮＳＣ68」*（冷戦政策に関する最も重要な文書の一つで、共産勢力拡大の封鎖に高い優先順位を付与するという決定を含んでいて、その後20年間米国の外交政策に大変大きな影響を及ぼした）であった。朝鮮戦争の勃発は、まさにＮＳＣ68戦略の試験台であった。

「最小の費用で最大の安全保障と収益」

米国は、戦争を遂行する場合にも「最小の費用で最大の安全保障と収益」を手に入れる資本主義の利潤論理を徹底して適用した。費用とは人命の損失と戦費支出であり、収益は一次的には資源および市場確保を意味しており、恒久的には政治的支配権の行使を意味した。

米国が、朝鮮戦争に地上軍を派遣したことは第２次世界大戦後初めてであり、これはその後米国が自分の領土以外の紛争に介入して基地を建設する契機になった。しかし、

＊**「国家安全保障会議報告第68号ＮＳＣ68」**
「National Security Council Report68」、通称NSC68は、トルーマン大統領期の１９５０年４月14日に米国国家安全保障会議（ＮＳＣ）が大統領に提出した極秘文書である。トルーマンは50年９月30日、正式に署名した。１９７５年に機密指定を解除された。

それは李承晩が語ったように、米国が韓国だけを特別扱いしたからではなかった。北朝鮮の侵略をそのままにすれば、自分が作った国が危機に直面しても放置するというシグナルを全世界に与えることになるためだった。その場合、世界反共戦線で米国の威信が揺らぐ可能性があった。それで、米国は迅速に戦争に介入して、以後李承晩の要求を断らないふりをして受け入れ、「韓米相互防衛条約」を締結したのだ。第2次世界大戦後、ソ連との対決は互いに滅亡の可能性がある核兵器を保有していたために、全面的戦争は避けてソ連と境界を接している地帯の周辺の小国の紛争に介入する方式へと変わった。

マッカーサーとトルーマンの葛藤もこのような観点から理解することができる。事実、マッカーサーは韓国より戦後の日本を新しい国家として誕生させた主役であった。だから、日本でもマッカーサーの銅像を建てようという計画があったが、結局作られなかった。日本人を卑下した発言のせいだった。日本の敗戦後、マッカーサーは日本でほとんど皇帝のような存在だった。東京で勤務しながらも日本人とほとんど会うこともなく、かれらの生活を直接確かめることもなかった。かれは、東洋人の心 oriental mind とは生まれつき勝者の前でひれ伏すものだと考えたから、日本人が自分の言葉を信じさえすれば民主主義が根を下ろすものだと考えた。マッカーサーは、日本人は戦争で勝てば幼稚な残酷性に取りつかれ、負ければまるで奴隷にでもなったように勝者に依存すると語った。また、かれは自分が頼りにするものはワシントンとリンカーンの肖像画、そしてイエス・キリストだけだと公然と語った。

1951年、マッカーサーはトルーマンとの葛藤から解任されて日本を去る時、日本の未来についての問いに次のように答えた。

もしアングロ・サクソンが人間としての発達という点で、科学とか芸術とか宗教とか文化において、まあ45歳であるとすれば、ドイツ人もまったく同じくらいです。しかし日本人は、時間的には古くからいる人々ですが、誰かの指導を受けるべき状態にありました。近代文明の尺度で測れば、われわれが45歳で、成熟した年齢であるのに比べると、12歳の少年といったところでしょう。

ジョン・ダウアー『敗北を抱きしめて』*ミウム社、2009年、719ページ

この発言が日本人を激怒させ、銅像建立の話は瞬く間に消え去り、かれに名誉市民権を与えようという問題も論議されなかった。そのようにして、マッカーサーは日本人の記憶から消え去った。

マッカーサーは米国の政界や軍部で、ヨーロッパよりはアジアが米国の利益に重要であることを強調していたアジア主義者である。これは、かれがフィリピンをはじめとして一生のほとんどをアジアで過ごしたためである。マッカーサーはアジアの中でも日本と台湾を米国の直接的利害に関係する地域だとみていたが、朝鮮半島はただ「主要利益地域」程度と見なして、たいして関心をもたなかった。

*『敗北を抱きしめて』日本では上・下巻で2001年、岩波書店から刊行。増補版が2004年に出ている。

かれは徹底した反共主義者であったし、大変保守的なキリスト教信仰をもった人物でもあった。8・15以後、日本に滞在中、日本の天皇をキリスト教に改宗させるために、米国の海軍長官と論議したほどだった。

日本についてこのように考えた人物が、日本の植民地支配を受けていた朝鮮人たちと李承晩の大韓民国に対してはどのように考えていたのか? マッカーサーの最側近である情報参謀チャールズ・ウィロビー〔Charles Andrew Willoughby〕は、北朝鮮軍を、「無表情な顔をした半人 half-men」と呼んだりもした。マッカーサーの後任として韓国に来たリッジウェイ将軍は、自分の母親に宛てた手紙に韓国人を「野蛮状態の被造物 creatures in their natural state」と描写したりもした。北朝鮮の侵略直後、戦線に投入された米軍が、韓国や北朝鮮の軍人と民間人を区別できなかったことはあまりにも当然のことだった。米軍はコリアン一般を、子ども、原始人、リス、訓練されたサル trained monkeys などと考えた。太平洋戦争時、南洋群島の人びとをそのように呼んだように、コリアンを指すときも口を開けば「グッ gook」(野蛮人という意味)という軽蔑的な単語を使った。当時、米国内でも主流の白人たちは黒人を自分たちと同じ種類の人間とはみていなかったので、黄色人種であるコリアンをこのように見ていたということは驚くことではない。

マッカーサーは戦争の英雄であり偉大な戦略家であり、祖国米国の利益のために力を注いだ愛国者だったことには間違いないが、フィリピン、日本、韓国には「裸の皇帝

「The Naked Emperor」に過ぎなかった。かれに対する評価をめぐって韓国人同士で暴力まで使って争うことは、実にやるせないシーンだ。李承晩大統領や韓国人たちは米国を血盟関係というが、米国の大統領や最高位の指揮官の中では誰もそんなことを言ったことはなかった。英語圏の学者たちは、第２次世界大戦以後、米国と東アジア諸国の関係を「保護者と被保護者 patron-client」関係だと語る。

冷徹な国際政治において慈善や利他主義があるわけがない。さらに、覇権国家が被後援国家にただで何かを与えることがあるわけがない。資本主義の宗主国米国は、条件と対価なしではたったの1ドルも使わない国だ。「解放」がただでないように、侵略されて崩れる直前の国を助けてくれたのも絶対にただではなく、その借りは利子を含めて何倍、何十倍にして返さねばならないかもしれない。壬申倭乱後、朝鮮王朝が「国を再び建て直してくれた恩」を返すために、滅亡していく明国にずっと朝貢をしてやっかいな要求を聞いてやったために、国の財政が破綻したことが連想される。

新しい「天下」秩序の樹立

朝鮮半島の歴史をよく見てみると、高麗時代は親元派と親明派の間で、朝鮮時代には明国と清国、大きい国に従う事大主義問題で国内政治勢力間の対立があった。大韓帝国末期には親清、親ロ、親日、親米と四分五裂だったが、解放後には親米と親ソに分かれて分断へとつながった。朝鮮戦争後、韓国社会は親米と反米に分かれて葛藤してきた。

すなわち、近代以後の韓国社会は米国に対する態度を基準にして分かれたといえる。

大韓帝国末期の李承晩や、解放以後の張沢相《チャンテクサン》、趙炳玉《チョビョンオク》ら米国に留学していた政治指導者たちは、米国は領土拡張する気がない国だから信じてもいいと考えた。しかし、米国留学後、開化を力説していた人びとがすべて親米に傾いたわけではない。兪吉濬は、1885年書いた「中立論」で「米国はわれわれの危急を必ず救ってくれる友邦として信じることはできない」と警告した。かれは米国について学び、キリスト教についても研究したが、朝鮮の伝統を無視しなかった。だから、尹致昊と違って日帝の併合に強く反対した。しかし、大韓帝国末期の急進開化派知識人とその後裔たちは、朝鮮の伝統を恥ずかしがって捨てなければならないと考え、日帝時代は日本を、8・15以後は米国についていくことが文明化だと考えた。

日帝の降伏後、冷戦が始まるや、東アジアでは共産主義と民主主義が敵と味方の二分法的構図として理解されたが、ここで米国を盟主とする資本主義の陣営は取りも直さず「文明」であり、ソ連が指導する共産主義の陣営は「野蛮」と見なした。世界最強の軍事力と経済力をもった米国を、敢えて誰も批判できなかった。李承晩政権以後今までの韓国現代史は、事実上米国文化を無批判に輸入してきた過程である。

米国式自由の風、戦争による伝統的束縛の解体は都市の「欲望」を爆発させた。当時、最高のベストセラーだった鄭飛石《チョンビソク》の小説『自由夫人』*は、権力欲、物欲、性欲の追求を人間の最も自然な行動として認めた。小説の主人公オ・ソニョンにとって自由は民主主

*『自由夫人』 1954年1月から8月まで215回、ソウル新聞に連載された。

義であると同時に欲望の追求を意味したが、韓国人が受け入れた米国文化もこれと同じだった。

朝鮮戦争後、李承晩と韓国の主流は、米国がこうあってほしいと思うままに、あるいは韓国人たちの伝統的な事大主義の世界観のままに米国をみていた。19世紀末まで朝鮮人が考えた天下は、中国とその周辺の国から成る世界だった。8・15以後、米国が天下第一という事実がはっきりすると、以前、中国を見ていたように米国を見るようになり、中国の代わりに米国に従うことに神経を集中した。韓国人たちの伝統的な「天下」観が新しい天下観に変わって国益をしっかり問わないまま、一方的に米国に追従したのである。当時、韓国は世界で最も遅れた貧しい国だったから米国に絶対的に依存するほかなかった。

1950年代以後、米国の東アジア研究者・知識人たちは韓国と日本を何回も行き来し、冷戦あるいは米国の国益を広めるために奔走したが、かれらが来るたびに韓国は手厚くもてなした。

東北アジア研究所*は、スカラピーノ*［Robert Scalapino］という年取った教授が玉座に座ったように、万世一系の如く何十年間も支配している研究所です。スカラピーノという人物は、大韓民国政府と深い関係のある知識人、国会議員、政治家、実業家、教授（……）らが米国に来たならば、彼の前に列をなして参拝しようとする、世にい

＊東北アジア研究所
スカラピーノが、1978年にカリフォルニア大学バークレー校に設立した東北アジア全般についての研究所。

＊スカラピーノ（1919〜2011）
1949年から50年以上バークレー校の教授を務めた。東北アジア研究所を設立後、90年引退するまで研究所長を務め、退任以後もバークレー校終身名誉教授として活動した。

う韓国問題のいわゆる「碩学」（この称号が重要です）ではないでしょうか？　韓国と朝鮮半島の問題ならば、かれの一言の診断が「信仰」のように崇められていることが、韓国の言論機関、政府、知識人社会の実情ではないでしょうか？　恥ずかしい限りですね。

李泳禧《リヨンヒ》*「愛国者たちの合法的犯罪」『自由人』凡愚社、1990年、304ページ

経済力が高まり民主化を成し遂げた後にも、何か問題が起こるとその解決法を米国の碩学に尋ね、かれらの論評を高く評価して頻繁に引用する。米国やヨーロッパの著名な人物ならば、左派の人物に対しても保守派のマスコミまでがインタビューしようとする。かれらが「私は韓国についてよく知らない」と否定しても、最後までかれらに忠告を求めるのだ。同じ話でも米国の学者が話をすれば注目し、かれらの視線を通して韓国を見ようとする。外国留学は即米国留学であり、マスコミで扱う外国も主として米国である。米国留学をしなければソウルの主要大学の教授になることができず、英語で論文を書けば認められる。2010年、『教授新聞』の報道によれば、ソウル大、延世大、高麗大の社会科学分野の教授633人中、国内で学位を取った者は30人に過ぎない。

韓国程の経済規模をもった国の中で、これほど文化と学問の事大主義にとらわれた国はめったにない。文化と学問の事大主義は、言語の事人主義に基づいている。もちろん、冷戦以後英語は世界語になった。これはイギリスの帝国主義が米国に残した最も大きい

＊李泳禧《リヨンヒ》（1929～2010）
社会運動家。代表的・進歩的なジャーナリストであり、「進歩勢力の巨木」と呼ばれ、民主化運動に大いに寄与した。

プレゼントである。しかし、米国の直接的な影響を受ける韓国では、英語は出世のための必須要素になった。

英語は世界語である以前に米国の言語である。英語を勉強する目的は、単純に世界語を学ぼうということではなく米国の標準に従おうということだ。韓国人にとって米国留学の経歴や英語の実力は、国際用ではなく国内用である場合がより多い。朝鮮時代、両班たちが官吏として出世して知識人として遇されるために幼い時から漢文の勉強に全ての時間をつぎ込んだように、今は出世しようとすれば英語がよくできなければならず、米国に留学しなければならない。

韓国で英語は即階級である。韓国人は英語がよくできる人をうらやましがり、自分ができなければ劣等感を感じる。白人に会えば、必ず米国人と考え英語を使う。だから、米国の役人や学者は韓国人と話をする時、当然のように英語を使う。１９８６年初めに米国の上院議員3人が韓国に来た時、国内の企業家、役人、教授たち３００人余りが参加する会議が開かれた。会議は英語と韓国語の同時通訳で進行されたが、韓国人の討論者たちはみんな揃って英語だけを使用して参加者たちを面食らわせた。

李泳禧教授は駐韓米国大使と書簡を交換したが、大使館内でなければ韓国語で意見を交換しようと提案した。かれは、米国の役人たちと会う時、まるで母国語のように米国語で喋り散らすことを誇りだと錯覚する韓国の知識人たちを軽蔑してそのように提案した、と語った。

もちろん歴代の韓国大統領が一方的に米国を崇め奉ったのではない。米国は朝鮮戦争以前から韓国の右翼政権を大いに支援もして、ずっと曖昧な態度を取りつつ荒っぽい性質の姑のように干渉した。それで、李承晩、朴正熙、全斗煥などの歴代大統領は、米国に対して依存と不信という両面的な態度をとった。その中でも米軍を撤収するという圧力は、いつでもかれらを最も苦しめた事柄だった。かれらは、「国益」のために米国が必要だと自己催眠にかかったのだ。5・16クーデター勢力が反共を国是に打ち出したことも、米国を安心させるための措置だった。かれらは、米国の気分を損なえば、自分も米国に捨てられるということを知っていた。

挑戦を受ける「神話」

1982年4月22日、江原《カンウォン》大学の学生たちが「ヤンキー・ゴー・ホーム」を叫んで星条旗を燃やした。リーダーの8人は全員逮捕され「国家保安法」第7条1項の「北傀同調罪」で最高2年6か月の実刑になった。このように、韓国社会で「駐韓米軍撤収」のスローガンは政治的に相変わらずタブーである。今も多くの国民たちが「駐韓米軍が撤収すれば、国が潰れる」という考えを信仰のようにもっている。韓国で、反米は即「容共」であるために、韓国人はおもてだって米国を批判することすらできなかった。

しかし、米軍が駐屯していた基地村*で米軍による強姦、暴力事件が後を絶たず、「洋《ヤン》公主《コンジュ》」の悲哀を扱った小説が数多く出版されて「米国讃揚」にひびが入り始めた。南

*基地村
米軍基地の周辺に形成された集落。兵営を中心にして、駐屯している軍人を対象にしたサービス業が中心である。基地村はほかの地域から移住してきた零細民・性売買女性・軍労務者・軍納入業者・商人などが集まって新しく形成された場合が大部分である。

廷賢《ジョンヒョン》の小説『糞地《プンジ》』は、米軍下士官の現地妻になっている妹の助けで米国製の品物を売っていた青年を主人公にしている。そのほかにも千勝世《チョンスンセ》の『黄狗の悲鳴』、辛相雄《シンサンウン》の『憤怒の日記』、全光鏞《チョングァンニョン》の『カピタンリ』、趙海一《チョヘイル》の『アメリカ』などは、すべて米国の否定的な側面をえぐった。大っぴらには言えなくても、大衆の間には米国に対する拒否感がだんだん大きくなった。韓国の経済発展と国力向上、民主化が進むにつれて米国に対する見方は大きく変化し始めた。

１９８０年の５・18光州民主化運動は、米国が韓国の民主主義を守ってくれるという大衆の期待を完全につぶした事件である。独裁者李承晩の下野を勧めたのも米国であり、人権外交という名前で朴正熙の独裁を危機に追い込んだのも米国であったから、大衆は米国を民主主義の砦だと信じていた。しかし、米国は、１９６０年３・15不正選挙に対する学生たちの抗議デモが激しくなるまで相変わらず李承晩政権を支持していたし、朴正熙の５・16クーデターと１９７２年の維新クーデターも承認した。もちろん米国は、李承晩政権が民主主義を守らないことに対して不満であったし、朴正熙政権の人権侵害も批判したが、大枠では韓国の独裁政権を一貫して支持した。だから、韓国の大統領も反共路線を確保する限り、米国が自分を支持するだろうと知っていた。

韓国軍の作戦指揮権をもった米国は、１９８０年光州に戒厳軍が投入され、デモ隊を虐殺する時も、新軍部を制止しなかった。以後、その事実を国民が知ったことが、反米意識が高まる最も重要な契機になった。リチャード・ウォーカー前駐韓米国大使は、米

郵便はがき

恐れいりますが
切手を貼って
お出しください

101-0061

千代田区神田三崎町 2-2-12
エコービル1階

梨の木舎 行

★2016年9月20日より**CAFE**を併設、
新規に開店しました。どうぞお立ちよりください。

お買い上げいただき誠にありがとうございます。裏面にこの本をお読みいただいたご感想などお聞かせいただければ、幸いです。

お買い上げいただいた書籍

梨の木舎

東京都千代田区神田三崎町 2―2―12　エコービル1階

TEL　03-6256-9517　FAX　03-6256-9518
Eメール　info@nashinoki-sha.com

(2024.3.1)

通信欄

小社の本を直接お申込いただく場合、このハガキを購入申込書としてお使いください。代金は書籍到着後同封の郵便振替用紙にてお支払いください。送料は200円です。

小社の本の詳しい内容は、ホームページに紹介しております。是非ご覧下さい。　http://www.nashinoki-sha.com/

【購入申込書】（FAXでも申し込めます）　FAX　03-6256-9518

書　　　名	定　価	部数

お名前

ご住所（〒　　　　　）

電話　　（　　）

国の関心事は北朝鮮の動きを把握することであったし、韓国軍の移動には特別な関心をもたなかった、と弁明した。そして、鎮圧に導入された陸軍特殊戦司令部は、韓米連合司令部の作戦指揮権の管轄外だったと主張した。ジェームズ・リリー大使も同じく、連合司令部の目的は対北朝鮮関係であり、5・18光州民主化運動が国際問題とは関連がなかったので、米国が虐殺の背後で動いたという批判は非現実的である、と語った。韓国人はこの事件を通して、米国が自国の利益に合うならば、独裁政権だろうが擁護するという事実を悟った。

ついに、反米の無風地帯だった韓国でも公然と反米スローガンが登場した。1980年5・18光州民主化運動以後、学生たちが釜山とソウルの米国文化院に放火して、前に述べたように星条旗を燃やした。米国を大韓民国の民主化と統一の後援者ではなく妨害勢力として見るようになったのである。大学生たちの意識は、急激に反米に向きを変えた。当時、ソウル大学が全国の大学生551人を対象にした調査によれば、応答者の41%が米国が分断を招いた張本人であり、統一の障害要素だと答え、68%が米国が韓国の権威主義政権を支持したと答えた。もちろん、この結果がすべての大学生や平均的な韓国人たちの考えを反映しているのではない。しかし、親米一色であった対米観がドラマチックに変わったことは驚くべきことである。

1987年民主化以後には、それまで敢えて触れることができなかった駐韓米軍反対、すなわち米軍撤収・削減運動、基地返還運動、SOFA改定運動が活発に起こり始めた。

米国は、大学生たちの反米運動を「ヒットエンドラン」作戦（広報効果をねらう行動）であると軽蔑したが、この運動の基には、米国の世界戦略が徹底的に自国の利益だけのためのものであり、特に東アジアで米国は開化期以来、大体において日本の肩をもって韓国を犠牲にしてきたという判断がある。

国際政治で強者が弱者に無関心で無知なことは当然の道理だ。米国は、韓国をよく知らず、また知る必要を感じもしなかった。韓国がどうなるかはかれらにとってそれほど大きな関心事ではなかった。しかし、カエルは子どもが何気なく投げた小石でも命を失うことがある。国家間の力が極度に不平等な国際関係において、弱小国は強大国に過度に執着することもあり、怨みを抱くこともある。しかし、強大国、特に世界を動かす覇権国家は碁盤の石を動かすように、一つの国についての政策を決定するために、実際どんな国家や民族に対しても特別に敵対的だったり友好的だったりすることはない。反面、弱小国の人びとは覇権国家に過度に頼ったり激しく憎悪を表したりする。権力層は自分の立場を維持するのに強大国の支援が必要であり、権力層を批判する立場からはそのような外国勢力に依存する態度が気に入らないのである。

なぜ日本は謝罪しないのか？——歴史問題／請求権／日韓協定

盧武鉉《ノムヒョン》政府がスタートして、突然、自分の父親［朴正熙］をはじめとした多くの国会議員の父親について親日反民族行為リストを発表しなければいけないって。歴史問題を政治的に利用することでしょう、政争に。李承晩大統領の時、反民特委という機構で歴史問題についてはすべてけりがつきました。父の時代には、日韓国交正常化で歴史問題についてはピリオドをうったので。これを何度もまた話すことは、まるで浮気をした夫と和解した後もずっとそれを責め続けることと同じでしょう。歴史を後退させて国益に損害を与えることになる。ただ慰安婦のハルモニたちについては、今はもう、隣国をやたらと責めないでわれわれの手でご健在のハルモニの面倒を見ることが、より重要なわれわれの役目ではないかと考えています。

「朴槿姈《パククルリョン》インタビュー」『ニコニコ動画』２０１５年８月４日

独島は誰の領土か

隣国日本から36年の圧制を受けた屈辱は、その時代を経験した人はいうまでもなく、8・15以後に生まれたすべての韓国人に大きな傷として残っている。ところで、8・15以後、韓国人にはその傷が癒える機会がなかった。日本の政府と国民が過去を否定しているので、韓国人は傷が癒えることがないと考えている。はたして、そうだろうか？　過ちの大部分はむしろ韓国、特に権力層にあるのではないか？　口では日本に敵対的な言葉を並べながらも、内心では日本の政権勢力・右翼と一つの船に乗って行動したのではなかったか？

日韓の間の最も敏感な問題は、独島《トクト》問題である。一時、『独島はわれらの地』という歌が流行したことがある。

鬱陵島《ウルルンド》の東南、船で二百里　孤独な島一つ　鳥たちの故郷
誰かいくら自分の土地だと言い張っても　独島はわれらの地
『独島はわれらの地』朴仁浩《パクイノ》＊作詞・作曲

韓国人は、どんな点からみても「独島はわれらの地」だと固く信じている。しかし、国際法的にみると独島の領有権は論議の余地がある。ここで領有権の紛争を具体的に扱

＊朴仁浩《パクイノ》（1952〜）
本名は、朴文栄。『独島はわれらの地』は、1982年の作品である。

うことはできないが、明らかに指摘しなければいけないことがある。日韓独島紛争の原因は、第2次世界大戦以後の東アジア秩序を作った米国であるが、歴代大韓民国政府もその責任がないと完全に言い切れないのは事実だ。

1949年、米国は、戦犯国家日本が国際社会に復帰する手続きとしてサンフランシスコ講和会議を行うことにした。そこで、領土返還問題を議論したが、韓国と関連した事案では独島返還問題を除外した。米国は1949年12月29日、3部調停委員会の草案で、独島は日本領ということに決めた。この決定が出るまでには、駐日政治顧問ウィリアム・シーボルド［William Siebold］の役割が大きかったことが知られている。

その後、1951年9月8日、「サンフランシスコ講和条約」が調印され、翌年4月29日に発効した時、日本が返還することにした旧植民地の領土の中から独島は抜けていた。ディーン・ラスク米国防省極東担当次官補は、サンフランシスコ講和会議が開かれる1か月前の1951年8月10日に、独島は日本の領土だという内容をしたためた書簡を梁《ヤン》裕《ユ》燦《チャン》駐米韓国大使に送った。不思議なことに、韓国政府はこの重要な問題について米国に公式に抗議しなかった。その後、1951年9月8日、「サンフランシスコ講和条約」が調印された時、日本が返還することにした旧植民地の領土の中から独島が除外された。条約第2条a項には「日本は韓国の独立を認め、済州島、巨文島《コムンド》および鬱陵島をはじめとした韓国に対する一切の権利と所有権および請求権を放棄する」と明示されている。その後、独島の領有権が論議になった時、米国は過去に独島問題で自分たちが日本の言い分を聞き入れた事実と、韓国政府がそれに抗議しなかった事実を公開しなかった。つまり韓国政府が混乱に陥らないように配慮したのだ。韓米間にどんなやり取りがあったかは今もって明らかではない。

以後、日韓国交正常化論議の過程で独島が障害物になると、朴正熙は「韓日修好協商で障害物となった独島を爆破してなくしてしまいたい」と言い、当時の権力ナンバー2であり日韓国交正常化を水面下で推進していた金鐘泌は、独島の管理を第3国に委ねようと提案したりした。また、歴代大統領は国民に向かっては、独島が韓国の領土だと大言壮語して、さらには李明博《イミョンバク》大統領に至っては独島に上陸するショーまで行ったが、実際には米国と日本を含んだ国際社会に、独島が韓国の領土であることを知らせて説得する外交的な努力はしなかった。

韓国と日本の間の独島、日本とロシアの間の北方領土、中国と日本の間の尖閣諸島が紛争地域として残ることになったのは、多分に米国の意図が介入していると見られる。日本の元外交官孫崎享は、これはイギリスが植民地から撤収する時、いつでも独立国の間に紛争の種を残しておいた手法と同じであると指摘した。かれはイギリスが第2次世界大戦後、インドから撤収しながらカシミールを紛争地域として残してインド・パキスタン紛争の種をまいておいたことを代表的な例として挙げた。

「サンフランシスコ講和条約」の目的は、日本に植民地支配の責任を問うことではなく、太平洋戦争の責任を問うた後、日本を二度と外国を侵略できない平和国家にして、国際社会に復帰させることであった。日本はいうまでもなく、イギリスも敗戦国日本の領土だったという理由で韓国の会議への参加を強く拒否した。韓国政府は駐英公使尹致《ユンチ》昌《チャン》を通じてイギリスを説得しようとしたが失敗した。同じ時期に米国の対日講和条約特使は、日本側に韓国の参加を予告した。すると、吉田茂首相は、韓国が連合国側になる場合、大部分が「左翼」である在日朝鮮人によって日本に大きな混乱が起こるだろうと反対した。結局、当事者である韓国の意見を無視したまま、その後の日韓関係を左右する重要な内容が決定された。１９４８年以後、韓国内部で対立が深刻化して、１９５０年6月25日以後に南北間に戦争が繰り広げられた時、日本は、後に連合国が自分たちに物的賠償要求などをすることに備えて徹底的に準備をした。

　もちろん、朝鮮の指導者たちも８・15直後から対日賠償要求額を算定するなど、戦後日本の責任を問うための準備をした。１９４６年6月18日、朝鮮商工会議所が「対日賠償要求清算書」を米軍政に提出し、南韓の過渡期政府も対日賠償要求条件調査委員会を作った。１９４８年1月には、五つの対日賠償要求項目を決定して提出し、政府樹立後には対日賠償請求委員会を組織して対日賠償要求額を24億７６７６万ドルに確定した。しかし、このような試みはすべて戦争の砲火の中に消えてしまった。

　結局、南北コリアンたちは、朝鮮戦争で互いに必死になって戦ったために、対日歴史問題の清算に関して自ら不利益をこうむることになった。米国は、対ソ連防御のために急いでサンフランシスコ講和会議を進めた。つまり、日本に対して懲罰的な措置を取ろうとしていた計画を修正して、日本を「防共十字軍」に格上げして「自由」陣営の重要パートナーとして活用することに戦略を変えたのだ。もっとはっきり言えば、米国は「サンフランシスコ講和条約」を通じて、日本の戦争犯罪を断罪するどころか、日本を再び生き返らせようとした。米国はその条約を「民主主義国家間の友好と協力」と見なして、日本の経済回復と自立を最優先にした。結局、この会談を通して、日本が韓国など周辺諸国を侵略・支配したことを謝罪したり賠償したりする可能性はほとんどなくなってしまった。

米国の日本に対する肩入れを憂慮した李承晩大統領は、米国に日本の膨張主義を警戒しなければならないと警告した。しかし、北朝鮮の侵略で国家存亡の岐路に立たされた時、米国の絶対的な支援を受けていた韓国が、日本を東アジアの資本主義の砦にしようという米国の戦略にブレーキをかけ、日本の過去の過ちについて問いただすことは無理なことだった。かえって、李承晩大統領は1950年2月16日、東京に到着した時の声明で、「成長する共産主義の膨張から起こる共通の脅威に対しては、韓国と日本を団結させ過去の敵対感情を忘れて現在の混乱を解決しなければならない。反共が最も重要である。そのために必要ならば、日本との関係改善を積極的に受け入れよう」と語った。李承晩大統領は、サンフランシスコ講和会議に対する米国の立場を支持すると明らかにして、1951年1月26日には、日本との歴史問題に対して寛容的な態度をもっていると語った。「共産主義という共通の敵に対して韓日が団結しよう」という李承晩大統領の声明は、日本中心の東北アジア反共戦線を構築しようとしていた米国が言いたかったことを代弁したことになった。これによって、その後の独島問題や植民地の賠償問題における韓国の立場を決定的に弱体化させることになった。

南北が分断された上に戦争まで起こったことで、結局、日本は国際関係でも経済的側面でも起死回生した。朝鮮戦争は日本復活の最も重要な契機だった。

われわれは、独島を自分たちの領土だと言い張る日本に憤慨する前に、敗戦国日本の上に君臨して東アジアの国際秩序の枠を作った米国、そして8・15以後日帝残滓の清算をせず、内戦へと突入したわれわれ民族の愚かさを振り返らなければならない。

再び、ただより高いものはない

新しく誕生した国である大韓民国が日本など隣国に威厳をもって発言権をもとうとすれば、なによりも内部の植民地遺産を清算し、特に日帝に協力勢力を厳しく処罰して国家の基本になる正義を樹立しなければならなかった。それでこそ日本に謝罪や被害の賠償を要求することができる名分が立ち、以後、関係を回復して「良い隣人」としてつきあうことができるだろう。朝鮮戦争は、東アジアの反共戦線構築の必要性、すなわち米国が当初望んでいた通り、日本と韓国を再び結束させる必要性を呼び起こした。このような状況下で、韓国が米国の立場に逆らい、日本に過去の植民地支配に対する謝罪と賠償を要求するのはむずかしかった。

「サンフランシスコ講和条約」によって、過去に日本の植民地だったが、日本の降伏による解放ではなく、「分離」の過程を一度経験した国々、すなわち日本帝国が主権を「放棄」した地域に対して日本はいかなる賠償もする義務がなくなった。日本の賠償は、フィリピン、ベトナムなど太平洋戦争で日本と戦った功績が認められる「連合国」にだけ該当するもので、連合国として認められず、サンフランシスコ講和会議に招請されなかった韓国と台湾は該当しなかった。よく考えてみると、米国やイギリスも植民地をもっている帝国主義陣営だったから、日本に植民地支配の責任を取れという立場ではなかった。韓国が日本に賠償を要求しようとすれば、植民地支配の不法性と強圧性を国際社会に立証しなければならない。しかし、国際秩序は相変わらず日本と同類である旧帝国主義国家が左右していたから、仮に、韓国が徹底的に準備をしたとしてもその声は伝わらなかったかもしれない。

李承晩政府も日本の朝鮮支配は不法だという前提で強制動員の被害者の「対日賠償要求調査」を作成した。しかし、すでに米国が、8・15以前の朝鮮の人びとは、統一された亡命政府の指揮を受けて武装闘争を行わなかったと判断したために、朝鮮は連合国の資格で講和会議に参加できず、当然に賠償を受ける権利もなかった。南北の単独政府の樹立、朝鮮戦争、「サンフランシスコ講和条約」、「韓米相互防衛条約」に至る一連の流れは、米国の東アジア政策に従って進められたために、反共戦線の尖兵である韓国政府が独自に日本と交渉する余地はほとんどなかった。過去に帝国主義だった西側諸国は、韓国人はもちろん、旧植民地の人びとがもっていた民族的憤怒や屈辱感、過去の植民地支配に対する謝罪と賠償要求を理解することができなかった。

講和条約が締結されて、在日朝鮮人たちは突然日本に不法滞留する身の上になった。日本が国民総動員時に徴用された人びとの「戦傷病者戦没者遺族等援護法」を制定した時も、朝鮮人は日本国籍を剝奪されたために、いかなる補償も受けることができなかった。朝鮮出身の日本軍兵士と軍属たちは、戦線では連合軍に捕まり戦犯として処罰され、日本本土では日本人ではないとして捨てられた。

日本は、米国が確実に自分の側だと確信すると、もうこれ以上朝鮮支配に罪責感を感じる必要がなくなった。すぐに、日本の政治家たちの妄言が続いた。日韓交渉団主席代表の久保田貫一郎は、1953年10月6日から始まった第3次日韓会談の財産および請求権委員会の席上で、「日本は朝鮮で36年間鉄道を敷設し港湾を建設した」と、日帝の支配が韓国人に利益があったと語った。そうして、「もしも韓国が被害の補償を要求したら、日本は韓国に残して置いてきた全資産の返還を要求する」という妄言をぶちまけた。

歴代の韓国政府は日本の主張に対して効果的に反駁しただろうか？　1957年に日韓会談が再開された時、日本は8・15以後朝鮮の地に置いてきた30〜40億ドルの財産を返還しろと要求した。李承晩政府は、日本に強制動員された人びとの賃金、略奪していった金と文化財など総額80億ドルを賠償しろと対抗した。しかし、それは実現の可能性もないこけおどしに過ぎなかった。日本の自民党保守派や大多数の政治家と知識人たちは、日本の朝鮮併合が道徳的には問題があるかもしれないが、不法ではなかったという立場をはっきりと取っていたからである。

一方、韓国政府は強制併合の不法性をはじめとして、徴用、徴兵で引っ張られた人びとがいかなる被害を受けたのか、何人が引っ張られて行ったのか、どの程度の賃金を受け取れなかったかなどについての資料を準備できず、そのためそれを根拠に話し合いを進める能力もなかった。李承晩政府がすでにスタート時点から独立運動家たちを排除し、自由党と閣僚のほとんど全員に日帝協力者を起用した状況であったから、日本に対して威厳や外交力を発揮することができなかったのは当然のことだった。

無責任な韓国政府

１９４９年から東アジアの地域統合を推進していた米国としては、日韓両国の国交を正常化させることが課題だった。１９５１年、日韓の交渉が始まった時から米国は背後から強力に両国に圧力をかけた。１９６０年に４・19革命で李承晩という厄介者が除去され、１９６１年に５・16軍事クーデターが起こると、日韓交渉は拍車がかかった。米国は５・16軍事政権をあらゆる面から圧迫して、日韓国交正常化を成立させようとした。米国のリンドン・ジョンソン［Lyndon Baines Johnson］大統領は、朴正熙大統領に日韓国交正常化が東北アジアの安全に大変重要な寄与をもたらすと強調した。かれはその後、日韓会談に対する大学生と政治家たちの反対のデモが起こると、野党指導者の尹潽《ユンボ》

梨の花一輪

梨の木舎　〒101-0061 千代田区神田三崎町 2-2-12 エコービル１階　T.03-6256-9517 F. 03-6256-9518　info@nashinoki-sha.com

2020年3月25日（水）

2月15日(土)（こんなんで余白を埋める? と思いつつ）
午前中：小夜さんの原稿入力する。いつ校正ゲラが出るの? と聞かれて、ドキリ。ごめんなさい。ほんとうにお待たせしてる、まずい。だけれど、サボっているわけではない。つまり、容量オーバー、あふれている。ちなみに小夜さんの新しい本は、

『新装増補版　慈愛による差別――天皇制と教育勅語』（仮）です。3月中には出します。
午後2時：組版の永田さんに、できたところまでを渡して、あと残りは「お願いします」m (_ _;) m
午後4時：永福町で正子さんと待ち合わせ。ふじゑさんをお家まで迎えに行って、駅近くのCAFEで、3人でおしゃべり。私は地ビールみちの蔵とスパゲッティ。みちの蔵。苦味があってコクがある。
午後5時40分：ふじゑさんと駅でさよなら。何回も手を振って、振り返るとまだ手を振って。にこにこしている。
池袋駅東口発佐久インター行高速バス、18時40分発に乗る、1分すぎ、運転手さんは、待っていてくれた。際どい滑り込み。

佐久の我が家着は22時、真っ暗。たぬきがみている。
「ただいま!」石油ストーブ点けて、薪ストーブ点ける。中国製3年前にJAで買った薪ストーブに、新聞紙一枚をくっしゃとさせた上に、山から拾ってきた松葉と枯れ枝とを置き、マッチ1本でつける。お風呂にお湯を溜めながら、ストーブの前で火がボーボーいうのを眺める。ようやくささやかな一瞬。

しかし暖かい。例年なら、零下10度の台所が、今日はプラスの2℃。南極の氷河が溶け落ちる映像が頭のなかに広がる。ストーブの上に、フライパンを乗せて、お正月の残りの冷凍の塩鮭とよもぎ餅を冷凍のママいれて、長ネギをゴリゴリ切り入れ、お味噌をのせて蓋をする。チロチロ上がる橙色の炎。フライパンがジュージューいってきたから、そろそろ食べられる。残りの白ワインと。

時計は深夜12時：石油ストーブにかけたやかんのお湯を湯たんぽに入れてお布団に入れる。足元が温まった布団に入るのは極楽。ユリ子さんがいつも言っていた。お布団に入りながらーああ極楽極楽。いつものように本を読む。いつものように、いつの間にか眠りに落ちる。

2月16日(日)朝、9時45分のバスに乗る。

『韓国現代史の深層』
ISBN978-4-8166-2002-7
定価：2800円＋税

傷ついたあなたへ 2　2刷

——わたしがわたしを幸せにするということ

NPO法人・レジリエンス 著

◆ロングセラー『傷ついたあなたへ』の2冊目です。Bさん（加害者）についてや、回復の途中で気をつけておきたいことをとりあげました。

◆あなたはこんなことに困っていませんか？　悲しくて涙がとまらない。どうしても自分が悪いと思ってしまう。明るい未来を想像できない。この大きな傷つきをどう抱えていったらいいのだろう。

978-4-8166-1003-5
A5判　並製/86頁
定価1500円＋税

傷ついたあなたへ　6刷

——わたしがわたしを大切にするということ

NPO法人・レジリエンス 著

◆DVは、パートナーからの「力」と「支配」です。誰にも話せずひとりで苦しみ、無気力になっている人が、DVやトラウマとむきあい、のりこえていくには困難が伴います。

◆本書は、「わたし」に起きたことに向きあい、「わたし」を大切にして生きていくためのサポートをするものです。

978-4-8166-0505-5
A5判　並製/104頁
定価1500円＋税

マイ・レジリエンス　3刷

——トラウマとともに生きる

中島幸子 著

DVをうけて深く傷ついた人が、心の傷に気づき、向き合い、傷を癒し、自分自身を取り戻していくには長い時間が必要です。4年半に及ぶ暴力を体験し、加害者から離れた後の25年間、PTSD（心的外傷後ストレス障害）に苦しみながらうつとどう向き合ってきたか。著者自身のマイレジリエンスです。

978-4-8166-1302-9
四六判/298頁
定価2000円＋税

むし歯ってみがけばとまるんだヨ　5刷

——削って詰めるなんてもったいない！

岡田弥生 著

本書は歯の育児書です。「むし歯はとまる、とまっていれば大丈夫！」杉並区で20数年間健診医をつとめた岡田先生が、お母さん、お父さん、おばあちゃん、おじいちゃんへ伝えるむし歯で削らないためのスキルとインフォメーション満載。

◉目次　むし歯には自然治癒がある！／がんで死なない、むし歯で削らないを目指しましょう／きょうだい関係とむし歯／甘いものは上手に摂りましょう 等

978-4-8166-0802-5
四六判/192頁
定価1500円＋税

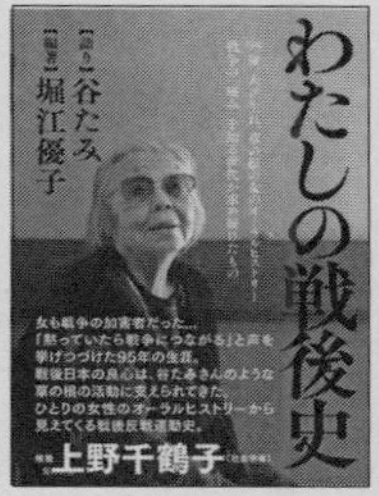

わたしの戦後史

——95歳、大正生れ、草の根の女のオーラルヒストリー
戦争の「痛み」を知る世代が求め続けたもの

谷たみ 語り／堀江優子 編著

◉目次 1人生の出発点／2堀川愛生園の子どもたちと暮らす／3戦争責任を考える／4入管体制・国籍法の問題に関わる／5「アジアの女たちの会」での活動／6「慰安婦」問題に関わる／7脱原発運動、平和と人権

【推薦】上野千鶴子——女も戦争の加害者だった…「黙っていたら戦争につながる」と声を上げ続けた95年の生涯。

978-4-8166-2001-0
A5判／247頁
定価2600円＋税

文玉珠 ビルマ戦線 楯師団の「慰安婦」だった私

語り・文玉珠／第16回 山川菊栄賞受賞
構成と解説・増補版解説 森川万智子

増補版は、森川さんの3回のビルマ取材と新資料「朴氏の日記」によって、文さんの足跡をさらに裏付ける。——日本軍は、「戦争遂行のために、もっとも蔑んだ形で女性を軍人にあてがった」（著者）

◉目次：1大邱に生まれて／2「満州」東安省へ／3南の国へ／4マンダレーの日々／5最前線へ／6地獄に近い島・アキャブ／7退却ープローム、そしてラングーン／8軍法会議／9解放、母のもとへ／解説・増補版に寄せて

[新装増補版]
2刷
978-4-8166-1501-6
A5判 /266頁
定価2000円＋税

しゃべり尽くそう！私たちの新フェミニズム

望月衣塑子・伊藤詩織・三浦まり・平井美津子・猿田佐世 著

◉目次 言葉にできない苦しみを、伝えていくということ・伊藤詩織／女性＝アウトサイダーが入ると変革が生まれる—女性議員を増やそう・三浦まり／「先生、政治活動って悪いことなん?」子どもたちは、自分で考えはじめている—慰安婦」問題を教え続けて・平井美津子／自発的対米従属の現状をかえるために、オルタナティブな声をどう発信するか—軍事・経済・原発・対アジア関係、すべてが変わる・猿田佐世

978-4-8166-1805-5
四六判 /190頁
定価1500円＋税

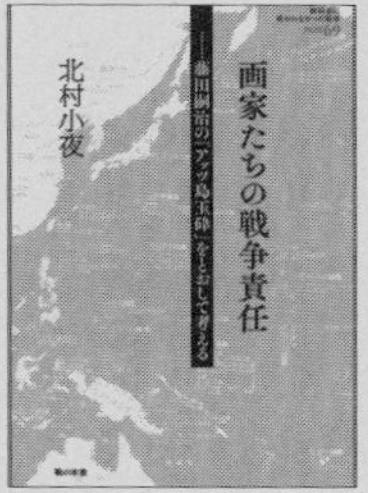

画家たちの戦争責任

——藤田嗣治の「アッツ島玉砕」をとおして考える

北村小夜 著

作戦記録画は、軍が画家に依頼して描かせた。画材も配給された。引き受けない画家もいた。1943年のアッツ島玉砕の後、藤田の「アッツ島玉砕」は、国民総力決戦美術展に出品され全国を巡回した。東京の入場者は15万人、著者もその一人で、絵の前で仇討ちを誓ったのだった。

◉目次 1戦争画のゆくえ 2そのころの子どもは、親より教師より熱心に戦争をした 3戦争画を一挙公開し、議論をすすめよう！

978-4-8166-1701-0
A5判/140頁
定価1700円＋税

明治学院大学でのシンポジウム、『戦後東アジア秩序と戦争責任・植民地支配責任』内海愛子・基調講演、阿部浩己・コメンテーター、司会 鄭栄桓。

このシンポの問いかけは、本書『**韓国現代史の深層**——「反日種族主義」という虚構を衝《つ》く』と通底すると思った。

著者金東椿は、「日本の読者の皆さまへ」で言う。「多くの日本人は、韓国政府は日本と結んだ外交的な約束を守らないと考えているが」、「韓国人は、合法性と正当性が欠如していた日本の過去の韓国政府と日本との秘密協約は、それ自体が無効だと考えている」と。

「反日種族主義」の著者たちは、植民地支配の責任は問わない。徴用工の強制連行とか「慰安婦」への動員による人権侵害などは問題にしないし、いうほどの奴隷状態には置かれていないと例を挙げて主張する。日本人には耳障りがよい、これが、何十万部の販売を作り出す。歴史修正主義者の金に飽かせての大プロパガンダ。

阿部さんの発言、「戦犯裁判の意味は、法の正義の実現であり、戦後補償裁判の意味は、極東裁判の再審理(これは内海さんが言ったらしい)だ」。

「裁判は正義の回復であるとともに儀式」であり、だから取り残されたものがたくさんある。では、何が取り残されたのか。ジェンダーと植民地支配の問題である。

95年頃(?)から、国際法において、人権は普遍的と言われるようになった。人権は、場所を超えるだけでなく、時をも超える。過去の国際法の解釈を変えていく。

慰安婦問題、徴用工問題、植民地支配そのものが問われる。過去にさかのぼって問われる、ということなのだ。不正義に向き合い、処罰することが必要だということが世界的な潮流になっている。さて、日本社会や韓国社会で、受け入れられるようになっているか。これが阿部さんから登壇者への質問だった。

2月19日：今日も朝8時から、参議院議員会館で(B103会議室)沖縄等米軍基地問題議員懇談会　が開かれた。(石橋通宏　事務局長　近藤昭一会長)いつも、ひっくり返りそうな質疑を目の前にしている。

この日主に問題になったのは、辺野古新基地工事の、B27地点と言われるところの地盤調査について。70m以下90mのところにも軟弱地盤があるという調査結果が出されていたが、それを防衛省は、「業者が船上で簡易にやったもので、不安定で採用できない」とした。しかし専門家の意見は、B27の70〜90mの地盤は、水分を多く含んだ粘土質で、このままでは「円弧滑り作用耐力比」というものが間違いなく「1」になる。つまり飛行場の安定性は確保できないと。様々な問題がつぎからつぎへと出てくるのに、これを言いつくろいと、「お答えは差し控えさせていただきます」で拒否を連発する官僚。ひっくり返りそう。

(はた)

善《ソン》*に米国の立場を伝えた。

クーデターによって政権をとったために、正統性が脆弱だった軍事政権は、経済開発に全力を注いだが、それには資金が必要だった。結局、韓国の実力者金鐘泌と日本の大平外相が秘密裏に会って、日本から「請求権資金」という名前で3億ドルの無償借款、2億ドルの有償借款（長期低利の海外協力資金）、1億ドルの産業借款を受けることであらまし合意した。この協議は、その後韓国人被害者個々人が日本政府や企業相手に訴訟をして賠償を受けることができる可能性の障害となった。朴正熙は、「過ぎた日の感情から抜け出て、自由陣営の固い結束のために決断を下さねばならない」と言って交渉を強行した。

結局、李承晩政権と同じく朴正熙政権も、自分たちの政治的必要と国民たちの豊かに生きようという熱望に便乗して、米国の東アジア政策、すなわち韓国を日本の経済成長のためのヒンターランド、下請け基地に編入しようという政策を受け入れた。このように、韓国政府は日韓関係において未来に提起される多くの未清算課題を深く検討する余裕もなく、当面の経済開発資金確保の道を選択したのだ。

長ったらしい交渉の末に、両国は１９６５年６月22日「大韓民国と日本国間の基本関係に関する条約」と「大韓民国と日本国間の財産および請求権に関する問題解決と経済協力に関する協定」を締結した。その結果、日本は無償3億ドルと有償2億ドルの借款を韓国に提供することになった。日本は韓国に提供した5億ドルを「経済開発支援金」

*尹《ユン》潽《ボ》善《ソン》（１８９７〜１９９０）
１９６１年のクーデター後の民政移管後初の大統領選挙（63年）では朴正熙と争ったが僅差で敗れた。その後、反朴勢力の重鎮として民主化運動に貢献した。

もしくは「独立祝い金」と説明したが、一方韓国は請求権問題が解決されたものと解釈した。実際、その金は日本が朝鮮を支配した過去の歴史に一段落つけることを意味した。

朴正煕政権の経済開発の主役たちは、浦項《ポハン》総合製鉄*の成功を例にとって、請求権の資金が第2、3次経済開発計画に有効で適切に用いられるなど韓国の経済発展に大きく寄与したと評価した。他国から協力資金を受けた国々が、すべて韓国のように経済成長を成し遂げたのではないので、同意できる部分もある。しかし、朴正煕政権が拙速に日韓国交正常化を断行した後、日帝植民地体制の下で韓国人たちが受けた被害に対する補償は韓国政府の責任になった。しかし、在日同胞の法的な地位、朝鮮人原爆被害者、サハリン同胞問題などが続けて提議されたが、歴代の韓国政権は問題解決にいつも消極的であり一貫して避け続けた。

1987年、韓国では軍事政権が倒され、1989年にソ連・東欧の社会主義が崩壊して、国際的には冷戦が終息して新しい局面が開かれた。慰安婦ハルモニたちが相次いで証言して、日韓の市民社会で、日本の謝罪と賠償を要求するなど対日歴史問題について再び問題にしなければならないという要求が提起された。1965年に結ばれた日韓協定に対する批判が大きくなり、日本でも1993年8月、河野洋平官房長官が日本軍慰安婦の強制動員についての日本軍の責任を認めた。河野官房長官は、「慰安所は当時軍当局の要請によって設置されたものであり、慰安所の設置・管理および慰安婦の移送に関しては旧日本軍が関与した」と発表して、慰安婦被害者たちに謝罪と反省の気持ち

＊浦項《ポハン》総合製鉄

設立は1968年。対日請求権資金などの資金導入と、新日本製鉄の技術供与で急速に発展し、その後の韓国経済に大きく貢献した。2002年に社名をポスコ（POSCO）と変えた。

を申し上げると語った。1995年8月15日には、村山富市首相が日本の植民地支配でアジアの人びとに損害と苦痛を与えたという談話を発表した。

しかし、後に日本政府は日帝末期の戦時状況の中で、慰安所を設置して強制的に朝鮮人女性を慰安婦に動員した事実を公的に認めなかった。当時、民間業者がこれらの動員に関わった点を強調して国家次元の責任を否定した。1965年当時、この問題が一段落したという事実を知っている韓国政府は、日本の政治家たちの植民地支配を正当化する発言、韓国人に対する無視・誹り発言、そして歴史問題に対する否定をきちんと批判するよりは、3・1節や8・15光復節に、恒例行事のようにこけおどしの文句を並べるだけだった。

慰安婦ハルモニたちをはじめ、日帝に強制動員された被害者の家族たちは、「率直に言うと、韓国政府にもっと腹が立つ。韓日協定の時受け取った金で経済は発展したが、政府は強制動員の犠牲者を称える追慕施設やかれらが経験した痛みを癒すことができる施設を用意しなければならない」と要求した。結局、2004年、盧武鉉政府は強制動員委員会など対日歴史問題清算のためのいくつかの政府機構を作り、政府次元の調査結果を基に、強制動員された者たちに対する補償を実施するなど若干の進展があった。

日本は、植民地支配など過去の過ちに全く罪責感を感じず、歴史問題についての謝罪と賠償を拒否している。米国をはじめとした国際社会はもちろん、被害者である韓国ですら植民地支配の不法性を主張しない状況下では日本としては当然な態度であろう。

日本の親韓派は誰なのか？

１９６５年の日韓国交正常化以後、日韓間の経済交流は日本帝国主義の戦犯、極右勢力と韓国人パートナーが新しく癒着する過程である。１９６５年当時、日韓会談を担当した韓国側代表は、日帝の植民地時代に警察官僚として日本に協力して、徴用者たちの抵抗を密告した金東祚《キムドンジョ》*であった。かれはこの交渉に寄与した功労で、初代駐日韓国大使として赴任した後、日本の政治家たちに賄賂を贈った買収屋として在日朝鮮人の間で悪名を轟かした。

一方、米国の反共戦線構築政策に従って首相になった岸信介や日本船舶振興会会長の笹川良一*らは親韓派として知られていたが、実は彼らは過去の戦犯たちである。かれらは、戦後親米・反共人士に変身した後、日韓国交正常化の裏で実力を発揮した。笹川は韓国の学者たちの研究を支援する財団を立てたりもした。１９９５年延世大学の宋梓《ソンジャ》総長は、日韓修好30周年を記念してかれから「韓日協力研究基金」をもらった（当時75億ウォン規模）。それが「アジア研究基金」という名前で教授たちの研究活動を支援した。その後も韓国の多くの団体と個人がかれの支援金を受けた。

日本経済界の実力者瀬島龍三*は、１９６５年の日韓会談、１９８３年の中曽根康弘総理の訪韓など日韓外交史の重要な局面のたびに裏で活躍した。かれは、第二次世界大戦には、日本の満州軍参謀として参戦した。朴正熙元大統領の直接の上官であり、朴正熙

＊金東祚《キムドンジョ》（１９１８〜２００４）
１９４３年に九州大学を卒業したが、在学中に高等文官試験に合格、日本の厚生省、内務省に勤務した。

＊笹川良一（１８９９〜１９９５）
衆議院議員、国際勝共連合名誉会長などを務めた。「右翼のドン」と呼ばれた。

＊瀬島龍三（１９１１〜２００７）
陸軍軍人。実業家。戦後は伊藤忠商事会長。中曽根政権のブレーンとして、政財界に大きな影響力をもった。「昭和の参謀」と呼ばれた。

が最も尊敬する人物でもあった。かれは、自叙伝で韓国の植民地化を当然な措置だと主張して、太平洋戦争を「自衛戦争」と規定した。かれは、朴正熙・全斗煥・盧泰愚《ノテウ》政権に実力を大いに発揮して、日本の商工会議所の特別顧問などの肩書で青瓦台をなんと15回も訪問した。

日本の親韓派の人たちの大部分は、過去に日帝の周辺国家への侵略を正当化する「新しい歴史教科書を作る会」を後援したり、その一員として積極的に活動をしたりした極右派であった。日本の戦争犯罪勢力は、1960年代以後、韓・米・日を連結する反共連盟の主役であり親韓派として知られているが、実際には韓国人を最も蔑視した人びとであった。久保田妄言に現れたように、日本の右翼政治指導者たちは、植民地支配が韓国の発展に肯定的に作用したと主張する。かれらは、1945年の日本の降伏が朝鮮の独立を意味することはなかったととらえ、中国に対しては若干の罪の意識があるが、韓国に対してはほとんど罪の意識はない。

統一教会の文鮮明が日本に来て、1967年世界反共連盟、1968年国際勝共連合を創設した時、かれら極右勢力もその発起人になり、反共というヒモでつながり一緒に行動したのだ。2005年に公開されたCIAの極秘文書では、笹川、極右勢力の巨頭児玉誉士夫、読売新聞社長正力松太郎、岸信介元首相などが、北朝鮮と中国に対する情報収集と日本共産党に対する監視・牽制活動をしてきたことが暴露された。かれらは、1948年東条英機が処刑された次の日、全員不起訴処分で釈放されて米国の反共政策に協力する任務を成し遂げた。

この反共連帯のために、在日朝鮮人、強制動員朝鮮人、慰安婦の女性たち、原爆被害者など日帝植民地支配の被害者たちの問題が追いやられてしまった。特に、在日朝鮮人を国籍のない難民にしたことは、南北の分断であり李承晩政府だったが、朴正熙・全斗煥政府はかれらに大韓民国に忠誠を尽くすことを要求する一方で、共産主義が合法である日本に暮らして北朝鮮を往来したという理由で査察・監視をしたり、時には間諜として扱ったりした。

歴代大統領は、日本の首相らの妄言や歴史問題の否定に対して攻撃的な声明を出すには出したが、それは韓国の国民たちの痛みと民族主義の感情を政治的に利用するためのジェスチャーのようなものだった。かれらが対日歴史問題を不問に付す政策を選んだのは、米国の東アジア政策の枠に逆らうことができず、またそうする意志もなかったためである。1951年からの対日交渉で、韓国政府が植民地支配に対する被害補償を日本に公式に要求したことはただの一度もなかった。日韓関係は、いつでも国内用と国外用が別々に存在したのだ。

日本との歴史問題を清算することは、米国の心のうちを最も重要に考える韓国の立場では、初めから成し遂げられない課題だったのかもしれない。日韓「友好」の主役である岸信介など日本の指導者たちは、過去の日本帝国主義の先頭に立ってアジアを侵略した者たちであり、かれらと「親しかった」韓国人は朴正熙など大韓民国の最高権力者たちだった。対日歴史問題が相変わらず清算されないまま残った理由は、一義的には米国の政策と反省のない日本のせいであるが、歴代の韓国の大統領と政治家たちが自ら招いた部分もある。

日本は、日韓強制併合100年を2年後に控えた2008年から植民地支配を正当化する作業を大々的に繰り広げた。それに反対して李明博政府は、日本政府にさらなる謝罪をせねばならないと伝えたほかには、いかなる準備も対応もしなかった。むしろ、日帝の植民地支配が韓国の資本主義の発展に寄与したというニューライト知識人たちを積極的に起用したり、かれらの主張を受け入れたりして、また8・15光復節を建国節に変えていわゆる「左偏向」教科書を改編しようとした。

日本の安倍首相は、2015年「戦後70周年」談話で慰安婦問題については「戦時下、多くの女性たちの尊厳や名誉が深く傷つけられた」と言及したが、侵略に対しては「力の行使によって困窮の解決をしようと試みた」という表現を使って、日本が朝鮮と中国を侵略したという点を認めなかった。それでも朴槿恵大統領は、この談話について「謝罪と反省を根幹にした歴代内閣の立場が今後も揺るぎないものであり、それを国際社会にはっきりと明らかにした点を注目する」と肯定的に評価した。韓国政府と違い中国政府は、外交部の公式論評を通じて「軍国主義侵略戦争に対して真の謝罪をしろ」と迫った。中国政府はいうまでもなく、日本のマスメディアも批判する安倍の談話を、肯定的に評価した韓国大統領の光復節発言をどう受け入れるべきだろうか?

3章　「闘いながら働いて、働きながら闘え」——近代化の影

復活する植民統治　朴正煕の維新とその後
——満州人脈／維新憲法／公安統治

ロッテが韓国に進出したのは、産業化の始まりと同時だった。1965年、日韓国交正常化を契機に韓国に進出した。1967年に設立されたロッテ製菓が韓国ロッテの出発点である。(……)韓国でははるかにチャンスが多かった。ロッテの進出と産業化の始まりが重なる。政府は資本に飢えていて、外資誘致のためならば、どんな特恵でも与える準備ができていた。その上、5・16軍事クーデターで、いわゆる「満州人脈」の後輩たちが権力を握った。朴正煕元大統領は、満州・関東軍の下級将校出身である。ロッテの辛格浩《シンギョコ》*会長と大変親しかった岸信介は、満州国の高級官僚出身である。要するに、辛格浩は朴正煕の「満州人脈」の先輩と大変親しい間柄だった。最高権力と通じる人脈まで確保したわけだ。韓国ロッテは、韓国経済の急激な成長曲線に乗ってともに上っていった。

「ロッテ辛東彬《シンドンビン》はどうやって兄を負かしたか?」『プレシアン』
2015年8月17日

*辛格浩《シンギョコ》(1922〜2020)
慶尚南道蔚山出身の在日韓国人一世。ロッテグループ創業者統括会長。次男辛東彬は、韓国ロッテグループ会長。

満州人脈と10月維新

米国の韓国現代史研究者ブルース・カミングス*［Bruce Cumings］は、韓国軍と人民軍がぶつかった朝鮮戦争を、1930年代末に満州で繰り広げられた朝鮮人出身の日本軍と、これに立ち向かった同じ朝鮮人の抗日ゲリラ勢力との闘いの第2ラウンドだ、と語る。休戦後、再び20余年が流れた後、1970年代10月維新を主導した人物もやはり若い時代には満州を牛耳っていた日帝の軍人・官僚だった。日帝の満州経営の歴史は、一世代を越えて大韓民国で繰り返された。

日本人は、1930年代の満州を帝国経営の栄光の時代として記憶する。植民地統治時代に一儲けして出世しようとする、日本の「小作管理人」を自任した朝鮮人たちにとっても、満州は富と権力と地位のすべてを手に入れることができる絶好の場所だった。

おまえらは知らない。おれが長い刀を差して大将になって戻ってきたら、郡守よりもっとえらいんだ。

姜峻埴《カンジュンシク》「朴正熙」『月刊中央』2010年10月

これは、大邱師範学校を卒業して小学校教師として赴任した後、日本人に無視されていた朴正熙が、日本軍将校養成機関である満州の新京軍官学校に向かう時に言った言葉だ。かれにとって軍人の刀は権力の象徴であり、日本人たちに無視されないで生きていく手段だった。かれは軍官学校を最優秀の成績で卒業して日本の陸軍士官学校に編入さ

*ブルース・カミングス（1943〜）
米国の歴史学者。主な著書に『朝鮮戦争の起源1 1945年―1947年解放と南北分断体制の出現』『朝鮮戦争の起源2 1947年―1950年内戦とアメリカの覇権』がある。

れた。卒業した後、8・15まで抗日独立軍を討伐していた日本の関東軍将校としての任務に従事した。

10・26*以後、全斗煥が権力を掌握した1980年前後に国務総理を務めた申鉉碻《シンヒョンファク》は、1943年京城帝国大学在学時代に弱冠23歳で日本の高等文官試験行政課に合格した。かれは、朝鮮人の高等文官合格者として初めて東京の中央官庁の中の一つである商務省に勤務した。8・15以後、同郷である慶尚北道出身の政治家張沢相の勧めで、1951年商工部工業局の工程課長に就いて大韓民国の官僚になった。かれは李承晩に日帝独占期の官吏として行政業務経歴と実務処理能力を認められて復興部次官を任され、その後復興部長官になり経済開発計画を立てた。

4・19革命で李承晩政権が倒れると、かれは3・15不正選挙の嫌疑で2年間刑務所生活を送った。その後、民間企業などで働いたが、1973年に同郷慶北出身の企業家の金成呻《キムソンゴン》の推薦で共和党公認を受けて国会に進出した。1975年末に保健社会部長官、1978年には朴正熙政権の経済政策を総括する経済企画院*長官兼副総理に任命された。1979年12・12クーデターで実質的に権力を掌握した全斗煥の新軍部は、すぐさま内閣を改造すると申鉉碻を国務総理に任命した。

申鉉碻は、李承晩政権から朴正熙政権まで何回も起用され、政府の経済政策の頂点まで上った大邱慶北圏の中心人物であり、政治官僚、企業エリート中のエリートだった。かれは新軍部が政権を掌握した1980年に憲法改定審議委員会委員長を務め、全

＊10・26
1979年10月26日、朴正熙大統領が中央情報部部長金戴圭に殺害された事件をさす。

＊経済企画院
1961年設立。経済政策を企画・総括していた政府機関。1994年には財政経済院に統合され、1998年には財政経済部と改称された。

斗煥の第5共和国憲法を追認して1981年から1988年までは国政諮問委員会委員を務めた。日帝強占期以後、日の当たるところにだけいて専門官僚の役割をしたわけではなく、10月維新と12・12クーデター、光州虐殺と第5共和国という韓国現代の最も暗かった時代の主役だった。そのような申鉉碻に2000年ソウル大学法科大学同窓会は、「誇らしいソウル大法科大学人」賞を与えた。ソウル大法科大学は日帝植民地の代理人養成機関であった京城帝国大学の後進であると自ら認めたことになる。

「安全保障」と「経済」——この二つが、日帝が敗北してから実に30年が過ぎた時点まで、申鉉碻が大韓民国の最高官僚の地位を享受した大義名分だった。1980年3月11日、アジアおよび米州の公館長会議に参加した申鉉碻は、「政治はわが国内でわれわれだけで集まって論議してどうにかやり遂げることができる問題です。安全保障はそうはいきません。経済もそうはいきません。われわれの思う通りにはできません。総力を傾けてもうまくいくかいかないかという問題です」と明言した。日帝が日本と朝鮮の貧しい青年たちを戦争の焚きつけにした論理がまさに「国防」だった。その時代に日帝の関東軍下級将校だった朴正煕が、その後大韓民国の大統領になって、1972年10月17日維新憲法を宣布した。大統領ただ一人の永久独裁体制を樹立した時打ち出した論理がまさに「安全保障」、「経済」、「効率」だった。かれらには、忠誠を誓わなければならない国家が日本であっても韓国であっても、重要ではなかったのかもしれない。

ただ一人のための国

国家の経営で安全保障と経済が重要なことは事実である。しかし、ほとんどすべての国で「安保危機」は、既存体制や権力の危機に関わって強調された場合が多い。つまり、権力者の好みに従って誇張され、公安機関やメディアによって大げさにされる。ドイツのヒトラー、スペインのフランコ、チリのピノチェト、中華民国の蔣介石は「安保危機」と「経済」を名分にして権力をつかんだ。維新憲法を宣布した朴正熙は「能率を極大化しようと言って、最高に能率的な政府は議会や市民社会の討論の機会をなくし、政治的反対を黙殺して、権力者一人の命令のまま一糸乱れず動く政府である、とした。この点で、実際の戦闘現場と経済「戦争」での「能率」は、同一の論理構造をもっている。

ファシズムと全体政治は、信念と主体的判断力をもった人物を好まず、命令が下されれば文句を言わずに機械のように動く役人を好む。李承晩と朴正熙が起用した最高位官僚たちもやはり過去に日帝に忠誠を誓った人びとである。李承晩の下野直前の最後の閣僚12人中独立運動の経歴がある人物はただの一人もいなかった。大部分が総督府や企業で仕事をしていた人物である。李承晩政権時代に起用された閣僚や自由党の中心人物の中で、抗日運動をして投獄されたり苦難を受けたりしたのは誰一人としていない。

朴正熙政権もほとんど同じだった。日本軍の大尉出身である朴正熙のもとで、日本軍の下士官出身の李厚洛《イフラク》*が権力ナンバー2である中央情報部長を務めた。国会議長の丁《チョン》

*李厚洛《イフラク》(1924〜2009) 1961年5・16軍事クーデター後、大統領秘書室長を経て中央情報部部長などを歴任。73年の金大中拉致事件に関与したことが米国の外交文書で明らかになった。

一権《イルクォン》は、朴正熙の満州軍官学校の先輩で満州軍の将校であり、国防部長官の徐鐘喆《ソジョンチョル》は日本軍将校の出身である。大法院長の閔復基《ミンボッキ》は、中枢院副院長を務めた閔丙奭《ミンビョンソク》の息子であり、日帝の高等文官試験に合格した後、独立運動家たちの裁判をしたこともあった。

4・19革命直前、李承晩政府の閣僚

職責	人物	日帝強占期の職業など
外務部長官	崔奎夏《チェギュハ》	満州国修習官僚
内務部長官	洪璡基《ホンジンギ》	朝鮮総督府司法官試補
財務部長官	宋仁相《ソンインサン》	殖産銀行勤務
法務部長官	権承烈《クォンスンニョル》	弁護士
国防部長官	金貞烈《キムジョンニョル》	日本陸軍大尉
文教部長官	崔在裕《チェジェユ》	医師
復興部長官	申鉉碻《シンヒョンファク》	日本商務省勤務
農林部長官	李根直《イグンジク》	江原道原州郡守
商工部長官	金永燦《キムヨンチャン》	朝鮮銀行勤務
保健社会部長官	孫昌煥《ソンチャンファン》	医師
交通部長官	金一煥《キムイルファン》	満州国陸軍大尉
逓信部長官	郭義栄《クァクウィヨン》	朝鮮総督府忠清北道商務課長

「維新」という用語も日本の明治維新からきたものだが、朴正煕の維新体制を支えた「反共法」や緊急措置など各種の命令や措置もやはり１９３０年代半ば以後、かれらが経験した満州のいつもの戒厳状態をそのまま踏襲したものである。朴正煕政権、特に維新体制を支持していた宗教指導者たちは、日帝時代末に神社参拝を受け入れて戦争を支持するなど日帝に協力していた人びとである。

一方、李承晩・朴正煕政権時期に、抗日運動家とその子女たちの生活は悲惨だった。臨時政府の国務委員を務めた車利錫《チャリソク》氏の長男チャ・ヨンジョ氏は次のように語る。

李承晩と朴正煕親日政権になって、独立運動家とその子孫たちは弾圧を避け、外国へ逃げたり息を殺したりして暮らさなければならなかった。私は東巌《トンアム》（車利錫の号）の息子だという事実を隠して生きた。母は車氏の姓から2画減らして申氏に変えて小学校に入学させた。車氏ではなく申氏として生きなければならなかった悲劇的な人生は19歳でやっと終わった。（……）幼かった時は門前の乞食をして飢えをしのいだ。小学校6年の時、母が中風で倒れて学業を中断してアイスキャンデー売り、旅館のボーイ、大衆食堂の出前などどん底の生活を転々とした。国家の報勲政策*が始まった後は、韓国電力の検針員として仕事をしたが、中東リビアとアフリカのナイジェリアまで行って建設労働者として働いた。娘は大学の時間講師で糊口をしのいで暮らしている。

*報勲政策
１９６１年に、「国家報勲処」ができてから、国家功労者とその遺族に対する叙勲が行われるようになった。

ところが、親日派の子孫である与党代表の娘は、同じ年頃だが大学の正教授になった。独立運動家の子孫が熱砂の国で仕事をしている時、親日派の子孫は政界の大物になった。臨時政府の重要な地位にあった我が家と、親日派の子孫である与党代表の家の姿が、建国70周年の現実である。以前には独立運動をすると、二、三代が滅ぶと言ったが、今はそれよりもっと深刻になって四、五代まで滅ぶようである。

「私が３・１節記念式に行かなかった理由」『オーマイニュース』２０１５年３月２日

３・１運動に参加したなどの理由で、日帝によって投獄され監視と弾圧を受けた咸錫憲は、このような大韓民国を見て嘆き憤った。

大韓民国が後進たちに愛国心を教える代わりに愛国者たちの惨憺たる末路を教え、礼と徳を与える代わりに無礼と悖倫《ペリュン》を与えて、善の宣揚よりは悪の繁栄を与えた。

咸錫憲「考える百姓でなければ生きられない」『思想界』１９５８年８月

１９７５年、ベトナム戦争の敗北で朴正熙政権が大きな危機に陥った時、朴正熙の長年の政治的ライバルの張俊河《チャンジュナ》*が疑わしい状況の中で死亡した。張俊河は１９４５年の８・15以前、日本軍の学徒兵だったが脱出して光復軍に合流した。その後、米国のＣＩＡの前進であるＯＳＳ隊員として訓練を受けて、国内侵攻を準備していた抗日運動家

*張俊河《チャンジュナ》（１９１８〜１９７５）
１９６２年「マグサイサイ賞」を受賞するなど指導的言論人として活躍した。１９６７年に政界に進出して朴正熙政権に立ちむかい民主勢力の統合に力を注いだ。

だった。このような経歴のために、独立軍討伐作戦に進んで参加した日帝の関東軍出身の朴正熙とすべての面で対照的だった。１９６６年、サムソン財閥系列の韓国肥料が大量のサッカリンを密輸した事件が発生した。その時、かれは朴正熙大統領を「密輸王朝」と糾弾して、「日本の敗北がなかったら、朴正熙は相変わらず独立闘士を討伐する日本軍将校として残っていただろう」と攻撃した。張俊河は、１９７５年8月17日、「緊急措置9号」が宣布されて、準戦時体制の雰囲気が醸し出された中、登山に出掛けたが死体で発見された。

　日帝が満州国を経営していた時代に、軍人や官僚として実力を磨いた人びとは、その後米軍政と李承晩・朴正熙政権に起用されて出世街道に乗った。反面、満州で抗日闘争をしていた人びと、張俊河のように学徒兵を脱出して光復軍に入った人びととその子女たちは悲惨な生活を送った。朴正熙が満州の憲兵隊や特別高等警察をモデルにして作った中央情報部はその後安全企画部になったが、さらに国家情報院に再び名前を変えて国内政治に深く関与し、２０１２年の大統領選挙に不法介入した。その結果、朴正熙の娘朴槿恵が大統領になった。

　２００６年、１８６億ウォンの財産を相続して現職の公務員中最高の財産家として新聞の紙面を飾った申喆湜《シンチョルシク》前国務調整室政策次長は、申鉉碻の一人息子である。また、朴正熙に寵愛された、10月維新の設計者であり公安検事出身の金淇春《キムギチュン》*は、朴槿恵の秘書室長に任命されて国政を牛耳った。

植民地遺産の復活

李承晩と朴正煕、北朝鮮の金日成もすべて米ソ間の冷戦を利用して権力を維持したと言っても過言ではない。「血盟」米国が反ソ反共の理念をさっと引っ込めて、ソ連あるいは中国と融和的な雰囲気を打ちだしたら、共産主義を悪魔のように考えてきた韓国の権力者たちは、まずい立場に陥ることになる。常識的に考えた時、米国が、冷戦秩序下では「敵」だったソ連あるいは中国と和解をしたら、冷戦の最前線国家である韓国も北朝鮮と和解しなければならない。ところで、状況は反対だった。南北の政権ともに冷戦的対決が政権の誕生と維持の最も大きな名分だったために、東西和解はむしろ体制の正当性の消失、すなわち最大の政治的危機をもたらした。

朴正煕に迫り来た危機が、まさに1970年代「血盟」米国と「共産主義」中国の緊張が緩和したいわゆるデタントである。朴正煕は危機をむしろ政治的に利用した。危機が迫ると、南北の政権は水面下で秘密裏に接触した。それも権力ナンバー2であり北朝鮮からのスパイ摘発の責任者だった中央情報部長李厚洛が、ひそかに北朝鮮に行って「スパイの親分」に会ったのである。反共教育を徹底的に受けた国民としては常識的に納得することができないことだった。そうして、両国は突然対話を中断して、韓国は10月維新を宣布して、北朝鮮は主体思想をさらに強固にした。南北ともに「自主」「われわれ式」を強調したが、それは、信じて従ってきた兄上〔米国と中国〕の裏切り、すな

＊金淇春《キムギチュン》（1939〜）

朴正煕時代、公安検事として、「在日韓国人留学生スパイ事件」などをでっち上げたと言われている。朴槿恵大統領の秘書室長を務め、文化芸術系ブラックリスト事件で、国政壟断の責任者として、2017年1月拘束された。

わち政権の危機を別の形で表現した言葉だった。

　維新憲法によって、国民の代わりに統一主体国民会議*の代議員が体育館で大統領を選び、国会議員の3分の1は大統領が任命した。大統領が任命した「維新政友会」議員は、主として維新体制を理論的に支えた学者や報道関係者などの知識人を抱き込むために活用された。一方、国会の同意なく大統領が出した命令が最高の法になった。緊急措置がそれだった。この法は維新体制の性格を最もよく表している。1974年に発表された「緊急措置4号」の場合、違反者を戒厳令に基づいて非常軍法会議で審判するようにした。戦時ではない平時に民間人を軍法会議に回すことは、立憲民主主義国家ではありえないことである。特に、1975年5月、ベトナムの共産化直後に宣布された「緊急措置9号」は、その中でも最も悪名が高かった。南ベトナム崩壊は、朴正熙政権に大きな危機であると同時にチャンスでもあった。南ベトナムが崩壊すると、朴正熙は「総力防衛体制」、「確固とした自主国防態勢」を強調した。その後の維新は日帝末期の総力戦体制の再現だった。このような状況で発効された「緊急措置9号」には、「維新憲法の否定・反対・歪曲・誹謗・改定および廃棄の主張や請願、扇動またはこれを報道する行為を一切禁止し、違反者は令状なしで逮捕する」という内容が入っている。「緊急措置9号」は1979年10月26日に朴正熙が射殺された直後に廃止されるまで、なんと4年以上も続いて、国民の基本権を踏みにじり、800人余りに上る知識人・青年・学生を拘束した。結局、朴正熙政権は北朝鮮だけではなく、韓国内の「分裂勢力」も安全保障を

*統一主体国民会議
　1972年、祖国の「平和的統一」を推進するために、設置された組織。独裁政権が国民の投票権を奪った手法であった。

危機に陥れる勢力だと見たのだ。

朴正熙は、「北朝鮮が韓国浸透工作を繰り返して、全面的な南侵を敢行する可能性があるので、正規戦と非正規戦、武力戦と心理戦、陸海空の戦争を敢行できるようにして、従って国家総力戦に備える防衛態勢を効率的に組織化する必要性がある」と強調した。

今年が、北朝鮮共産集団が火事場のどさくさに紛れて無謀に挑発する可能性が濃厚な年であり、今や北傀《プックエイ》の侵略の危険があるとかないとかというような話をしている情勢ではない。（……）首都ソウルは絶対に撤収してはだめで、全市民と政府がこのまま残って最後までソウルを死守しよう。大統領も市民と一緒にソウルを死守しよう。（……）今こそ国民すべてが戦死という決意をもたねばならない。

鄭進基《チョンジンギ》『朴正熙大統領の指導理念と行動哲学』毎日経済新聞社、1977年、217ページ

過去の天皇制軍国主義日本は、「国体」という概念を打ちたてて、国家が真善美のすべての道徳的価値を独占したが、維新体制もやはり国家をほとんど神の位置に昇格させて、国家を批判するいかなる行動や主張も認めなかった。朴正熙は「国家のない民族の繁栄と発展はありえない」として、「何よりも国民総和をしっかり固めなければ」ならないと語った。また、「国家の生存が個人の自由に優先する」と何回も語った。かれは、

韓国政府の人権弾圧をずっと批判したジミー・カーター米国大統領の人権政策に対抗して、「３５００万韓国人の生存権が最高の人権である」と応酬した。

一方、日本の明治憲法3条には「天皇の神聖不可侵」条項があり、刑法では「皇室に対する罪」条項があった。この条項が根拠となって、天皇制を批判した社会主義者や無政府主義者たちが処罰された。ところで、現代版皇室冒瀆罪と見られる「国家冒瀆罪」が、維新統治下の１９７５年3月25日に制定され、１９８８年12月30日まで大韓民国憲法第１０４条2項に含まれていた。国家を人格として、あるいは大統領を君主としてみなすことと同じである。

朴正熙大統領は、自分と政権を国家と同一視して、政権を批判する者を国家冒瀆罪で脅した。「国民が国外で大韓民国または憲法によって設置された国家機関を侮辱または誹謗したり、それに関して事実を歪曲または虚偽事実を流布したり他の方法で大韓民国の安全・利益または威信を害したり害する恐れがある時には、7年以下の懲役または禁錮に処する」というこの条項を、１９７５年3月19日、共和党と維新政友会が野党を排除したまま強行採決で通過させた。後に、法制処は１９８８年末、憲法から国家冒瀆罪条項を廃止したが、その理由に「国家発展のため健全なる批判の自由を抑制する恐れなど」を挙げた。

「緊急措置9号」発表、学校の軍事教練実施、予備軍訓練と民防衛訓練*強化などは、日帝末期に米軍の爆撃に備えた総動員軍事体制をそのまま再現したものである。朴正

＊予備軍訓練と民防衛訓練
予備軍訓練とは、除隊後8年間有事に備えて一定期間再訓練を受けることで、民防衛訓練とは、予備役終了後さらに40歳まで訓練を受けることをいう。現在も毎月15日は「民防衛の日」で、実際に訓練が実施されている。

熙政権は、国論分裂と流言蜚語を取り締まる法律も作った。長髪とミニスカートの取り締まり、大学生軍事訓練実施などで国全体が軍隊のように運営された。「気合」は日本の軍隊で使われた言葉で、日本ではなくなったが、維新を経て韓国では今も残っている。軍隊だけではなく、学校や企業でも上意下達と規律を重んずる慣行が残っている。1976年には、「国旗に対する敬礼」を拒否した学生に対して懲戒措置が正当であるという判決が出たこともあるほどだ。学生たちの反政府デモは、すべて「北傀」の対南赤化統一を助ける「利敵行為」と見なされ、弾圧された。

公安機関が「国家の上の国家」として君臨して、全国にスパイ摘発キャンペーンを繰り広げたことも日帝末期とそっくりだった。ただ憲兵と秘密警察が中央情報部と名前を変えたことだけが違った。1961年5・16軍事クーデター直後に結成された中央情報部は、大統領が直接指揮する「国家の上の国家」、「法の制限を受けない機関」として君臨した。維新後にはその力がさらに強くなって、野党はもちろんのこと、大統領の気分を損ねた与党の政治家まで捕まえて拷問をすることもあった。

もともと中央情報部の役割は、対北朝鮮情報の収集とスパイの摘発だった。しかし、国内外の秘密情報を収集して捜査する権限までもつことになって、自然に大統領は中央情報部が収集した秘密情報を活用する誘惑にかられた。中央情報部組織は、李承晩政権時代の特務台がしたように、選挙結果を操作・介入したり、大統領や政権を批判する政敵を除いたりなどと、国内政治工作にまで手を伸ばした。中央情報部は政治、司法、学校、言論、労働の領域にまで活動の場を広げ、一般の国民を恐怖に震えさせただけではなく、企業の不正貸出、さらには密輸にも関与した。単純な労使紛争や労組委員長選挙にも警察力と中央情報部が介入した。１９８７年の民主化以前はもちろん、その後も大企業の労働者たちの集団抵抗やストライキなど労使の対立には公権力がたびたび投入された。

ありもしないスパイ事件をでっち上げて、恐怖で国民を服従させて統治する方法もやはり日帝がよく使った方法である。日帝植民統治地下で訓練を受けた韓国の査察警察と特務台は、李承晩政権の時から左翼やスパイ事件をでっち上げて大統領の権力を強化することに味を占めた。維新後から１９８０年代までは、中央情報部と保安司、公安検察が一緒になって、何の罪もない人をスパイとして「製造」した。朴正熙政権時代には、北朝鮮を往来する機会があった在日同胞、北朝鮮に拉致されて思想教育を受けた拉北漁夫《ナップクオブ》、8・15以後の政局や4・19直後の社会民主主義や民族主義の活動歴をもった人びと、西ドイツに留学して北朝鮮や社会主義の思想に触れる機会があった留学生たち、ヨーロッパに住んでいる同胞たち、朝鮮戦争時に人民軍に協力した疑いがあったり義勇軍に徴集されたりした経歴があった人びとがいつでもスパイにでっち上げられる、格好の「餌食」になった。

維新体制のスパイ摘発キャンペーンは、日帝末期の総動員体制の時と同じく国民キャンペーンになった。繰り返されるスパイ事件と、公共機関や町のあちこちに掲示されたスパイ申告督励ポスターは、国民たちの日常を支配した。次のような内容のスパイ摘発ポスターをあちこちで見ることができた。

「浸透スパイを見つけ出し　赤化の野欲を粉砕しよう」
「全国民の申告精神　不純な策動を食い止めよう」
「スパイは休まない　自分がまず口を慎め」
「防諜する主婦になれ　勝共する夫になれ」
「反共するわが家庭　勝共するわが国家」

対共問題研究所編『分断27年の証言』対共問題研究所、1973年参照

「隣にきた客がスパイかどうかよく調べよう」というポスターは、隣人、さらには家族までスパイではないかよく調べようという全国民相互監視のスローガンだった。このような国では、国民はひょっとしたらスパイと疑われるかもしれないという恐れのせいで、政権に対する不満を表さずにすすんで自分を抑えるようになる。権力が外部にとどまらず自分の体の中に入ってきて、思想と行動を自己検閲するのだ。長い歳月が経った後で、でっち上げが明らかになった場合が多かったが、実際に、当時スパイ事件がマスコミで大書特筆されると、その隣に住んでいる住民たちは怯えて、被害者たちと距離を置いて彼らを除け者にした。学校の教えや当局の宣伝をそのまま信じた青少年たちが、

周りの教師や大人が政権を批判することを見たり聞いたりすると、スパイとして通報することもあった。全国民が警察になり検事になった社会だった。

冷戦の雪解けとベトナム共産化で危機に瀕した朴正熙政権は、外部の北朝鮮と内部の学生・反政府勢力を敵と見なして戦争を始めた。日帝末期に満州の武装独立運動家たちがすべて「匪賊」として分類され、秘密警察の追跡を受け、隣人の密告で逮捕されたように、維新末期の反政府運動家も「スパイ」という疑いを受けた。

「お上のいうことをよく聞く国民、すなわち臣民や良民は素直だが、従わない国民は危険でパルゲンイ［アカ］だ。」日帝強占期の朝鮮で通用した警句である。この言葉は、「政府や目上の人にたてつく人、権利を主張する奴はとんでもない奴だ。労組は決して許容できない。命令されたら、された通りに無条件に服従しなければならない。公務員は徹底して政権の突撃隊の役目をしなければならない」と変わって、今日の韓国社会を支配している。

日帝の総動員体制の時期に、すべての社会団体が戦時動員のための官製団体になったように、維新時代のほとんどすべての職能団体が官製団体に変わった。最も多くの会員を抱えた団体は、反共団体だった。在郷軍人会・在郷警友会・傷痍勇士会・勝共指導者会・統一促進会・失地回復以北同志会などがいろいろと組織されたが、これらの団体の構成員はすべて反共連盟の会員であり、各地域で大変強い力をもった。朴正熙政権は、国民を最末端行政組織員の統《トン》・班単位に組織した後、毎月末日に班常会《バンサンフェ》*の日を決めて、

＊班常会《バンサンフェ》　行政の最末端組織である「班」を構成する世帯主、または主婦たちが月に一度定期的に集まる月例会。維新体制以後の1976年5月から官の主導で本格的に導入され、全国的に毎月25日と制定されて今日に至っている。

全国で一斉に班常会を開くようにした。そして、すべての国民を対象にセマウル教育・反共教育・安保教育・統一教育を実施した。国民の意識を改造するという名分ですべての国家機関を動員した。村単位で国民班、愛国班などを組織して「大東亜戦争支持」活動と皇民化教育を行った日帝とそっくりである。維新時代には、末端公務員たちも国民を動員して教育させることで、政権の下手人の役割を忠実に果たした。

朴正煕政権は、過去の日帝の農村振興運動がそうだったように、セマウル運動*を一種の「精神改革運動」と設定した。だが、日帝強占期の農村精神改革運動は天道教やプロテスタントが主導したが、セマウル運動は国家が先頭に立って維新体制を擁護する方向に進んだことが異なる。農村の所得倍増、青年指導者養成、精神改造などを打ち出したセマウル運動は、１９３０年代に日本が実施していた農村振興運動の農家の負債整理、自主自立など農家の更生計画と類似する。

朴正煕政権は、セマウル精神に背く社会の雰囲気を追放しようという計画を立てた。「低俗な」歌謡やポップソングの放送を禁止して、遊園地での反セマウル精神行為、長髪族、ナイトクラブや歓楽街に出入りする者を集中的に取り締まった。セマウル運動がまさに10月維新であり、10月維新が取りも直さずセマウル運動であると強調して、朴正煕大統領が直接「セマウルの歌」の歌詞を作り「闘いながら働いて、働きながら闘う」というスローガンを叫んだ。

＊セマウル運動
１９７０年から始まった70年代の韓国社会を特徴づける汎国民的地域社会開発運動。初期には単純な農家の所得倍増運動であったが、成果があったことから対象は都市・職場・工場などにまで広げられ、勤勉・自助・協同を生活化する意識改革運動に発展した。しかし、朴正煕の個人的な熱意から始まったので、79年10月のその死とともに急速にその勢いはなくなった。

韓国現代史の研究者許殷《ホウン》は、韓国のセマウル建設計画はマレー半島、フィリピン、ベトナムで共産主義勢力の影響力を完全に遮断しようという米国の安全保障的利害と関連して展開されたと語る。第2次世界大戦後、共産主義の勢力が農村を中心にゲリラ戦を展開して、東アジアの農村を掌握することが、戦後の世界秩序再編の重大な事案になったのである。だから、セマウル運動の核心は、農民たちのあいだの相互監視体制を構築するものであった。

この時期にすべての農民組織は、行政機関の直接統制を受けて、団体の長は末端行政機関の手先にならなければならなかった。農民運動家ノ・グムノは1973年春、自分が引き受けていた仕事を列挙したが、それは、マウル金庫会計・50戸余りを代表する班長・セマウル事業推進委員・セマウル指導者・マウル共同会長などであった。これ以外にも、農協総代・葉煙草組合総代・農地委員・指導所の志願指導者・4H*篤農家・模範農家・山林係長・里長・民防衛隊長・予備軍小隊長・節米貯蓄婦人会・名誉班長・名誉派出所長・政党の責任者・反共連盟責任者などがあったという。

維新体制の農民統制は、日帝末期の総動員体制ですべての農民を部落連盟に加入させて、総督府の命令をそのまま履行する末端組織としたことと似ている。当時を経験した人びとの証言によれば、「公務員たちはどうかすると農民たちに何かを教育させようと動員して、『偉い両班』たちが一席訓示をするのだが、ほとんど効果がなかった。セマウル会館に行っては「打ち殺そう金日成」、「打ち破ろう共産党」と叫んだが、セマウル

＊4H　1902年に米国で初めて組織されたhead・heart・hand・healthの理念をもった青少年団体。

事業はやはり村の住民の自発的な必要とは関係なく、協力しなければ村が目立ってしまうので『国家の施策』に忠実に従うしかなかった。」

すでに、日帝末期の戦時総動員体制下で各種の官製集会や組織に参加して、「山里大統領」と呼ばれていた警察に査察や報復をされていた韓国人たちは、8・15以後朝鮮戦争を経験して、政権に目をつけられることが大変危険なことだということを体で知っていた。維新憲法賛成票91・5%という数字はこうしてでてきたのだ。

再び登場した維新の残滓

1987年以後、民主化と大統領直接選挙制の改憲で、人びとは維新時代のような全体主義の亡霊は完全に消えてしまったと考えた。今や、民主主義、国民主権と人権保障の時代がようやく始まったと歓迎した。選挙で大統領が選出されて野党候補である金大《キムデ》中《ジュン》・盧武鉉へと権力が交代したが、安全保障の名前でスパイでっち上げ、国民査察、政治弾圧、そして人権侵害をほしいままに行ってきた中央情報部・安全企画部は国情院と名前を変えてそのまま生き残った。

2008年、李明博政府の登場で、「失われた10年」の間、とてつもない喪失感を感じていた朴正煕・全斗煥の後継者たちが再び前面に登場した。李明博政権は一番初めに、前職の大統領が任命したKBS、MBCの社長を交代させた。1987年以前のように、国情院、検察、警察など抑圧機構が政治の前面に出てきた。国情院長には、李明博の腹心であり、以北出身の反共保守主義者の元世勲《ウォンセフン》*が任命された。軍は将兵たちを対象に全面的な反共教育を復活させた。将兵たちには「(従北勢力は)社会主義の建設という究極的な目標を隠して『反維新反独裁民主化闘争』を前面に打ち出して勢力拡大を試みた」として、「在韓米軍撤収、『国家保安法』廃止を主張して国家安全保障に亀裂をもたらしてきた従北勢力は、大韓民国の癌のような存在」だという内容の教育を実施した。

教科書にも手をのばした

李明博政権は、教科書にも手を伸ばした。歴史教育正常化のために学界と教育界が多くの討論を経て作った、2007年改定の教育課程を無視した。教育部は、「左派」の内容が入っているという理由で金星出版社の歴史教科書を修正するよう勧告した。以後、改定した教育課程では委員会で論議されたこともない内容が追加されもした。民主主義という用語を「自由民主主義」に統一するように告示したのである。李明博政権は「歴史教育課程推進委員会」という組織を通して教育課程にいちいち介入して、国家機構の国史編纂委員会が教育課程開発、執筆基準作成、検定まで主導するようにした。教科書の内容まで政権の息がかかり、事実上、過去の国定教科書時代に逆戻りしたのだ。

2008年、8・15解放の日を「建国節」として記念しようとしたのも、やはり独裁勢力を建国勢力として位置づけて、民主化の成果を無にしてイデオロギーの固持を確固としたものにしようとしたのだった。マスコミが過去の日本軍出身の白善燁《ペクソニョプ》*を国軍の

＊元世勲《ウォンセフン》(1951〜)
李明博政権において行政安全部長官や国家情報院長を歴任した。

＊白善燁《ペクソニョプ》(1921〜)
軍人、政治家、外交官。満州の陸軍軍官学校を卒業した。代表的な親日派軍人である。

「父」のような存在として持ち上げて英雄作りをしたことや、国防部で不穏図書の目録を作って官製団体を積極的に支援したこともその一環であった。

朴槿恵大統領は、これより一歩踏み出して、父朴正煕がしていた統治方法、スタイル、発言をそのまま復活させた。維新憲法の設計者である金淇春を最側近の秘書室長に起用して、公安検察が政治の前面に出てきた。すべての公営放送を事実上政権の広報メディアに転落させ、李明博政府で制度化した総合編成チャンネルを通して、政府側に有利な情報と意見が伝わるように仕向けた。全国教職員労働組合は非合法労組になり、憲法裁判所は統合進歩党を非合法だと判決した。公共機関では、愛国歌斉唱が日常化して太極旗掲揚キャンペーンが繰り広げられた。公務員の政権道具化、スパイのでっち上げ、左翼批判、大統領を批判した芸術家の拘束、民間団体の官製化、政府を批判したりそれに関連した署名に同調したりした教授の監視、デモ前歴者の解雇措置など、日帝末期のファシズムあるいは維新時代の遺物が二つの世代を越えて21世紀に再び現れた。

朴槿恵政権は、本格的に国定教科書を復活させせようとしている。その教科書では1945年8・15の意味が縮小され、1948年8・15が建国節であり解放の日であり、李承晩が建国の父だという内容が載せられる。反民族行為の経歴は、今や「建国の活動」の功労の下に隠されて、独裁は民主化の元肥だったと説明されるだろう。この教科書で成長する学生たちは、そこに載せられたかれらの自己正当化論理を唯一の歴史解説と考えて受け入れるようになることだろう。

維新の残滓、日帝末期の戦時全体主義の遺産、そして過去の日帝協力者たちの自己弁明と正当化の論理は、一つの世紀を越えて韓国でしつこく続いている。冷戦と南北の分断が、植民地的な全体主義復活の最も重要な土壌であった。

教育天国と教育地獄——家族／学歴看板／教育爆発

「死の入試競争教育を中断してください。」「希望の学校を作ってください。」 3年前に高等学校を中退したある学生が、政府総合庁舎、光化門《クァンファムン》広場などで一人デモを行った。この話はツイッターを通して人びとに広がり始め、メディアでも注目されて多くの共感を呼んだ。この学生はデモの支持者70人余りとともにオルタナティブスクール「希望のわれらの学校」まで設立した。チェ・フンミンさん（20歳）がその主人公である。チェさんはプログラマーが夢だった。中学校3年の時には行政安全部が主催した「第27回韓国情報オリンピアード」の公募部門金賞（2位）を受賞して、いわゆるIT英才と呼ばれもした。IT特性化高校である安山《アンサン》韓国デジタルメディア高校に進学した理由も同じであった。しかし、学んだことは大学入学のための国語・英語・数学であった。

「IT英才」高卒創業家…「学校教育失望、実力で勝負」
『マネートゥデイ』2015年5月29日

絶望した国民の唯一の脱出口

両班や豊かに暮らしている人びとは、息子の教育に心を砕いて、とても幼い時から先生をつけて文字の勉強をさせるが、これはこの民族がとても重要視していることです。（……）両親は息子に勉強させるのにたくさんの金を投資します。かれらの目標である官職につけない場合も少なくありませんが、両親は自分の息子が科挙《クァゴ》に合格したという事実一つだけで満足して、自分たちが犠牲になった甲斐があったと感じるのです。

姜峻塤《カンジュンシク》編『もう一度読むハメル漂流記』ウンジンドットコム、1995年、289ページ

400年余り前、オランダ人ハメル*が書いた朝鮮風景である。ここで、「両班」という単語を抜いて「科挙」を「ソウル大学」と変えれば、今日の大韓民国そのままである。

家を売って学費に当てます。1か月に1000万ウォン近くかかるけど、志望の大学に入れるならそんなこと問題ではないでしょう?

「名門大に行けるなら、月1000万ウォンも惜しくない」

『毎日経済』2015年9月20日

***ハメル**（1630～92）
オランダ東インド会社所属の船員。1653年暴風雨にあい一行38人とともに済州島に漂着した。ソウル、麗水などに監禁されていたが、1666年、7人の仲間とともに脱出、日本を経て帰国した。のちに抑留の体験を著した。日本では『朝鮮幽囚記』として、1969年に出版された。

私教育一番地*である江南大峙洞《テチドン》の父母の言葉である。江南の居住者の20％は、私教育費として月150万ウォン以上を使うという。この中で、子ども一人当たり月平均1000万ウォン以上を使うという人も三人いた。全世界で、ただ韓国でだけ見られる奇異な現状である。

教育熱、正確にいうと、「名門学校」の卒業証書を手に入れるための戦争は、8・15以後火がついた。特に、朝鮮戦争が終わった後、絶望と混乱の中で韓国人はただひとえに教育にだけ生きる道を見つけた。戦争で深い傷を負った中で、家族の間の結束はより強くなって、すべてのものを失ってしまった韓国人たちは家族という大きな資源を元手に新しく出発しようとした。韓国人は家族のために自分のすべてのものを捧げる覚悟をしていた。子どもたちは両親に恩を返して、家族を豊かにするために、「頭が割れるほど」勉強して、父母は「骨身を削って」仕事をした。このように、戦争後、家族は韓国人にとって一種の信仰の対象であったが、恨《ハン》を晴らすための踏み石でもあった。1960～70年代の経済成長を実現した最も大きいエネルギーは、ここにあったのだ。

家族に対する執着は、教育熱として現れた。教育熱は爆発的だった。8・15直後の「教育爆発」を目撃した呉天錫《オチョンソク》初代教育部長官は、韓国は教育天国、正確にいえば私教育天国だと説明したが、そこには教育を万能の鍵と見る考え方が貫かれている。

8・15直後、父母たちはいかなる困難をもいとわず子どもたちに教育を受けさせよう

＊私教育一番地
「私教育」とは「公教育」に対する言葉で、塾などのように個人が主体的に行う教育をいう。今や、私教育にどれほどお金をかけられるかで入れる大学が決まってしまうのが現状である。富裕層が住む江南は名門高等学校も多く、私教育が最も盛んなところである。

という熱い思いを傾けた。その結果、青少年はそれこそ文字通り学校へ上げ潮のように押し寄せた。旧世代は、かれらが受けられなかった教育の恩恵を、かれらの子どもたちに与えることで出世の道を開いてやろうとした。そして、新世代は教育の力を借りてその夢を実現しようとした。この現象はまるで一定の拘束の下で抑制されていた教育に対する熱情が、堤防を越えて激流になり流れているようだった。地方で大学を建てるために提出された数万件の市民の請願書を見て、その情熱に感激したことがあった。

呉天錫『韓国新教育史』現代教育叢書出版社、1964年、499ページ

それまで「下郎」、「下人」と呼ばれ、無知だと指さされていた人びとは、「解放」されると、子どもたちに勉強させたら自分たちを無視していた人びとのように豊かに暮らすことができるという期待で胸をわくわくさせた。日帝強占期には、民族抹殺教育に対する拒否感のために、子どもを学校に通わせなかった人びとも、今や子どもたちを上級学校に通わせようと決心した。だから、8・15直後、全国に数百の大学と中高等学校ができて、無許可教育機関が乱立した。

戦争直後、農地改革を通して、当時の人口の70%以上を占めていた農民は、ほとんど同じ立場の小農になった。同じ条件で再出発できる条件が整ったことを意味した。檀君以来韓国社会がこのように平等になったことはなかった。避難民と越南者など大規模な

人口移動が起こって、ソウルと釜山など都市の人口が急激に増えた。全人口の25％を占めることになった都市民は、今では隣人を競争相手と意識し始めた。競争は、直ちに子どもたちの教育を通して家を再興するオペレーションだった。

イザベラ・バード・ビショップは『朝鮮奥地紀行』で、沿海州の朝鮮人は富農になり、優れた人柄に変わっていったが、朝鮮半島の朝鮮人はそうはならなかった。その理由として「吸血鬼」のような役人を挙げた。8・15以後の韓国人は、初めて「役人の苛政」、「日帝の差別」から抜け出して、自由で民主的な世界を経験することになった。少なくとも形式的には教育の機会がすべてに与えられて身分差別もなくなったので、「子息農事」をしっかりやって、他人をうらやましがったりせずに暮らせる時代が来たのである。植民地・戦争・地主階級の没落を経験して、大部分の国民が同じスタートラインに立つようになった韓国で、教育は最高、最新、いやほとんど唯一の希望だった。

1950～60年代の社会調査によれば、大部分の韓国人が子どもたちを上級学校に上げたがった。人口の大多数を占めていた農民たちは自分自身は貧しい農民の立場を抜け出せなくても、子どもは立派な職場に通わせたかった。社会学者の李万甲《イマンガプ》の調査によると、調査対象者336人の農民の中で農業を継いでほしいと答えた人は23・8％に過ぎず、残りは商業、官吏、技術者、事務員などになることを望んだ。

学歴をつけて人の上に君臨する職業につくことは、韓国人がこれまで生きてきて体得した生活哲学であり、社会の無言の命令に対する適応行動だった。全泰壱《チョンテイル》*は大学生の友

＊全泰壱《チョンテイル》（1948～70）韓国の労働運動を象徴する人物で、縫製工場で働きながら、劣悪な労働条件改善のために努力したが、1970年11月「労働者は機械ではない」と叫んで焼身自殺した。かれの死は、韓国労働運動発展に重要な契機となった。

人を一人もつことを強く願ったが、結局、かれの試みは失敗に終わり焼身自殺した。かれの言葉のように、韓国で「人間が学べなかったという事実が意味することは、限りない貧しさと病気、重労働と蔑視の束縛から抜け出せないことを意味」し、どん底の人生を生きなければならないということを意味する。「手を土で汚す」労働者ではなく、「ペン軸を転がす」官吏として生きたければ、学ばなければならなかった。1960年以後、田舎で貧しさと家父長主義のもとで性差別に耐えられなかった少女たちも、いったん工場に入ると金を稼ぎ上級学校へ進学するのが夢だった。

米国の影響も教育熱に一役買った。戦後の韓国は、社会主義の北朝鮮に立ち向かった「自由」国家としてのアイデンティティを確固としたものに立てて、米国のコピー版になっていった。日帝強占期の抵抗勢力や北朝鮮の社会主義体制で使っていた左派の用語、平等主義や集団主義はタブーになった。一方、米国式価値観である物質主義と能力主義、すなわち父母の経済力と個人の才能が出世の踏み台だという考えが、国民の頭の中に染み込んだ。国家が国民に何もしてくれない社会なので余計にそうなったのだ。この時から韓国では学歴・才能・能力万能主義が一般化した。現在60代以上の壮年層が、その下の世代より能力主義を支持する比率が高いのは、冷戦初期だった1950~60年代の自由主義と能力主義が当時の韓国の青少年たちに相当な影響を与えたからである。

戦後韓国では、一流中高等学校・一流大学や、司法・行政などの高等考試に合格することが、「科挙試験」合格と同じことだった。これは朝鮮時代の遺産であると同時に、日帝が残した新式教育制度の効果でもあった。すなわち、長い間持続してきた試験を通した官吏登用制度が現代式教育制度と独特な形で結合したのである。今も韓国人たちは、「貧しい」人にとっては高等考試に合格して判事・検事や官吏になることが、権力と富を手に入れることのできる最も確実な方法だと考えている。

結局、韓国で教育は世俗的な価値である富と名誉を手に入れるための手段であり、一生ついてまわる身分証のようなものになった。良い学校の卒業証書と「良い成績」は、他人を支配するポストに上る道であり、昔風にいえば両班になることを意味する。新しい時代に「両班」になろうという熱望は、反共主義に基づいた愛国心を越えるほどだった。この教育熱のおかげで、韓国は世界で最も優秀な労働力を確保することができた。現代《ヒョンデ》グループの創業者である鄭周永《チョンジュヨン》*は、「社会の発展に最も大事なものは人であり、資本や資源、技術はその次である」として、優秀な頭脳にどの民族もついて来られない教育熱がより大きくなって、韓国経済を成長させる最も大きなエネルギーになった、と語った。韓国人の強い上昇願望、すなわち「両班になるための全国民の競争」は、明らかに「圧縮成長*」のエネルギーだった。

家族に対する執着と大変な教育熱は、朝鮮時代以来の学問を修めた者、ソンビを尊敬する儒教文化、家族をすべての社会倫理の基本単位とみる儒教的価値のもたらしたものでもあった。このような文化的遺産が日帝強占期の間は潜伏していたが、「解放」とともに前面に出てきたのだった。代表的な親韓派学者のエマニュエル・パストライシュ

＊鄭周永《チョンジュヨン》（1915〜2001）
1950年の「現代建設」設立が財閥形成の始まりとなる。朝鮮戦争以後の建設ブームにのって成長し、70年代には最大の財閥の地位を確立した。98年には「統一牛」500頭と共に板門店を通って南から北に越えて注目された。また、南北交流の画期的できごとである「金剛山観光」を成しとげた。

＊「圧縮成長」
超高速で成し遂げられる経済成長を意味する。韓国は世界における代表的な圧縮成長国家だと言える。

（韓国名イ・マンヨル）慶熙《キョンヒ》大学国際学部教授もやはりこの点を強調する。

例えば「1954年韓国とソマリアのGDPが同じだった」というが、このような単純な比較は危険です。韓国の人びとが一生懸命に仕事をして先進国になったという点だけを強調すれば、多くのことを見逃すことになります。韓国は50〜60年代に貧しい国だったが、食うに困っていても機械工学の博士もいたし、500年以上の歴史ある優秀な行政システムももっていました。なんの文化もなく落伍した国ではなかったという点がソマリアと違う部分でしょう。単純な比較は誤解を生みます。高度成長だけ強調したら、このように見逃してしまう部分が多いのです。

「温故知新が韓国の未来」『アジアトゥデイ』2015年9月7日

子女の教育のために韓国の親たちが犠牲になった歴史は、実に驚くべきことである。「勉強ができて出世する」という神話は、韓国人には民間信仰とほとんど変わらぬものであった。

模範生を育てる社会

韓国で「模範生」とは、一生懸命勉強して両親や学校、そして、社会が教える既成の価値観をそのまま受け入れる従順な学生のことである。朴正熙政権は、「国籍ある教育」

「忠孝教育」を強調した。日帝末期の総力戦時代の教育は、西洋文化の否定的な点を批判して日本精神を注入することに力を注いだ。それと同様に、朴正熙政権時の教育の一番の目標は、戦士あるいは反共主義で武装した忠誠を誓う国民を養成することだった。朴正熙政権が西洋文化の個人主義と利己主義を排撃して、主体意識を育てたり実務中心の教育を強調したりしたのは、すべて、日本の近代化過程の明治教育、そして、日帝末期の総力戦教育をそのまままねたものである。日本は、西洋の個人主義や人文主義にふれると批判的思考が育つ可能性があるとして、ただ、勉強で出世して家門の名誉をあげて国家に忠誠することが重要であると教えた。

朴正熙政権時代に、学生たちは「学徒護国団」として組織されて、国家と教師の命令に一方的に従う未来の戦士、国防と経済のための道具になった。植民地教育政策が結局植民地支配に素直に従う「愚かな奴隷」を作ることを目指していたように、朴正熙の教育政策も同じことを目指した。朴正熙政権時代の教育は、安全保障と経済成長に必要な人力供給を目標にしたが、学校は軍隊、あるいは画一的な製品を生産する工場とそっくりだった。

登校時の服装検査と所持品検査、愛国朝会*など学校でよくみられる情景も明治以後の日本の教育と似ていた。「授業開始前に班長の号令に合わせて教師と学生が挨拶をして、鐘が鳴ると運動場に集合して訓話を聞く一糸乱れぬ姿など厳格な学校の規律は、天皇が導く臣民としてたやすく統制するために日帝における基盤となったもの」であった。学

*愛国朝会
日本では近代学制が開始された明治以来敗戦まで、朝会に重点がおかれ、特に戦時下では校長が全校児童の前で愛国精神などを訓示した。戦後70年以上経つ今でも、校長の話の内容は違うにせよ、朝会を行っている学校は少なくない。

校文化も軍隊式であった。学生たちは教練服を着たまま軍隊式閲兵と軍事訓練を繰り返し、教師と学生の関係、上級生と下級生の関係はすべて軍隊式規律に従って動いた。

教練服にゲートルをつけた学生たちが、肩に木銃を担ぎ小隊別、中隊別に並んでいます。校長先生が運動場に姿を現すとすぐ軍歌調の音楽が鳴り、運動場は水を打ったようにひっそりとします。連隊長と呼ばれる軍刀を差した学生の「臨席上官に捧げ銃《つつ》」という号令に従って、数千人の学生が一斉に「忠孝」と言うとともに「捧げ銃」と言います。(……)「護国」という名前でまたは「学びながら戦おう」という号令のもと実施されている、この徹底した学生たちの「軍事化隊列」を見て、異常でおかしいと考える教師も学生もいないということが問題だと言えば、問題です。ある日、同僚の一人の老教師に「日帝末期にもあのようでしたか?」と聞いたところ、かれは大変自慢げに「隊列に立って眉一つ動かさなかったよ」と語ったのですよ。

「座談:分断の現実と民族教育」『創作と批評』1978年夏号、29~30ページ

過去の日本では、宗教的な「儀式」を繰り返しながら、天皇制イデオロギーと国家主義が自然に学生たちの意識の中に染み込んでいった。朴正熙もやはり、日帝のやり方をそのまま手本として内容だけ日帝の「臣民」作りを「国民」作りに変えた。高度に中央集権的な教育課程、士官学校と同様な性格の師範大学と教育大学を通して、教員を養成

する現在の制度も日帝の遺物である。

戦後、日本は民主化措置によって教員養成の門戸を広げたが、大韓民国は台湾、中国、北朝鮮とともに相変わらず国家が教員養成制度を管理している。これらの国々は国家が教育課程を作って一つの国定教科書だけを認める傾向があり、学校と教師はその内容をそのまま学生に教え込む。学生はそれを暗記して試験を受けて、熾烈な競争を経て上級学校に進学する。言ってみれば「国家管理教育課程」である。このように、日帝強占期の教育制度や慣行は、今日の日本より韓国にずっと多く残っている。日本が使用していた「国民学校」という用語を初等学校と変えたのは、8・15光復以後50年も過ぎた1996年であった。

勉強がよくできる学生、従順な国民になるよう訓練を受けた青少年たちは、2014年4月16日、セウォル号の中で「動くな」という言葉を聞いておとなしく待っていたが、船とともに沈んだ。ただ従順な学生たちを育てることに重点を置いてきた、日本植民地時代と朴正熙式奴隷教育の最も悲劇的な結果だった。

このような悲劇は、セウォル号に乗った学生たちにだけ当てはまることだろうか？子どもたちは毎朝間違いなく学校に行き、先生たちは一生懸命授業をするので問題がないように見える。しかし、特殊目的高校、自立型私立高校などができた後、一般校はほとんど「教育不能」状態に陥った。ソウルの教師の中で86・9％が、一般校が深刻な危機にあると答えた。特に、経歴20年以上の教師たちが感じる無力感が大変大きい。騒いだり寝たりする学生が多いということに対しても経歴20年未満の教師は68％が同意したが、20年以上の教師では大多数の91・9％が同意して大きな差が見えた。教室で一人か二人だけが授業を聞き、残りは騒いだり寝たりしているのだ。このようなありさまなら、学校ではなく収容所に近い。このような状況が爆発しないまま続くことは、対象がまだ抗弁や集団行動をすることができない青少年たちであり、両親が教育という信仰に取り付かれていて子どもたちをそこに押し込めているからである。しかし、学生たちは教室で騒ぎ、寝るだけではない。かれらは学校を飛び出したり、もっと深刻な場合は死ぬことを選択したりする。

初等学校5年の子どもがアパートのベランダにあったガス配管で首をくくって自殺した事件があった。一体、その子の人生の重さがどれほどだったのだろうか？　人生とは何かを知る前に、自ら死ぬことを選択しなければならなかったのか？　驚くことに、その子どもを死に追いやったことは貧しさや病気でも、家庭の不幸でも友達との不和でもなかった。それはただ一つ、「海の底の魚のように自由になりたい」という希望であった。

キム・サンボン『学閥社会』ハンギル社、２００４年、49ページ

ソウルだけで毎年1万６０００人の学生が学校をやめ、全国で街を徘徊する青少年は、

少なくとも17万人、多く見積もれば36万人にもなるという調査もある。かれらには家庭も学校も社会も暖かい手を差し伸べることができないでいる。

模範生たちの作った社会

全国の全学生を成績順に一列に並べる入試教育、ただ立身出世だけを目標にする教育によって、学生たちは熾烈な入試競争でへとへとになり、親たちは過度な私教育費に苦しみ喘いでいる。最上位の1％を除いたすべての学生が敗北者になる韓国で、青少年の死亡原因の1位が自殺であることは当然な結果であるかもしれない。

2014年、ノーベル物理学賞を受賞した日本出身の在米科学者中村修二は、アジアの教育システムを猛烈に批判した。かれは「アジアの教育システムは大変間違っている」として、「のちの世代は違う方式を見つけなければならない」と語った。かれは「日本の入学試験は最悪であり、中国、韓国も同じ」で、「すべての高校生の勉強の目的は有名な大学に入ることだけだ」と指摘した。

このような状況だから、韓国の大学は学問を生み出す機能をもてない。大学に入るために、全国民が毎日戦争をしていて、さらには多くの「戦死者」が出ている悲劇が続いている。そして、学問と学者を生み出す大学院は、学部の付属機関程度に過ぎない。これまた、植民地時代の大学の典型的な姿である。

米国の大学には、韓国の留学生7万人余りが勉強しているという。学生数としては中国・インドに次いで3位だが、人口比率でみると圧倒的に1位である。韓国の学生たちが1年に支出する金は、平均で少なくとも2兆ウォンをはるかに超えている。この金でソウルの大きな大学5校以上を運営しても余るほどである。（……）大学の歴史が60年になっても、いまだに博士になろうとすれば「米国」に行かねばならず、学部はただの「看板」で、特定学閥集団に入るための資格証を取る機関として残っている。競争してはだめなところで過度な競争が起こり、国家の支援と競争が必要なところは、そのままずっと捨てられている。どれほど目をこらして見ても私の目には韓国には大学がなく学問がない。実際に大学は人を殺す怪物である。

金東椿「大学には大学がない」『ハンギョレ新聞』２０１１年12月5日

韓国では学校と入試は、「労働者にならないための」戦場に近い。勉強ができれば出世して、勉強ができず良い大学に入れなければ工場の労働者になるという社会的信条が、相変わらず家庭と学校を支配している。このような学校で、労働者の権利をきちんと教えるわけがない。勉強ができて出世した人は、習慣的に労働者を蔑み、抑圧する言葉と行動をしても悪かったと考えない。不当な待遇を受けている労働者たちも、自分は勉強ができないので仕方がないと考える。会社で付属品のように扱われて傷つき病気にかかった労働者は、自分が無能だから、すなわち金がなくバックもなく学閥がよくないので仕方がないと考えて生きていく。

上級学校への進学が立身出世という世俗的価値に支配されているので、難しい試験と修練過程を経て専門職や上級職に上った人たちの大部分も、その地位にふさわしい社会的責任意識と職業倫理をもてない。韓国人が憧れる判事・検事・弁護士の中で、軍事政権時代でも現在でも、法律家としての職業倫理と信条を発揮して、不当な検察権力の行使、国家の司法介入に抵抗した人はほとんどいない。高等考試に合格して、官吏や外交官、政治家になった人たちの中でも、公益のために献身的で国民の尊敬を受けて今まで記憶されている人はほとんどいない。理工科大学では優秀な学生たちがすべて医科に集まってしまい、純粋科学分野で世界的な名声を轟かす科学者がほとんどいない。教育が手段化され、学閥の看板を手に入れることに重きを置く風土では、仕事それ自体を楽しみながら没頭する専門家が出てくるのは難しい。韓国では、学問的素養と専門性の獲得より立身出世の方がいつでも重要だった。

中央集権主義の伝統が強い韓国では、中央の良いポストは、すべての青年たちと家族の熱い願いを吸い込むブラックホールである。野心と抱負をもった若者たちは、自分が仕事をしている場で専門性と実力で社会的に認められようとするよりは、出世のために最も重要な資格証、すなわち学閥と縁故を確保しようと血眼になった。国家が保証する「学歴」と一流学校の卒業証書に代わる他の基準がほとんど存在しない韓国社会で、これらを獲得した者たちはかれらだけの集団の利益を保障するカルテルを作りまとまった。

結局、学閥が権力と富を手に入れる最も決定的なネットワークになった。

もちろん、他の国でも学歴差別と学閥主義は存在する。しかし、韓国では、ソウル大学とソウル大学以外の大学、ソウルにある大学と地方の大学、国内学位取得者と海外（特に米国）学位取得者の間の差別が大変甚だしい。それにまた、親の経済力と学歴に大きく左右されるから、韓国の大学は事実上学閥の発給機関になっているのである。イ・ヘジョン「教育と革新研究所」所長は、ソウル大の「最優等生の大多数の目標は、ただひたすら高等考試合格、大企業入社、または大学院進学後教授任用、この3種類の範疇から抜け出せない」と語った。「与えられた内容を最大限速く正確に吸収するように自分自身をコントロールして耐える能力が、現在大韓民国で最高の人材がもつべき能力」になったのである。

１９９０年代以後には、経済資本が学歴と学閥獲得の重要な資源になった。ソウルの江南出身、専門職の子どもたちが上位の大学に主として進学する。学費が一般高校の５倍から10倍に達する特殊目的高校や自立型私立高校出身のソウル大入学率は、一般高校の10倍を超える。かれらがまた司法高試やロースクールの進学を通して若い法曹人の多数を占めている。そのために、１９７０～80年代まで地位上昇コースの役割をしていた教育は、今では階級と階層を固定化させる通りみちに変わったと言える。１９９０年代以後には、学閥序列、学歴差別が事実上、準身分的差別として固まった。

韓国の教育の神話は、今やほとんど消えてしまい、影だけが色濃くかかっている。いつでもそうだったように、教育はもはや教育だけの問題ではない。植民地、開発独裁時代にしっくり合っていた教育は、今や社会の桎梏になった。「勉強がよくできる人」たちが作ってきた「かれらだけのリーグ」を全面的に改編しなければ、国家や社会が立ち行かなくなる状況にまできた。

なぜ大韓民国は「財閥共和国」になったのか？

——対北競争／財閥形成／労働弾圧

李明博氏（大統領）が李健熙《イゴニ》氏*（サムスングループ名誉会長）に対する特別赦免を決定した。平昌《ピョンチャン》冬季オリンピック誘致とサムスングループの世宗《セジョン》市投資を条件に「赦免手形」を発行してやったのだといえる。手形だから、満期日に精算を正確にしなければならない。そうでなければ、不渡りになる。すなわち、平昌冬季オリンピックを誘致できなければ、すぐに再び拘束されるのだ。もちろん、これに対する反論も手ごわい。甲と乙が変わったということである。手形の発行者が李健熙氏で、今回満期支給をした人物が李明博氏だという話だ。李明博氏の大統領選挙の選対本部には、サムスングループの役員出身者が数人配置されていた。そして、金勇澈《キムヨンチョル》弁護士は、その役員たちもやはりサムスンの裏金口座をもっていた人物だと暴露した。その裏金口座がサムスングループに回収されたのか、李健熙一家に回収されたのか、どうなっているのか、李健熙氏の妻も知らない。

「李明博、李健熙に赦免手形を発行する」
『高在列《コジェヨル》の毒舌ドットコム』2009年12月30日

＊李健熙《イコニ》（1942～）
1987年サムスングループ創業者である李秉喆の後を継ぐ。サムスンは政府から特恵措置を受けながら、最大の財閥にのしあがった。

朴正熙、財閥と手を結ぶ

韓国の経済力は国内総生産で世界14位（2014年）を記録し、製造業競争力は世界4位（2013年）に上った。輸出市場でも世界6位を記録している。1961年、韓国の国民所得は82ドルでラオスやカンボジア、アフリカのマリと似たり寄ったりの水準だったが、2015年の国民所得は3万ドルに迫る勢いだという。『フォーブス』誌が2015年8月に発表した世界最高所得者の上位100人のうち韓国人が5人もいる。

半世紀だけで韓国が経済的奇跡を成し遂げた事実は、誰も否定できない。ところで、一般の国民は国民所得3万ドルを全く実感できないのはいうまでもなく、現在と未来に対して前よりはるかに悲観的である。財閥の社内留保金がなんと700兆ウォンに達したというが、道には青年失業者があふれて、国民の中で940万人が都市生活が不可能な200万ウォン以下の所得であるという。自殺率は8年間OECD加盟国中のトップをつづけている。

韓国が経済的に成功した国であることは明らかだが、国民の幸福感はほとんど世界最低水準である。それは、猛烈な生存競争、深刻な雇用不安、そして富の財閥企業集中のためではないのか？「漢江《ハンガン》の奇跡」は、朴正熙大統領の指導力、世界最高の誇らしい韓国人の勤勉性、そして財閥大企業の合作作品である。しかし、韓国の経済成長の機関車だった財閥大企業の発展原動力の中には韓国経済の光と影がともに入っていた。

1961年、朴正熙と軍部指導者たちは、5・16クーデター直後「革命公約」第4条で、「絶望と飢餓線上で苦しむ国民生活を至急に解決して、国家自主経済の再建に総力を傾注するものであります」と、経済開発の意志を明らかにした。経済開発は、主体である近代的企業と資本があってこそ可能である。近代的企業は、1950年代から本格的に始まったが、資本は甚だしく不足していた。そのため軍部は、その頃生まれた財閥企業と手を結ばなければならなかった。

1950年代にも政界と癒着した財閥企業の不正腐敗に対する怨嗟の声は高かった。4・19直後、このような企業を処罰しようという声が多かったが、米国は、企業の「不正蓄財した財産を国庫に回収したり、租税事犯に罰金を課したりする場合、企業の生産が委縮する恐れがある」と警告して、腐敗した企業を見逃すように要請した。5・16軍事政権も初めは強硬な処罰を行ったが、結局、不正蓄財者が工場を建設して株式を政府に差し出せば、処罰を免除する方針に変わった。政治権力は、貧困脱出と経済開発という時代的課題を解決するという目標のもと、ほかの課題である、経済正義の確立と腐敗の清算を放棄して、財閥と手を結んだ。韓国を代表する企業サムスンの創業者李秉《イビョン》喆《チョル》*は、5・16クーデター直後不正蓄財者として逮捕され監獄に入ったが、自分の釈放を訴えて次のように語った。

企業を経営する人の本分は、多くの事業を起こし多くの人びとに働き口を提供して、

＊李秉喆《イビョンチョル》（1910〜87）号は湖巌。慶州李氏の大地主の家に生まれる。父親の支援で協同精米所を興してから製粉業、運輸業などさまざまな方面に事業を拡大した。政府からの特恵措置を受けながら、企業買収をくり返して財閥を形成していった。

その生計を保証してやる一方、税金を納付してその予算で国土防衛はもちろんのこと、政府の運営、国民の教育、道路・港湾建設など国家の運営を支えることにあると考えます。いわゆる不正蓄財を処罰したとしたら、その結果は経済の委縮として現れ、そうなれば当面の税収が減り国家の運営が打撃を受けることになります。むしろ、経済人たちに経済建設の一翼を担わせることが国家にとって利益になると思います。

李秉喆『湖巌《ホアム》自伝』中央日報社、1986年、114ページ

不正容疑で拘束された企業人たちが、経済活動を通して国家に寄与するから、赦免・復権してほしいという論理は、今も全国経済人連合会義〔全経連〕、韓国経営者総協会などの企業家団体の声明によく登場する。それに応えて「企業人の社会への貢献は大きいので、かれらを再び自由にしなければならない」といい、裁判所がかれらを無罪放免したり、大統領が赦免したりすることもずっと繰り返されてきた。大企業の総帥という理由だけで、公権力の偏向した行使をはじめ、あらゆる種類の特恵と国家の財政支援を受けてきたのである。

財閥という用語は、日本からきたもので、一つか二つの家族が経営を掌握したまま多くの事業分野を独占している特有の企業組織をいう。産業化の初期段階の後進国では、一つの血族集団が創業して企業経営を独占する場合が多いが、産業規模が大きくなり経営が複雑になるとより優れた専門の経営者たちに企業運営を任せて、創業者家族は財団

などを作って経営の表舞台からは退くのが普通である。ところが、韓国ではそうはならなかった。

8・15直後、日本を占領した東京のマッカーサー司令部は、帝国主義時代の侵略戦争を支援し、戦後民主主義の障害物になっていた財閥を解体した。財閥が所有する株式は国債に変え、すべて回収してこれを労働者と消費者に分散して売却した。系列企業はすべて分割して、役員たちを解雇した。しかし、マッカーサーや米軍政、そして政府樹立後にも韓国政府の経済運営に実質的に影響力を行使していた米国は、韓国ではそのような圧力を加えなかった。なにより8・15直後の朝鮮では、財閥と呼ばれるに値するものがなかった。日帝の侵略戦争に協力した企業人たちも反民特委の解散過程ですべて自由になった。むしろ、反民族的・反社会的な前歴があった企業が特恵を受けることもあった。韓国で企業が政府の支援で規模を大きくした契機は、8・15後日本が残していった企業、すなわち国に帰属された企業の払い下げと銀行の民営化だった。

1950年代の主要な大企業の中で、約40%が帰属企業の払い下げを受けた。その政策目標は国営企業を企業家に分け与えて、民間企業が経済を主導するようにしたもので、米国は戦後の韓国が「市場経済」の原則を採用するようずっと圧力を加えた。李承晩は、米国のこのような政策に従うために制憲憲法の経済条項まで変えた。1953年8月、韓米財団［1952年設立］と韓国を訪問したロバート・キニーは、韓国の憲法の国有化条項が外国人の投資誘致に障害になっているとして、経済運営を民間企業中心にすることを勧めた。李承晩政権は1954年1月23日、憲法改定案を提出する時、この内容を反映させた（この改憲案は提出後、すぐ撤回されて、5月20日、民議院の選挙が終わった後に再上程された。この後行われたのがいわゆる「四捨五入」改憲*である）。

政界にコネをつけた大企業が援助物資の払い下げをほとんど独占的に受け、政府が持っていた外国為替の貸し付けを受けるなどの特恵も財閥が成長することができた重要な背景である。このように権力と特別な関係を結んだ後、その力で金もうけをするためには、内部の秘密をしっかり守って危険の重荷に耐えられるオーナーの家族たちが経営権を独占する必要がある。それで、1950年代後半から特定の家族が多くの企業の経営を掌握する状態、すなわち財閥が生まれ始めた。

李承晩政権末期に経済機関である復興部で国家経済開発計画が立てられたが、かれらにはそれを実行する能力も意志も不足していた。その上、国内で資本を調達することができなかったので、結局1965年の日韓協定締結後、日本の金を受け取ってからやっと本格的な経済開発を始めた。「貧しい根を抜こう」という朴正熙政権のスローガンに当時の韓国人の熱い願いが集約されている。韓国人は飢えを解決することができるなら、民主主義でなくてもよいと考えた。朴正熙政権としては、軍事政権を安定させて圧縮的な経済開発を推進するためには、財閥企業と緊密な関係を結ぶ必要があった。軍事政権初期から露わになった4大疑惑事件［証券騒動、ウォーカーヒル事件、パチンコ事件、セナラ自動車事件］とサムスン密輸事件などは、以後さらに深まる政経癒着を予告する

＊「四捨五入」改憲

当時、憲法では大統領の任期は連続2期までしか認められていなかったが、李承晩は終身大統領を望み、3選制限条項を初代に限り撤廃しようという改憲案を提出した。1954年11月27日に投票が行われた結果、在籍203人中、賛成は135人であった。改憲に必要なのは203人の3分の2以上の135・33人でつまり136人であった。しかし、改憲に必要な票数の135・33は四捨五入すれば135人であるとして、強引に改憲を成立させた。よって、「四捨五入」改憲という。

ものであった。

朴正煕政権は「労働過剰」と「資本不足」という韓国経済の現実から、打開策として輸出振興策をとり、労働集約産業が成長することができるように輸出金融支援、税制および為替レート支援、進入制限［特定産業に新しい企業が新規に進出するのを制限する処置］、労組結成阻止などの政策をとった。韓国の実情に適合して効果が最も早く表れる産業を育成して、それがひと段落すれば、他の業種を選定して再び支援を集中するという方法を取った。朴正煕は次のように語った。

経済こそ国政の基本だ。経済がうまくいってこそ国民が腹いっぱい食べられる。温かくゆとりある生活ができれば、政治が安定して国防もしっかりするのではないか？

金正濂《キムジョンニョム》『韓国経済政策30年史』中央日報社、1991年、172ページ

経済第一主義は朴正煕のモットーだった。朴正煕は在任18年間、「輸出主導の工業化」と「農民が豊かに暮らせる国」を経済政策の二つの基礎として、「民族中興と祖国近代化」を推進した。農村で勤勉・自助・協同の旗印の下、農家所得を増大させる事業とセマウル運動を繰り広げた結果、農村に電気が入り、韓国は食料を自給できる国家になった。

政府と大企業が一体になって、経済成長推進のために、1975年に、総合商社制度が導入された。朴正煕政権は、これら総合商社にさまざまな特恵と支援を惜しまなかった。サムスン物産をはじめとして双龍《サンヨン》、大宇《テウ》実業、韓一《ハニル》合繊など総合商社になった財閥は、日本の大企業に学ぼうと休みなく努力した。企業経営者の立場で見れば、まだ資本市場や労働市場が発達していない状況で、危険を分散させなければならず、輸出市場の確保や取引時の支給保障を受けようとすれば、国家の全面的な支援が必要だったから、財閥総帥一家中心の迅速な意思決定とロビー活動、内部の資本調達が必要であった。このためには、財閥体制を維持・強化する必要があった。

このような状況の中で、新しい企業が急速に成長した。１９５０年代の帰属財産払い下げ*、為替レート差益の暴利など非生産領域で政府の特恵を受けて成長した財閥と違い、底辺から出発して成功した鄭周永の現代グループは、韓国企業家の誇らしい成功神話である。現代は、国内の流通市場などで富を蓄積しないで、海外の建設業に身を投じて最短期間に造船所を建設して油槽船2隻を建造する記録を立て、１９７５年には、世界最大の造船所へと飛躍した。１９７６年には、米国の『フォーチュン』誌が選んだ世界５００大企業の一つに成長した。

江原道通川《トンチョン》の貧しい農民の家に生まれた鄭周永は、肉体労働、精米所の配達員、自動車修理店、建設業を経て、１９６０年代以後セメント、造船、自動車方面に事業を拡大した。かれは初めから商売や消費財の生産に一切関与せず、「製造・生産企業として一

＊帰属財産払い下げ
日帝植民地時代の日本人所有の農地、住宅、企業などの財産は、米軍政に没収されていたが、李承晩政権の政策でこの帰属財産の払い下げが行われた。1949年には帰属財産処理法が制定され、本格的に民間企業に払い下げられた。おおむね政権と関係が深い企業に時価の4分の1～5分の1程度で払い下げられ、償還期間も優遇された。

貫してきた」という点に対して大きな自負心をもっていた。

現代は、１９６０年代に建設業から始めて１９７０年代に重化学工業へ重点を移して、会社を大きくしていった。朴正熙の時代はまさに鄭周永の時代でもあった。鄭周永は朴正熙について次のように語っている。

朴正熙大統領と私は、われわれの子孫たちを絶対に貧しくさせないという願いを互いにもち、どんなことでも信念をもって「やればできる」という肯定的な考えと目的意識がはっきりしていたのも同じだったし、信念をもって決行する強力な実践力も互いに同じだった。

鄭周永『この地に生まれて』ソル出版社、１９９８年、２８０ページ

現代の鄭周永と同じように、新聞売りの少年から始めて、世界的な大企業を起こした大宇の金宇中《キムウジュン》*は、勤勉、敏捷で早くから海外に目を向けて成功した代表的な企業人である。かれは１３１日間で31カ国を回り、海外市場を開拓した韓国企業家の神話だった。

われわれは他の会社より倍以上仕事をした。他の者のように朝9時から午後5時までではなく、明け方5時から夜9時まで仕事をしてきた。

「金宇中、世界の真ん中へ出ていく」『月刊朝鮮』１９９４年1月、別冊付録55ページ

*金宇中《キムウジュン》（１９３６～２０１９）
大邱出身。１９６７年に大宇実業を創業し、70年代には大宇建設・大宇證券・大宇電子などを次々と創設して、新興財閥となった。しかし、97年のアジア経済危機で大打撃を受け、99年大宇グループは解体された。

浦項《ポハン》製鉄の成功神話を成し遂げた朴泰俊《パクテジュン》*も軍出身で、もともとは朴正熙の参謀だったが、5・16以後企業家になり並外れた指導力と使命感を発揮した。鄭周永、金宇中、朴泰俊のような経済の指導者たちの意志と努力のおかげで、韓国は最も短い期間で農業国家から工業国家へと変わった。

1960年代、低賃金の労働力を利用した繊維・建設・製粉・縫製などの軽工業が発達し始め、1970年代初めから製鉄・造船・自動車・機械などを生産する重化学工業に重点を移した。その成長の牽引車はまさに財閥大企業であった。30大財閥の系列社は、1970年に平均4・1社だったが、1979年には13・7社に増えた。実物経済で財閥が占める比率も、1979年鉱工業の総出荷額の35・2%に達した。1980年代以後、財閥の経済支配力はさらに大きくなり、1987年になると中小企業の過半数が財閥の下請け企業になった。

これと同時に、農村を開発する政策も推進された。1970年代中頃以後、韓国人はひどい貧困と飢餓からある程度抜け出すことができた。農村には、食糧自給、農業所得の増大、農村の近代化事業を推進して、試験村や模範農民を奨励した。この事業は以後セマウル運動として定着した。農民たちにとっては「春の端境期」の克服が最も重要だった。「檀君以来、腹いっぱいに食べられるようになったのも朴正熙の時が初めてだ」という称賛も聞かれた。

*朴泰俊《パクテジュン》(1927~2011) 陸軍士官学校出身。62年、陸軍少佐で除隊後、68年浦項製鉄を設立した。韓国の製鉄産業を世界的な水準に育てあげた。

朴正熙・全斗煥政権を通して行われた近代化・成長・開発は、韓国人の潜在力を引き出してエネルギーを極大化した。経済成長は植民地の屈辱と戦争の廃墟で絶望していた韓国人に「われわれもできる」という自信を与えてくれた。朴正熙が国家権力を動員して財閥と手を結んで経済発展を推進したことは、技術、資本のすべてが不足していた韓国の立場ではある程度避けられない選択だった。

第2次世界大戦以後、後発国の中で韓国の成長は唯一際立っていた。ここに、朴正熙の独裁が寄与した点は明らかである。特に、輸出中心の産業化政策と特定分野にまとめる政策、財閥大企業に特権的地位を与えて重化学工業を推進した政策は、国家経済を飛躍的に発展させた最も重要な選択だった。

しかし、このすべての成果を朴正熙個人の指導力、もしくは財閥の寄与とだけみることは、半分は合っているが半分は間違っている。

経済成長のもう一つの背景

朴正熙と軍部指導者たちは、「革命公約」第4条で自主経済再建の意志を明らかにしたが、第1条では「反共を国是の第一として、今まで形式的にスローガンにだけ止まっていた反共体制を再整備して強化するものであります」と明示した。すなわち、反共のために経済を建設するということである。反共体制強化は、米国が最も重点を置いていた東アジア政策だったが、結局、南労党の前歴をもった朴正熙の思想を疑っていた米国を安心させるための公約だった。

朴正熙は「北朝鮮に対する経済的優位を確保するため、急速な経済成長を期するものである」と語った。朴正熙政権が財閥企業と手を結び、輸出主導型成長政策を推進したことは、米国の冷戦政策、１９６０年代という国際経済の時代的条件、そして北朝鮮との競争に負けまいという圧迫があったからであった。１９６０年当時、韓国国民の一人当たりの所得は、北朝鮮の60％程度に過ぎなかった。これは、韓国の反共体制を最も深刻に危うくする要因だったので、米国の後援のもとに朴正熙政権は経済成長を急がざるをえなかった。朴正熙政権が第1次経済開発計画を立案した当時、成長目標を年平均５・１％にしたが、それを７・１％に上方調整した理由も北朝鮮との競争を意識したためである。朴正熙にとって経済はもう一つの違う形の戦争であった。かれは、韓国の経済力が北朝鮮を圧倒しなければならないと考えた。日本軍出身というコンプレックス、解放後の左翼の経歴を脱ぎ捨てるためにも、金日成との競争に勝たねばならないと考えたのである。

問題は資本であった。結局、外資を導入せねばならないが、そうなると日本と手を結ばなければならなかった。米国はすでに１９４０年代末から日本を軸に東アジアの資本主義圏を統合しようとしていたが、韓国は日本の市場圏に編入されなければならない対象だった。それゆえ、米国は李承晩政権の崩壊直後日韓国交正常化を急ぎ、５・16クーデター直後には日韓両国の外交関係樹立に最も積極的なブローカーの役割をした。

結局、朴正熙政権は米国の戦略に従って、日本の植民地支配に対する謝罪と賠償の要求をせず、「請求権資金」という名目で日本の経済協力資金を受け取った。経済開発のために歴史問題に蓋をしてしまったのである。このような政策は当時の大学生たちと在野の人びとから「売国外交」、「屈辱外交」という激しい攻撃を受けた。

一方、韓国経済が著しく発展した1960〜70年代は、国際的にも経済成長に大変有利な条件が整っていた。韓国、香港、シンガポール、台湾の東アジアの「4匹の龍」が飛躍的な経済成長を成し遂げた。それは、米国など先進資本主義国家が技術集約産業へと移って、自然に軽工業の生産基地を労働賃金が安い後発国に大挙して移転しようとしていた状況のおかげだった。韓国はしっかりした教育を受けて生産性が高くて安い労働力が無限に提供できたので、このような戦略に適用することができる重要な候補地になった。開発主義の成長に舵を切ったのは、単に朴正熙の路線ではなく、当時の東アジア国家が推進した一般的な戦略だった。

米国の積極的な東アジア支援、いわゆる「招請による開発」戦略も決定的であった。戦後、好況を謳歌していた米国は、日本を反共の砦にするために東アジアの資本主義の発展と安定化に力を注いだ。また、援助を通した支援と、さらに東アジアの4匹の龍が作り出した工業製品を積極的に買い入れた。朴正熙政権は、保護貿易政策を採用して外国産工業品の輸入を止めて、国民の消費まで統制した。1960年代、米国の後進国開発政策、すなわち冷戦式開発主義の伝道師がまさに『経済成長の段階：反共産党宣言』

を書いたウォルト・ロストウ［Walt W. Rostow］であった。近代化と経済開発を通して共産革命を止めなくてはならないと主張したロストウは、単なる学者ではなく、CIAの第3世界介入、特にベトナムなどで行われた共産ゲリラ退治計画にも介入した。

当時、韓国は豊富な低賃金労働力があって、反共体制樹立で社会主義政党はいうまでもなく、労組の活動も完全に統制された、事実上の右翼独裁体制だった。このような状況で、労働者たちは政府と使用者に一方的に服従せざるをえなかった。国家は反共イデオロギーと法、制度などを通じて労働者の権利や主張を押さえつけることができた。その上、当時、韓国の企業はベトナム戦争と中東地域の建設特需で膨大な富を蓄積した。もちろん、その土台には韓国人たちの勤勉性と教育熱、階層上昇の熱い思いがあった。国民が国家の政策にあえて抵抗することができない権威主義体制において、朴正熙は決意さえすれば、財閥や土地所有者たちの財産権を制約して、企業を統廃合して国土を開発することができた。

分断国家韓国で安全保障と経済開発は不可分の関係である。特に、米国の御用学者たちが作って世界に広まった第3世界の近代化論と開発主義は、事実上、1960年代式反共主義のもう一つの表現でもあった。北朝鮮の金日成が、南韓革命論と「米国製追い出し、祖国統一」を公然と打ち出し、1968年北朝鮮の金新朝《キムシンジョ》一味が南に侵略して起こした1・21事態*と統一革命党事件*、蔚珍《ウルチン》・三陟《サムチョク》武装共匪浸透事件*などが続いて起こった。この時のスローガンがまさに「闘いながら建設しよう」だった。

＊1・21事態
1968年1月21日、北朝鮮の武装ゲリラが青瓦台を襲撃するために、ソウルの洗剣亭峠まで侵入した事件。ゲリラ31人中唯一逮捕されたのが金新朝であり、他は自決するか殺された。

＊統一革命党事件
1968年8月24日、中央情報部が発表した地下組織事件。158人が検挙された60年代最大の公安事件。2018年、再審で無罪判決を受けた。

＊蔚珍《ウルチン》・三陟《サムチョク》武装共匪浸透事件
1968年10月30日から11月2日にかけて三度にわたって北朝鮮の武装ゲリラ120人が蔚珍・三陟地域に侵入して、12月28日に韓国の討伐隊に掃討されるまで約2か月間にわたってくり広げられた事件。

1970年代以後、韓国の経済成長戦略は、何といっても北朝鮮との敵対関係という政治環境を抜きにしては説明できない。朴正熙の重化学工業化政策は北朝鮮との軍事対決の中で始まった。当時の重化学工業化は、韓国の技術水準では多少無理な側面があった。しかし、米国が韓国から手を引こうとする状況で、武器の自給のために防衛産業の育成を含む重化学工業化を推進するしかなかった。朴正熙政権は、製鉄所で戦車、大砲、軍艦も生産できる計画を立てた。ここで必要な資金を準備するのが困難になると、防衛税と付加価値税を新設した。まるで日帝末期の戦時経済政策のようだった。

米国の技術支援に全面的に依存してきた韓国は、米国が軍事技術移転に消極的な態度を取って韓国防衛産業の成長を牽制すると、大きな壁にぶち当たった。このように無理な重化学工業化を推進した結果、朴正熙が死亡した1979年になると、韓国は世界の5大債務国のうちの一つになって経済成長は急激に落ち込んだ。

輸出100億ドルという朴正熙の目標設定は、米国と中国のデタントで大韓民国の安全保障が危機に陥る状況から、今こそ米国に援助金を求めずに北朝鮮を圧倒しなければならないという考えから出てきたものであった。ニクソン大統領のCIAがチリのアジェンデ社会主義政権を倒して、ピノチェト政権を立てたように、米国は自分が支援する第3世界の軍事独裁政権をいつでも交代させる力があった。このような事実を知っていた朴正熙は、不安を感じざるをえなかった。朴正熙政権が北朝鮮との対決を意識しながら、自主国防路線を打ち立て、財閥と手を結んで反政府運動や労働争議を弾圧したのは、このように米国に対する不信と政権の危機意識からでたものである。

政権別経済成長率　（単位：％）

朴正熙（１９７０〜１９７９年）	一〇・四七
全斗煥（１９８０〜１９８８年）	一〇・〇一
盧泰愚（１９８８〜１９９３年）	八・七
金泳三（１９９３〜１９９８年）	五・六
金大中（１９９８〜２００３年）	五・八三
盧武鉉（２００３〜２００８年）	四・二
李明博（２００８〜２０１３年）	三・一七

それゆえに、国内情勢や状況だけを考慮して、朴正熙が独裁をしたから、あるいは朴正熙の指導力のおかげで経済の奇跡が可能だったという評価は部分的に妥当である。経済発展において大統領の指導力は大変重要だが、米国が主導した冷戦と分断という条件、１９６０〜70年代という国際環境、特に朝鮮戦争後左派の完璧な没落で右翼独裁が強固になり、親企業の反労働政策を牽制するいかなる政党も社会勢力もなくなってしまった点を考慮してこそ、朴正熙時代の経済成長の秘密をきちんと理解できる。

財閥と国家、関係の逆転

米国の政治学者チャルマーズ・ジョンソン［Chalmers Johnson］は、『通産省と日本経済の奇跡』で、日本が、米国が要求していた市場論理とは反対のことをしたから経済的な成功を成し遂げたと主張した。すなわち、日本は国家が市場に強く介入して、戦略産業を育成して消費市場を保護するなど、ほとんど計画経済に近い方式で経済を運用したので、むしろ成功したというのである。この論理は、経済企画院が経済の総括指揮部の役割をしていた韓国でも適用することができる。

朴正煕の成長政策を背後で支援して、条件を作ってくれた強力な兄貴分は米国だったが、朴正煕の実際の経済政策は、米国が強調していた民間主導の市場論理とは相反するものだった。戦略産業の育成のため財閥に特恵を与えたことも、国内企業の保護のため輸入を遮断したり、さらには消費まで統制したりしたこともその表れだった。強制的に企業を潰したり合併させたりするなど、財閥の総帥の財産権まで制約して、経済危機を突破したことも同じことである。しかし、米国は、北朝鮮と対決状態にあった韓国の資本主義を発展させるために、朴正煕の軍事独裁と同様なその経済戦略を支持するしかなかった。日本では軍国主義侵略の中心であった財閥を電撃的に解体したが、韓国ではそのような圧力を加えなかったことも同じ理由からである。

１９８７年以後にも、歴代政権はいつでも財閥改革を最も重要な議題に挙げた。全斗煥と新軍部勢力は、財閥の総帥たちをホテルに呼びつけて事業放棄の覚書を要求することまでした。しかし、政府の干渉を縮小して公企業の私有化措置を行うなど、民間が主導する経済自由化措置をとりながら、財閥を中心とする成長に進むしかなかった。

１９８７年以前には、政権が財閥を全面的に支援して、その見返りに「準租税」や政治資金を巻き上げていたが、民主化されて労働組合の要求が強くなると、そのような政治的ベールが消えてしまった。１９８８年、具滋暻《クジャギョン》全経連会長は、露骨に「財閥は公けに政治資金を集めて、自由市場経済を支持する政党にだけ資金を出すことにする」と宣言した。それは、政界に対するオブラートに包んだ脅迫だった。金泳三《キムヨンサム》政府は、盧泰愚前大統領に天文学的な政治資金と賄賂を提供した35人の財閥総帥を拘束したが、大部分は無罪で釈放された。当時の検察総長は、「財閥の収監が経済を悪化させるために、寛大な措置を取った」と発表した。しかし、財閥企業のたこ足式経営、過度な外貨借り入れと過剰な投資に対する内部牽制力の喪失、財閥間の過当競争による国家経済の混乱、不正な系列会社の抱え込みなど、市場で公正な競争が行われないことが続いた。このような財閥体制の矛盾は、ついに１９９７年の通貨危機*として爆発してしまった。この危機で多くの中小企業が倒産して、数百万の国民が路上に追い出されるなど国家経済が大きな損失を被った。

通貨危機は、旧時代の遺物になった財閥体制を全面的に改編して、韓国経済の体質を改善する絶好の機会だった。ところが、実際にはその反対のことが起こった。財閥企業は、透明性確保、反腐敗、支配構造の改善などを推進しようとしたが、結局そのポーズ

＊１９９７年の通貨危機
１９９７年11月、韓国がもっていた外国為替が大幅に不足して、国際通貨基金（ＩＭＦ）から資金の援助を受けたことをいう。

だけで何もしなかった。むしろ、その危機によって国内経済のエリートたちが仲介して、外国資本が韓国の金融と企業を捨て値で手に入れる機会になった。

地球的規模の無限競争時代が開かれ、大企業に力をつけねばならないという主張がより大きくなった。ついに、財閥は国家権力を圧倒する力をもつようになった。「企業を経営するのには良い国」を作らねばならないという企業家集団の要求は、経済民主化と社会正義という価値をたやすくねじ伏せた。民主化運動に力を得て登場した金大中・盧武鉉政府も通貨危機の早期克服、投資促進と働き口創出という経済的圧力のせいで、財閥が望むままに経済政策を行うほかなかった。特に、盧武鉉政府は、国政の目標に「国民所得2万ドル時代」を提唱したが、これはサムスン経済研究所の議題をそのまま受け入れたものだった。開放化、先進化、柔軟化など財閥大企業の要求は、成長と分配の好循環を追求しようとしていた二つの民主政府の上に君臨して成長主義論を持続させた。

結局、2000年代以後に生き残った財閥の経済力はより大きくなり、開放された世界経済秩序の下で国家はもうこれ以上財閥を統制することができなくなった。大宇など一部大企業が不渡りを出したが、生き残った財閥大企業の市場独占、意思決定の閉鎖性と経営権世襲、中小企業との上下関係はさらに深刻化した。

一方、通貨危機以後、株式市場の開放で財閥の株式の半分以上を外国人が所有するようになった。現在、サムスン電子の従業員の60%以上が外国の工場の外国人であり、2013年のサムスン電子の総投資の90%以上が海外で行われた。株式の大部分も外国人が所有しているので、サムスン電子は事実上韓国企業とは呼べないようになった。ところが、株式の3％程度しか所有してない李健熙会長とその一家が100％の経営権を行使するあきれた状況が続いている。

2000年代に入り、韓国は政治権力、立法部、司法部はもちろん、影響力があるメディアなど社会全体が、少数の財閥の影響力に振り回される「財閥共和国」になった。30大財閥は、韓国企業の総売り上げ額の40％を、かれらの資産規模は国内総生産の95％を占めるようになった。その中でもサムスン・現代・LG・SKの4大財閥は、30大財閥の売り上げ額の半分を占めている。

資本主義社会で、経済力はまさに政治・社会的支配を意味する。1997年の通貨危機以後、韓国は大企業が立法・司法・行政部の上で影の政府の役割をする「企業社会」に変わった。韓国の財閥大企業は、国家経済に責任をもっているという名分の下、天下無敵の力を振るうようになった。政府はもちろん、裁判所までもが経済のため、国家競争力強化のためという名分を立てて、大企業の市場掌握力と政治・社会的影響力を拡大することに進んで寄与した。今日、財閥大企業は、自営業者と被雇用者の生殺与奪権を握る権力になったが、政府は彼らをほとんど統制できない。

資本主義や市場経済がもたらす貧富の格差と不平等を正す最も強力な手段は、労働組合と進歩政党である。しかし、韓国の労組の組織率は10％に過ぎない。サムスンなど一部財閥大企業集団が、相変わらず無労組主義を貫いている状況で、労組は使用者の権限を牽制する力がほとんどなく、左翼と同じと見なされていつでも弾圧の対象になった。野党は権力を与党と分かち合っている体制内の反対勢力という性格が強いので、経済や財閥問題では与党と立場が大きく変わらない。

全経連やその傘下の研究機関である自由企業院は、市場経済の原則を強調している。しかし、それは、実際にはよりひどい独占状態をもたらしただけであり、これを止めるため設立された公正取引委員会など政府機関は、ほとんど無力化した。国家権力と財閥間の力の関係が逆転したところに、新自由主義原理に従って国家が経済活動に対する規制を緩和したら、市場の強者である財閥大企業の市場掌握力はもっと大きくなる。

財閥共和国の矛盾

憲法第1条では「大韓民国は民主共和国」とされている。最も巨大な組織である財閥企業の経営権が世襲され、その企業の権力が国民の代表者を牛耳って法の上に君臨していたら、そのような国を民主共和国と呼べるだろうか?

マッカーサーが日本の財閥を解体しようとした時、日本でも強力な抵抗があったが、財閥解体が日本を再建させた一等功臣であることは事実である。以後、日本は経済民主化を実現して高度成長を成し遂げた。財閥の総帥一家がなくなっても、大企業がなくなるわけではなく、財閥企業が即日本でもなかった。ところが、韓国の人びとは相変わらず、財閥を掌握した特定家族を財閥企業自体と同一視して、財閥企業が即国家だと考える傾向がある。韓国は、政府、国会、メディア、マスコミがまき散らす親財閥という論理にからめとられた。全体の雇用人口の８％を占めているだけで、膨大な利潤を主として海外に投資していながら、実際の株式の大部分を外国人が所有している財閥企業を、韓国人は相変わらず韓国の企業だと考えている。

財閥の総帥の地位を世襲した者は、前近代の皇帝と同じ超法規的な地位をもつようになる。「２代目は同業者であるが、３代目は皇太子」という言葉があるように、世襲は権力を絶対化するために、その組織が大きな失敗をしても彼に責任を問う方法がない。

皇帝がいるところには必ず奴隷がいる。このような財閥企業が国家経済を左右しているので、すべての国民が世襲権力に運命を任せたことになる。これら世襲権力は、法も国会も行政もその下に置き、財閥企業の広告費で食べているマスコミ界、財閥の訴訟を代理に行う巨大ローファーム、財閥から研究費を受ける教授たち、そして財閥の成功が自身の成功だと考える国民一般を奴隷化させる。

> 王がいない共和政体制に生きているが、李健熙の家族はすでに王族と変わりない。王族の権力は選挙で選ばれるわけではない。能力とも別に関係ない。ただ、血統によって決定される。だから、李健熙の家族と婚姻を通して血族の仲間入りをしようとする競争も熾烈である。
>
> 金勇澈『サムスンを考える』*社会評論、２０１０年、２４１ページ

*『サムスンを考える』
日本では『サムスンの真実』という書名で２０１２年に出版された。

金大中政府は、1071個の仮名・借名口座を利用した脱税で実刑を宣告された洪錫《ホンソッ》炫《キョン》中央日報会長を赦免復権させた。李明博大統領は脱税によって大法院で実刑が確定した方相勲《バンサンフン》朝鮮日報社長らを赦免復権させた。政治権力は選挙を通して交代することができるが、財閥およびかれらと姻戚関係にある新聞社の社主たちは子々孫々世襲する。だから、野党出身の大統領は、これらの血族集団が掌握した新聞社とその社主を恐れるしかない。

2000年代以後、われわれは皇帝と奴隷が共存する風景をマスコミで何回も聞いたり見たりすることができた。ある財閥の総帥は登記上の理事である役員を理事会を経ないで解任しようとした。財閥企業の理事会で総帥の意志に反する議事決定をした場合は1%にもならないという。財閥の家族が社員たちの目の前で役員を侮辱したり殴ったりすることもある。背任容疑で拘束された財閥総帥はほとんど無罪釈放されたり赦免復権されたりした。重大災害が起こった現場で、「産業安全保健法」違反で送致され、起訴された2045件のうちで、企業主や役員が懲役刑を受けたのは62件で0・03%に過ぎず、その上実刑はなかった。

特権層に適用される法と一般人に適用される法が違う社会が、まさに身分社会である。今日、人口の大多数が被雇用者として生きている資本主義の国家で、成人大衆は大部分の時間を企業の従業員として過ごす。企業内の従業員の地位は、4、5年に1回ある選挙より韓国人たちの意識と行動にはるかに強力な影響を与える。1年365日を企業の従業員として暮らしたり、不安定な職業あるいは失業状態にいて事実上「市民」としてしっかり考えて参加したりする機会をもてない人びとが、4、5年ぶりに来る選挙日に急に「民主」市民になることはできないのである。

現在、南北間二つの体制のそれぞれにおいて最高の力をもつ組織は、世襲によって権力を維持している。この世襲は、近代以前からあった韓国式家族主義の産物だというが、朝鮮戦争、分断、南北対決という慢性的な戦争状況で、生存のために身についた目標至上主義、強者と大勢に追従しようという心、不安感などによるものだという。

資本主義の歴史性とグローバル化された今日の経済環境が結合した今の韓国は、軍事独裁、もっと遡って朝鮮戦争前後の極右反共主義の時代と連続している。韓国で「自由」の概念は、冷戦時代の効率至上主義と成果至上主義、そして経済万能と人間の道具化を意味する。全経連が運用する自由企業院の「自由」は、過去の反共連盟、今の自由総連盟の「自由」とほとんど同じ概念である。

市民の告発や労組活動が罪悪視される国、そして労働者や社会的弱者を代弁する進歩政党が生存することができなかった過去の「兵営国家」が、今日に至ってすべての人びとがただ従業員あるいは「お客様」と呼ばれる「企業国家」に変わったのである。民主化以後、軍部エリートが権力層から脱落したことはすでに起こった変化であるが、財閥が民主化の最大の恩恵を受け、マスメディアを事実上所有するようになって、裁判所と検察もその影響力から自由ではないという点を考えてみると、韓国の支配秩序はほとんど変わったことがないとみられる。

柳韓《ユハン》洋行を創業した柳一韓《ユイルハン》*は、「企業は個人の私有物ではなく、社会的公器である。財産は相続することができるが、経営権は相続してはいけない」と語った。経営権の相続は、社会的にも受け入れられないが、経済的にも成功することができないと考えたからである。経済の教科書や実際の経済の現実をみても、経済が成熟したら財閥体制はこれ以上支えられないし、3世まで世襲されることは、企業のアルファとオメガである効率性の論理にも合わない。血族という理由だけで少数の人びとが経営権を世襲する場合、かれらが最高に優秀な経営者でない可能性が大変大きいから、重要な時点で合理的な意思決定と判断をすることができない。そして、総帥一家に対する牽制がほとんどなされないなら、企業の投資の失敗、腐敗や危機を防ぐことができない。実際に、自分の力で組織の1軍経験がない韓国の財閥3世は、創意あふれる模範的な事業を開拓するよりはたやすく金を儲けることができる業種に事業を拡大して、零細自営業者を没落させている。今や、コンビニエンスストア、カフェ、韓式ビュッフェ、文具店など横丁の市場まで占領した財閥企業は、経済の生態系をかき乱し、子どもたちのポケットの小遣いまで空っぽにする捕食者になった。

イギリスの日刊紙『ファイナンシャルタイムズ』は、2015年7月20日付けの記事「サムスンの九死に一生で明らかになった財閥体制の問題点」で、「コリアディスカウン

＊柳一韓《ユイルハン》（1895〜1971）
1926年に製薬会社である柳韓洋行を創業した。

ト[*]は根本的に韓国の不透明な財閥中心の企業支配構造のせい」であり、韓国は「財閥への愛が愛国である異常な国」と述べた。そして、株価の低評価が財閥体制に起因すると強調した。ある日本の企業家は韓国経済に対して次のように手厳しく警告した。

韓国企業の発展はまぶしいほどです。しかし、韓国ではサムスン、LG、現代、この三つしかありません。米国、日本では数百社ありますが、韓国では三つしかありません。これでは若者に夢はありません。これが日本との違いです。韓国が本当に強くなろうとすれば中小企業とベンチャー企業も大企業になれる国、つまり、大企業に入れなかった若者にも機会を与える国にならなければなりません。

「永守重信　日本電産社長インタビュー」『朝鮮日報』2009年10月17日

過去の財閥は、韓国経済の牽引車だったが、今では中小企業とベンチャー企業の革新を妨害して、労働者たちの権利と潜在力を制約するなど経済の生態系の健康を害する経済革新の大きな障害物になった。

8・15以後、70年以上が過ぎた今日、韓国経済は日本との格差を全く縮められなかった。ヨーロッパ執行委員会が2012年各企業のR&D規模を基準に発表した世界R&D上位2000代企業をみると、日本は353企業が含まれ、一方、韓国は56企業に過ぎない。実際に2012年基準に研究開発費が1兆ウォンを超えた韓国企業は、サムス

*コリアディスカウント
韓国企業の株価が同程度の水準の外国企業に株価に比べて低くされている現象。

ン電子、LG電子、現代自動車の3社に過ぎなかった。それに対して、日本はトヨタ、ホンダなど29社もあった。世界的な情報会社トムソンロイター社が、保有する特許数を基準に2014年に選定した世界の革新企業上位100社には、日本企業が28社、韓国企業が3社含まれていた。

特権の世襲が行われている前近代的な組織が21世紀を率いていくことはできない。民主主義、民権、そして経済に正義を打ち立てられなければ、創意と革新が消えて、結局経済も破綻するしかない。

偉大なる民主化運動はなぜ半分だけ成功したのか？
——民主化運動／グローバル化／新自由主義

誰に強制されたのでもなく、われわれは以心伝心で思い切って立ち上がって通りに出た。スローガンを叫びながら、われ知らずに手は固く握り、のどには何かがこみ上げてきて詰まり、目からは涙が出てきて泣き声になった。悲しみと歓喜のようなものが一緒に入り混じって、喜びに胸が膨れてきたその時の感情を、私は今も忘れることができない。趙芝薫の詩のように、「それは天理だった／ただ爆発しただけ／爆発しないわけにはいかなかっただけ」という純粋な正義の感情だったと敢えて言うことができる。多分、孟子が語る人間の本性としての羞悪の心が、結局はこのようなことであろうと私は信じる。

金正男《キムジョンナム》「4・19を振り返って」『茶山フォーラム』2013年4月23日

民主共和国は誰が作ったのか？

大韓民国憲法第1条には、「大韓民国の主権は国民にあり、すべての権力は国民に由来する」と書かれている。ここには国民が選出した人が国民の要求と立場を代表して統治するという「民主」あるいは「主権在民」の概念と、統治は公共の利益と和合を基本原則として行うという意味がすべて含まれていた。万が一、特定の人びとだけが選出されたら、選出された権力者が公共の利益よりも「特別な国民」の利益のために仕事をしたら、選出されなかった権力が選出された権力を圧倒して多数の国民が切実に要求することに耳を傾けないなら、そのような国を民主共和国だと呼ぶことができるだろうか？

現在、わが国の国会議員と官僚の構成をみると、特定の職業出身（判事・検事や弁護士）、特定の大学卒業者（以前まではソウル大学、李明博政権では高麗大学、朴槿恵政権では成均館大学）、特定の地域出身（嶺南《ヨンナム》地方）、特定の宗教の信者（プロテスタント）が圧倒的に多い。財閥企業と金持ちの力や発言権が、大多数の貧しい人びととは比較できないほど強い。検察は権力の望むところに従って捜査権を行使する。金持ちと権力者を不快にする内容を報道するマスコミはほとんどなく、批判的立場をもった人はマスコミに登場するのが難しい。だから、大衆にかれらの発言と行動が知られることもない。経済官僚、専門家、知識人、大学教授の中では、米国留学組が圧倒的に多い。

憲法上の民主共和国を実際に建設しようと主張して、そのために自身を犠牲にした人びとは、歴代大統領や権力者たちではなく、まさに民主化運動勢力だった。かれらは、4・19以後1987年6月抗争を経て、これまで民主化と社会正義のために闘ってきた。かれらは、民主主義の基本であり、核心の原則である国民主権を剝奪した事実を批判した。かれらは、李承晩・朴正煕政権が威嚇・代理投票・事前投票・公開投票・開票操作、体育館選挙で当選した事実を批判して、国民の意思で大統領を選ぼう、と主張した。民主陣営の主張のように、李承晩の1948年5・10総選挙と1960年3・15不正選挙、朴正煕の1971年大統領選挙、1972年の維新憲法通過を問う国民投票など短い大韓民国史の至る所が不正選挙で汚れていた。

冷酷な反共独裁下で、それでも社会的発言権がある人びとは、知識人と大学生であった。1987年以前まで批判の声が上がる場所は、主として大学と教会だった。野党さえもきちんと声を上げられなかった韓国社会で、大学生と在野の知識人と神父や牧師たちが大衆の苦しみと怒りを代弁した。朴正煕・全斗煥政権にとって、本当の敵は北朝鮮ではなく学生運動であったというほど、大学生は1987年以前まで政治を変化させる主役だったし時代の良心であった。

1970年代から1980年代中頃まで、民主化運動関連の受刑者の職業別分布を見てみよう。1970年から1979年では、全受刑者2704人中、学生と青年が1197人であり、労働・農業関連者が242人、聖職者が82人、宗教団体従事者が50人、ジャーナリスト・文人が82人、会社員・研究員が70人、教職員が52人、貧困民が43

人である。学生・青年・聖職者・ジャーナリスト・文人・教職員を全て知識人の範疇に入れると、1970年代の民主化運動は知識人と準知識人である学生たちによって推進されていたとみることができる。労働者、農民、貧民など民衆勢力の比重は、少なくとも拘束されている数では10%を超えていなかった。1980年から1985年の間では、全拘束者3291人中、学生と青年が1981人、聖職者が6人、宗教団体従事者が23人、ジャーナリスト・文人が35人、教職者が53人を占めていて、労働者・農民が490人を占めた。学生・青年の比重が相変わらず高かったが、1970年代に比べると民衆勢力の比重が若干高くなった。

知識人の政治参加は、朝鮮王朝以来の長い伝統である。知識人支配者（官僚、ソンビなど）と抵抗知識人（成均館*の儒生、在野の学者など）の対立は朝鮮時代初期から存在したが、学生たちがデモをして要求する方法で政治に参加する「ソンビ精神」の伝統が現代まで続いている国は韓国が唯一である。これは「百姓」［民衆］を政治から完全に排除して、かれらにはただ生業に従事することだけを要求して、政治は君子、すなわち教育を受けた人びとの独占的な仕事としてみる儒教文化の影響かもしれない。民衆は極端な状況に追い込まれた例外的な場合を除いては、自分の不満と政治的な意見を権力者あるいは「抵抗知識人」にゆだねてきた。抵抗知識人は、自分が世の中のことに関わらなければだめだという使命感と道徳的な義務感をもつようになった。

1960年代から1990年代初めまで、大学キャンパスと一部改革的な神父や牧師

＊成均館
高麗末期と李氏朝鮮の最高教育機関。文廟、明倫堂、東斎・西斎、尊経閣で構成されていたが、文禄・慶長の役の時に消失、後再建された。成均館大学は成均館を母体として設立された。

がいる教会が抵抗の拠点の役目をした。その理由は、二つの場所が思想や理念と無関係に「純粋な立場」で世の中の不正義を告発して批判することができる所と見なされたからである。学生と神父・牧師、知識人たちは、高等教育を受けたという共通点をもっていて、「利害関係」よりは「道徳的名分」に従って動く人びとだと期待されていた。かれらは、大韓民国の正当性を根本から疑問視する反体制民族主義や労働者の利益を擁護する階級闘争路線であるという理由で、苛酷な弾圧を受けた。分断と準戦争体制下の韓国では、単純な民主化運動も左翼と見なされた。

１９８０年の民主化の春と5・18光州民主化運動時、戒厳軍が投入された光州で市民らは愛国歌を歌い太極旗を振った。かれらにとって、空輸部隊との戦闘は、「偽の愛国」に立ち向かう「真の愛国」という意味だった。また、抵抗する市民軍の行動は、憲法上の共和国の主体であることを自任していたとも言えた。5・18光州民主化運動時、戒厳軍に包囲された状態で市民軍が作り出した光州の共同体は、韓国民主化運動の精神的な安息所でありモデルだった。

１９８７年6月抗争時のスローガンである民主憲法奪取、２００８年のキャンドルデモ時の「大韓民国は民主共和国である」というスローガンは、大韓民国の憲法精神が権力に抵抗する大衆にあるという宣言でもあった。１９８０年代に社会主義を志向する体制批判的な学生と知識人グループが一部にいたことはいたが、大衆的なデモは、大体において自由民主主義憲法精神の枠を出なかった。冷戦と反共主義の政治的支配構造が、正義と平等主義、社会主義的スローガンや理念が市民社会の領域と言論・学術領域で論じることすら厳しく禁じていたからである。

維新時代や5・18光州民主化運動、そして第5共和国下で、民主化運動に加わった人びとは、自分に迫りくる危険と不利益を覚悟しなければならなかった。かれらが、偏狭なイデオロギー的立場を固守したり政治状況を間違って判断したりすることはあったが、公共的な大意に献身して国家と社会の理想を個人の安危より上に考えたことは、間違いのない事実である。韓国の民主化運動勢力には、自由、民主主義、正義に基礎を置いた正常な国家を作ろうという精神があった。かれらは、日帝強占期の民族自主統一運動、民権運動、正義樹立運動の後継者たちであった。しかし、かれらには、軍事力と警察力を前面に押し出した政権を倒す力はあったが、新しい国家と新しい秩序を立てることができる力量と資源はなかった。かれらは、当然国民の尊敬を受けるべき存在であるが、実際には、国家、政権、隣人と家族から蔑視あるいは疎外されて、かれらの犠牲と苦しみさえも忘れられてしまったのが現状である。

市民社会と最初の野党政権

1987年6月抗争で、27年間の軍部統治がついに幕を下ろした。6・29宣言で、憲法上の自由民主主義が保障され、選挙による政権交代の道が開かれ、三権分立、労組設立の自由化、法の支配、言論の自由の基準が整った。6月抗争は韓国民主主義の過程で最も大きい成果を生み出した。当時の政治的空間で、「87年勢力」が形成され、かれらはこれまで市民社会運動、第1野党と進歩政党を通して政治の変化を追求してきた。1997年以後の金大中・盧武鉉政府もこの勢力の力で樹立された。

27年間続いた軍事政権は、軍出身のエリートたち、保安司と安企部などの公安機関、検察と裁判所、警察機構、官僚組織、政府寄りの右翼社会団体などによって支えられた。1987年、盧泰愚の6・29宣言は最上層権力の譲歩に過ぎず、旧勢力は新しい方式で戦列を整えた。「国家保安法」が健在で、議会民主主義と責任政治の実現を妨害してきた公安機関（中央情報部―安企部―国情院）がそのまま残っており、単純多数の得票制度の大統領選挙と小選挙区制に基礎を置いた国会議員選挙が維持される以上、国民の政治的意思が政治にしっかりと反映されるのは難しい。軍事政権の間、ずっと育成されてきた財閥企業、捜査情報機関、保守的な主流マスコミ、政治偏向的な司法、検察、官僚機構の緊密な結合構造は、むしろ軍部退陣以後にさらに強固になった。

民主化以後、韓国の支配秩序は、学生運動や知識人勢力によってぐらついた脆弱な状況を抜け出して、財閥企業が「陰の政府」としての莫大な力を思いのままに誇示する状況へと進んだ。しかし、過去の学生たちに代わる野党や進歩政党、オルタナティブな政治勢力の成長は遅々として進まなかった。1990年代以後には、軍部と学生の両方が対決の場から後退した。すると、朴正煕、全斗煥、申鉉碻らが、育ててきた嶺南出身のエリートの支配がさらに強化された。1987年の大統領選挙、1988年の総選挙、

1990年の3党合同後、すべての選挙で地域主義は民主化の道を阻む新しい政治構図になった。嶺南覇権主義の中で、湖南出身の金大中政権の登場は、かれの民主化運動と政治的弾圧の履歴に負ったもので例外的なことだった。分断と反共という支配秩序は、朴正熙と申鉉碻の後継者たちを権力の地位に留まらせることになった。脱冷戦の世界的な流れにもかかわらず、朝鮮半島に厳然と存在する南北対決の構図は、政治的理念の幅を狭めて、進歩政党の議会進出を阻み、一般大衆の政治参加を限られたものにした。

民主化以後、労働組合の設立が自由になって、労働運動が社会運動の前面に登場した。1987年以前の労働運動は学生と知識人主導の民主化運動だったが、1987年以後は労組結成を通した職場からの民主化運動、労働・人権運動、賃金引上げ要求を通じての分配の正義実現運動の様相を呈し始めた。特に、利益を実現すると同時に、社会権力を追求する運動としての労働運動は、1987年7~9月の大闘争以後本格化した。初めは職場単位の支配構造の改革と労組認定のための闘争から始まり、初歩的な形の社会的権力を確保するための闘争を展開した。しかし、1997年の通貨危機と新自由主義の構造調整に直接さらされて、労組運動は成長の果実を得る前に大きく弱体化した。企業単位の組織体系を基にした労働運動は、会社内の組合員の利益実現にだけ主として関心をおき、一つの政治・社会的な力をもった勢力として成長できなかった。これが、2004年の国会で10議席を占めて、期待を集めていた民主労働党など進歩政党が挫折した背景である。

1990年代初めは、1945年「解放政局」以後に現れたが挫折した「社会」の膨張期だと言える。プロセスとしての民主主義の制度化と物質的条件の向上は、1987年まで繰り返されていた「憤怒の爆発」、急進的知識人たちの「革命」路線が説得力をもたなくなったことを意味した。政治的な民主化が一定程度成熟して、抵抗する人びとも制度的で合法的な方法で訴えると、政府も公安機関や警察力よりはマスコミと司法を通して秩序維持により重きを置いた。地域運動も大変活発になった。大学生は政治的社会運動の主体という地位を失い、神父・牧師、教師、ジャーナリスト、文人などの知識人は体制側に組み込まれた。代わりに、女性や環境のような新しい価値を志向する運動が本格的に登場した。その中には、地方自治単位の市民参加運動、環境運動などのような地域単位の市民権力を創出するためのものもあり、オルタナティブ教育運動、共同組合運動、協同体運動のような新しい秩序を志向するものもある。

韓国の産業化が圧縮的だったように、1987年以後政治・経済的変化も圧縮的だった。最も重要なきっかけは、グローバル化の波と1997年の通貨危機前後に深刻化した両極化と不平等であった。この期間中に、過去の民主化運動と社会運動の指導者たちが大挙して第1野党に吸収されたが、大体個人の入党と新しい血の輸血の形で入ったので、大部分が自分の政治的生き残りのために体制側政治家として安住した。そのような変化は、かれらに政治改革を期待していた人びとを失望させた。結局、反共保守のヘゲモニーはびくともせず、第1野党は湖南を拠点にしていたので特別な政治対案を提示しないでも政治生命を維持することができた。

もちろん、金大中政権は、南北和解と平和統一の基盤を作るという大きな足跡を残し、盧武鉉政権は、地域主義の克服、脱権威主義、人権保障、過去の歴史精算などに大変すばらしい業績を残した。しかし、かれらが政権をとっていた時期が1997年の経済危機、すなわち本格的な新自由主義的構造調整が始まった時点と一致していたために、かれらの政治改革は新自由主義の経済政策と両極化によって光があせてしまった。かれらの政権で行われた旧民主化勢力の国家経営実験は、強固な反共保守と連合した新自由主義、新保守の攻勢に崩れてしまった。

一方、1987年の労働者大闘争以後、活発に組織された労働運動勢力も重要な社会・政治的主体として登場できなかった。韓国が福祉国家への道を歩もうとするにあたってさまざまな障害物があるが、組織労働の脆弱性が最も重要な原因である。このように、金大中・盧武鉉政権が標榜した進歩的自由主義や民族和解政策は、それを支えることができる社会勢力が脆弱だという限界にぶち当たった。その結果、李明博・朴槿恵政権が古くて退行的な政治形態が復活した。

韓国の「87年体制」、すなわち政治的民主化を内容とする政治変動はこのように一段落した。今や、財閥企業が支配する世の中で、民主化という論議やスローガンはもうこれ以上改革の未来と展望を表すことができない。1987年の民主化を主導した勢力が国家や社会を率いていく指導力をほとんど失ったという意味である。労働運動の保守化、市民運動の弱体化、第1野党の無力化と進歩政党の存在感の喪失がこの事実を裏づける。２０１４年4月16日のセウォル号沈没が大惨事になり、大きな事件になったことは、災難事故すらきちんと処理できない国家・社会・政党の総体的無能力と職務放棄のためである。韓国が直面した経済・社会的危機は、単純に与野党の政権交代だけでは解決することができない事実が明らかになった。

20世紀後半、韓国人が最も能動的な歴史の主体として国際社会で非常に高い評価を得たのはまさに民主化運動を遂行したことであった。それは、権力の腐敗と世の中の堕落を止めることができる塩のようなものであったし、韓国人の偉大さを全世界に轟かすできごとであった。しかし、民主化の成果は１９９７年の通貨危機以後、本格化した脱産業社会の多くの徴候、グローバル化・市場開放・新自由主義・構造調整・労働市場の柔軟化などによる経済・社会的不平等の深刻化を止めることができなかった。金大中・盧武鉉政権は、対外的にはグローバル化と新自由主義の圧迫、国内では分断と開発独裁の申し子である財閥大企業と保守メディアの攻撃で力を失った。

民主化運動の成果にもかかわらず、今日の韓国はもう変化と躍動の地ではなく、公正ではない方法で手に入れた富が代々伝えられ、学閥が身分のように機能して、大多数の労働者は生活苦と人間以下の扱いを受けて呻く生きにくい国に変わった。韓国は今や、経済民主化と社会正義が保障される国家を模索しなければならない新しい転換期に入ったのだ。

終わりに

半国家、半分の半分の主権国家　大韓民国の現実を再び問う

金があり権勢を誇る者たちが重大な罪を犯しても、経済に及ぶ影響を考慮して刑を軽くし、刑期中にも特別赦免、一般赦免、執行停止、仮釈放、病気保釈で自由になる無法天国を、私は自由党時代から見てきたが、自由党は今も特別赦免中である。罪刑法定主義は崩れ、経済は合理的で規範的な土台を失った。財閥の不法を容認してこそ経済がうまくまわり、正当な悲しみと憤怒を思いっきり振り捨てれば豊かな世の中になるという言葉は、市場の論理でもなく分配の正義でもない。それは政治的なごまかしに過ぎない。法治主義が生き残っていても法が飯を食べさせてくれる道理はなく、飯は各自自分で稼いで食べなくてはならないもので、法治主義を放棄したら飯を食うのがたやすくなるなら、この憐れな多くの民の飯はどれほど屈辱的なものだろうか。

金薫《キムフン》「新年特別寄稿セウォル号」『中央日報』２０１５年１月１日

民衆の極限の苦痛は「主権」の制約から

２０１４年４月16日朝、済州島に向かっていたセウォル号は、珍島《チンド》彭木《ペンモク》港沖で座礁して、３００人余りの学生たちが船内に閉じ込められたまま溺れ救助されず大惨事になった。２００９年１月ソウルの真ん中で発生した龍山《ヨンサン》惨事*は、撤去に抵抗する人びとが鎮圧にきた警察に立ち向かった中で起こった。そして、原因不明の火災で多くの人が死亡した悲劇を国民に生中継した。

強者は無限大の自由と権利を享受し、弱者は非人間的な人生を甘受する。その中で事故が発生してもかれらは、きちんと救助すらされないという光景は、１９４８年の政府樹立以後ほとんど変わらなかった。むしろ、資本主義産業化が本格化した１９７０年代以後、労働者・貧民を抑圧して差別はさらに強固になった。セウォル号の事故が救助の失敗で「惨事」になったことを見て、多くの国民が「これが国家か」と嘆息した。公権力が国民の保護と救助に最善を尽くさない姿、すなわち国民の生命や知る権利よりは政権の利害と権力者の体面を重視し、乗客の安全よりは企業の利潤保障をより重視する姿、国民の中でも力のない人びとは、より徹底して無視される姿があまりに露骨に明らかになった。なぜ、このようになったのか？

「国民主権」が保障される「民主共和国」の国民である韓国人たちは、果たして生活の主人、すなわち主権者としての地位と権利を享受したことがあるだろうか？　８・15

＊龍山《ヨンサン》惨事

李明博政権期の２００９年１月20日、ソウル龍山区漢江路２街にあった建物の屋上で、占拠籠城していた賃借人、全国撤去民連合会の会員たちと警察、撤去要員たちの間の衝突中に発生した火災で多数の死傷者を出した事件である。この事件で賃借人二人、撤去連合会会員二名と警察の特攻隊一人が死亡し、23人が負傷した。事故当時の暴力問題、撤去要員、安全対策、過剰鎮圧などに対する批判・論議が起こった。

「解放」が他国の力によって成し遂げられ、そのまま分断を経験して、われわれは国家の主人公としての地位を享受する機会を得られなかったのではないか？　対外的に十分な主権を主張できなかった国家は、国民を主人にしてくれることができないのである。

かなり前のことだが、咸錫憲は8・15以後の状況を次のように整理した。

われわれが手に入れた解放は、単に主人を変えて仕えることです。形を変えた奴隷状況になったと考えられるのではないか？　考え方は日本が教えてくれたものであり、組織された制度は先端的な米国流の模倣です。運用方式は異民族を統治するのに使った日帝の方式であるので、われわれの文化はどこにあるのか？　こんなありさまでも解放された民族だといえるのか？

咸錫憲「考える民衆でなければ生きられない」『思想界』1958年8月

8・15は、事実上は「解放」ではなく日本からの「分離」であり、その後、樹立された分断国家大韓民国は半国家、半主権国家だった。8・15以後、朝鮮半島はベトナム、ドイツとともに米ソ両国がイデオロギー的に対立する中、二つの対立する国家が樹立された特異な場所だった。このように樹立された二つの国家は、互いに仇のように考え戦争に突入した。骨肉相食む朝鮮戦争は初めは内戦として出発したが、結局、背後の強大国の利害関係の中で進められ、その結果、韓国は米国にさらに依存するようになった。

冷戦下で「解放」と分断は、真の独立を「留保」することであり、国民主権の原則が安全保障と敵対の論理に従属することを意味した。日本から「分離」されたことはされたが、「新しい主人」の傘の中に再び入ったために実際には「解放」ではなかったのである。

韓国だけの単独政府樹立の主役は、大韓帝国末期の親日開化勢力であった。日帝下の日帝協力勢力としてかれらは社会主義だけではなく、民族統一と民権保障を主張する右翼まで排除した。1960年代以後、近代化・開発・成長の路線は、このような土台の上で可能であった。すなわち、経済開発・近代化・脱貧困は、現代版開化論者の核心のスローガンとして、かれらは経済発展が即独立であり民権であると語った。1987年の民主化、グローバル化以後、開化論者は先進化へと再び変身した。もちろん、近代化と経済成長は自力で屈辱的な過去から抜け出そうという意志の表れであったし、そのような国民の熱望を国家が動員した結果、大韓帝国末期以後初めて大きな変化があったことも事実である。しかし、冷戦、分断、戦争という枠の中で急き立てられるように推進された韓国の近代化は、「なぜ、成長をしなければならないのか？　どんな経済を建設するのか？」に対する論議を省略した。国民が腹を減らしているので食うことが最優先であり、北朝鮮の脅威から国家を守ることが重要だ、と呪文のように唱えただけである。

19世紀末以後の日清戦争、日露戦争、太平洋戦争、朝鮮戦争は、今日の韓国と朝鮮半島を作った四つの大きな戦争である。この中で、日露戦争と太平洋戦争は朝鮮を日本の植民地にし、日本の植民地から解放させた二つの周辺国家間の戦争である。日露戦争と太平洋戦争で朝鮮人はただ傍観者だったり、動員対象だったりしただけであった。だから、戦後処理の過程でも主役になることができなかった。

一方、日清戦争と朝鮮戦争は、朝鮮半島全体が焦土と化した戦争である。日清戦争は事実上、日本による東学農民軍鎮圧戦争、もっと正確にいえば、人間平等、土地改革、外国勢力排撃を叫んだ朝鮮の農民たちの要求を朝鮮政府が、日本の力を借りて鎮圧した戦争だった。朝鮮戦争は同胞間で互いに殺し合う戦争だった。二つの戦争において、この地の政権勢力は自身の権力と利益のために同族を殺した。許東賢《ホドンヒョン》の指摘のように、日清戦争は「外国勢力に対する依存性」という共通の限界を生み出した胎児的原型 embryonic prototype だった。日帝の植民地近代化はわれわれが選択したものではなかったし、1960年代以後の近代化はわれわれが選択したものではあるが、その上には南北対決と米国の影響力があった。

大韓帝国末期から1970年代に及ぶ植民地近代化、冷戦近代化の過程は自主独立、民族統一だけが犠牲にさせられたのではなく、民権、正義、平等の道も閉ざされた。開化派が日本と一緒になって主流派になると、植民地化に最後まで反対した独立派、開化派の中でも外国勢力に依存する危険性を警戒していた独立優先開化派、人間が平等に扱われる世の中を作ろうとしていた民権派がすべて排除された。小中華の伝統を守ろうとする両班儒生たち・義兵たち、兪吉濬ら自主的な開化派と啓蒙運動家、東学農民軍がまさにかれらだった。日本に依存する開化派は日帝協力勢力になったが、１９４５年以後は米国に追従する反共主義者になった。さらには、近代化論と開発独裁の支持者になったが、１９８７年の民主化以後にはグローバル化、先進化の旗手になった。

大韓民国は形式的には国民主権が保障されているが、実際には国民は「半分の半分」の主権しか享受できていない。単純に、南北が地理的に分断されたから韓国を半国家だと見たり、米国の軍事・経済支援に依存してきたりしたから、半主権国家だと見るのではない。その理由は、まず分断された韓国は、自主独立勢力（統一勢力）をはじめとして、民権と平等を志向するすべての政治・社会勢力を政治の世界から排除してきたからである。つまり、民族団結を尊重したり、親日清算、民族自主、反外国勢力、社会正義、統一などを志向したりする良心的右派が生き残りにくくなった。左派、中道左派、社会民主主義の勢力は初めから排除された。これらの勢力はただ排除されたのではなく、弾圧を受けたり殺害・処刑されたりした。

独立国家の主役になるべき右派抗日勢力が取り除かれ、労働者と農民の利益を主張してきた社会主義、中道派勢力まで取り除かれたので、大多数の国民は自分のことを代弁してくれる政治勢力を失った。だから、初期の大韓民国の国民は新しい国家の主人になれなかったどころか、親日警察や官吏たちから叩かれ殴られたり、かれらは戦争の最中に無念の死を遂げないだけで幸せだ、とさえ言えた。

曺奉岩は、１９５６年大統領選挙で「平和統一」を打ち出して李承晩に挑戦したが、失敗して結局スパイにでっち上げられて死刑になった。かれの遺言は意味深長である。

私に罪があるとしたら、多くの人が等しく豊かに暮らせる政治運動をしたことだけである。私は李（承晩）博士と闘って負けたが、敗者が勝者からこのような目に会うことはよくあることである。ただ、私の死が無駄にならず、この国の民主主義の発展に役立つことを願いつつ、そのスケープゴートとしては私が最後になることを願うだけである。

鄭太栄《チョンテヨン》『韓国社会民主主義政党史』セミョン書館、１９９５年、４７６ページ

ひょっとすると、かれの本当の罪名はスパイ活動ではなく、誰でもが平等で豊かに暮らす世の中を作ること、かれの表現を借りると、被害を受けている大衆と庶民の側に立って政治をしたことであったかもしれない。結局、曺奉岩の死刑以後、平等と正義を実践しようという政党、社会的弱者を代弁することができる政党と社会団体は、反共主義の攻勢の前でなすすべがなかった。

その結果、韓国の政権勢力や政界は、民主主義、人権、労働者の権利保障よりは反共、反北を信仰のように支持する人びとで占められた。経済的弱者の利益を代弁する進歩的な政党が存立することができないようになると、韓国政治の理念的スペクトラムは大変狭くなり、国民は形式上の選挙権があっても真の主権者としての権利を享受できない。

選挙の名簿に選択できる候補があらかじめ制限されていたからである。

汗を流して仕事をする大衆が人間としての待遇を受けて、生活が平安であれば国をしっかり守り独立も維持することができる。人口の大多数である被雇用者たち、零細自営業者たちが形式的には国民、市民であるが、実際の企業では作男、小作管理人、賤民のような扱いを受けている。このように生産現場では法の保護を受けられない国家は完全な国家とはいえない。

今日の韓国は、大韓帝国末期、朝鮮の先覚者たちが建設しようとしていた自由、民権が保障される近代国家とはかけ離れている。近代国家建設の熱望は分断によって折り曲げられ、南北のすべての指導者や人民たちは強大国の隙間で生きるのに汲々としていた。血にまみれ傷を負った韓国の自由主義、屈折した資本主義と民主主義、そして極めて権威主義的で閉鎖的な北朝鮮の社会主義が対立する中、現在南北の人民たちの生活は大変厳しい。貧しさで数多くの人びとを飢え死にさせた北朝鮮体制も恥ずかしいが、OECD加盟国中で最高の自殺率と最低の幸福指数を記録する韓国も恥ずかしさは同じである。2014年、米国ギャラップ社の調査によれば、韓国は肯定経験指数、すなわち「昨日、あなたは尊重されたか?」と「昨日、十分な休息をとったか?」などの質問に「はい」と答えた人の比率は、調査国の138か国中で90位だった。

過去の戦争／権威主義体制が北朝鮮との敵対関係を維持しながら、国家安全保障という至上目標のために、「敵」に同調する内部の「危険な」国民、すなわち抵抗勢力の生命と財産を脅かしたり剝奪したら、今日の新自由主義体制下では、国家の偏向的介入、「放置」あるいは「非行動」(不作為)によって農民・労働者・青少年など社会的弱者たちの生命が打ち捨てられてしまう。今日の国家は、競争力強化と効率性という名分で強者の行動に「介入しないことで」私的権力の過度な拡張や専横を傍観する。すなわち、戦争や安全保障至上主義は軍人や国民を道具化して国民主権を制約するが、新自由主義が追求する経済至上主義は「競走力のない」貧しい国民を「剰余」として取り扱う。どちらにしても真の国民主権と市民権の保障とはかけ離れている。

このように見てくると、セウォル号の惨事と同じことはずっと前からすでに続いてきていたことであり、今も産業災害・職業病・自殺などの形で社会のあちこちで毎日起こっている。国家が完全な「自由」、すなわち独立を享受できないために、国民もこのようなありさまに置かれているのである。自身のアイデンティティーと存立の理由を、人間尊重と生命尊重という普遍的で未来志向的な価値ではなく、ただ安全保障あるいは経済成長にだけ求める国では、このようなことがおこるのは当然な結果ではないか?

半国家は不完全状態

韓国は、米国主導の冷戦秩序と資本主義経済体制を選んだので、物質的側面では驚くほど成功を収めた。韓国人特有の楽天主義、家族に対する執着、子女教育を通しての階層上昇への熱い思いは韓国を大変躍動的な国にし、それが近代化と経済成長の原動力になったことも事実である。戦争の廃墟から大韓民国が成し遂げた経済発展は、ほとんど奇跡に近いと言っても過言ではない。世界超一流企業をいくつも生み出し、韓流ブームによって全世界を感動させた韓国の成功神話は世界の人びとの耳目を集めた。

しかし、韓国人の熱情や躍動性は主として私的利益を追求することに向かったために、公的の道徳や公共の価値は重要視されなかった。１９４８年の政府樹立後、責任ある尊敬される政治指導者はほとんどいなくなった。そのような資質をもった人物は指導者になれないし、それどころか、弾圧を受けて殺されなければましなほうだった。

二つの半国家、韓国と北朝鮮は、敵対状態において体制の優位を保つため全エネルギーを消耗した。事実、反共を一つのイデオロギーや思想と言うことはできない。ある社会を作ろうということではなく、ある集団や思想を排撃するものであるからである。韓国の国家や政党が一貫した政策や路線をもっていなかったのであり、学術・文化が重要視されなかったこともまさにこの反共、反北主義のためである。韓国の政界は国家の未来外交戦略、巨視政策をめぐって深みのある論議を進めたことがない。以前、国務総理だった盧在鳳《ノジェボン》*は、光復60周年記念の席上で「分断状態でグローバル化するのは幻想」と語った。米国という傘の下で成長と発展を追求してきた日本が、国際政治、すなわち外交では小人という批判を受けたように、南北が軍事・政治的に対決して、そのために外国の力をずっと取り込まなくてはならない状況では、国家としての品格をしっかりと維持するのは困難であり、後発国家の良いモデルになったり21世紀の人類文明に寄与し

***盧在鳳《ノジュボン》**（１９３６～）
盧泰愚大統領時代の１９９１年１～５月に国務総理をつとめた。

たりすることはさらに難しい。

韓国が解放、すなわち「自由」を手に入れることができなかったことは、自身の問題、自身の利益を「自身の頭」で判断して決定できない精神的に不完全な存在だということである。近代化を単純に西欧化、米国化、物質的な成長と同一視したこともそのせいである。反共体制の維持がすべてのことに優先するので、言葉では「自由」を叫んでも、実際には前近代と日帝植民地統治の悪い点まですべて取り入れてしまった。国民は「市民」として尊重されるよりは戦場や産業現場で命を捧げなければならない「戦士」、消耗品とみなされた。権力者は歴史や伝統において可能性を発見するよりは、いつでも西欧の標準を重視した。権力者は日帝に協力した前歴を消すために、共産主義を病的なまでに敵対視し、うわべの経済実績だけにこだわった。自身の文化的アイデンティティーを伝統の再発見や内面的な省察を通してではなく、共産主義に対する反対に求めるので、その空白を埋めるためには目に見える成果が必要だったのである。その過程で、一流病、学歴病、最高病、出世病が猛威をふるった。

韓国では、世俗的成功と物量主義が唯一の価値であり、最高の価値になった。「東洋最大」、「世界最高」に執着していた朴正煕式の何が何でも1等主義は、まさにかれの親日コンプレックスの表現であった。権力者たちの履歴がきれいではなく、内面性に対する文化的自尊心がないので、韓国人は外見上の数値に執着して、学問や思想においても強者に一方的に追従した。韓国人たちの集団心理に現れる排他主義、偏狭な自己愛、中国や北朝鮮出身の同胞に対する蔑視などは、単純に朝鮮半島の歴史的地政学的な条件の産物ではない。大韓民国の政権勢力の日帝植民地時代における協力者だったというコンプレックス、米国に対する劣等感、分断下での極右反共画一主義などが混然一体となってできたものだと見られる。

朝鮮時代後期の政権勢力である老論の世界認識が井戸の中の蛙と同じだったことは、まさに明国に対する再造之恩《チェジョジウン》の認識、すなわち壬辰倭乱のさい、滅びていく国を救ってくれた恩人という崇敬意識をドグマにして、それを既得権維持に活用したからである。明国に対する一方的な忠誠心は、明が滅亡して清国が登場した後にも清を蔑視する荒唐無稽な反清意識と北伐を国是と打ち出して長い間世論操作をした結果だった。北伐論*は、対内的には支配層が思想弾圧をする手段であったが、対外的には変化する世界に対する認識を妨げ、自主的近代化を妨害する逆機能となった。

冷戦反共主義、親米一辺倒の思考から抜け出せない韓国支配層の偏狭な視野の中には、事大主義の世界観に安住していた近代以前の偏狭な小国主義的自己中心主義、植民地体験による被害者意識、分断と主権譲渡の経験から出てきた劣等感と外国勢力追従主義、そして脱冷戦後の新自由主義保守化の波が複雑に入り混じっていると見ることができる。

日本、韓国、北朝鮮はもちろん、経済大国に浮上して今や米国と真っ向勝負をする中国までも、西欧に追いつこうという焦り、あるいは植民地近代化の遺産から自由ではないために、「完全な国家」と見るのは難しい。いうまでもなく、中国と日本は、地理的

＊北伐論
明国との義理を守って、丙子胡乱（1636年12月～37年1月に清国が朝鮮に侵入して起こった戦争）の時に受けた地獄のような屈辱の仕返しのために、清国との戦争を準備しなければならないという主張。

にも政治的にも韓国のような「半国家」ではない。韓国が「完全な国家」へと向かう第一歩は、朝鮮半島の平和統一、少なくとも北朝鮮との和解を成し遂げることである。

> 韓国を朝鮮半島というじゃないですか。半島ならば海からも陸地からも行けるでしょう。ところが、われわれは海からは行けるけど陸地からはだめでしょう。それは半島ではありません。半島ではないとどうなりますか？　北朝鮮に行けないから、シベリア、モンゴルにも行けず、中央アジアにも行けないことになります。
>
> 朴明林《パクミョンニム》「金大中前大統領インタビュー」『歴史批評』２００８年秋号、29ページ

韓国は北方にも進出できず、太平洋にも進出できない島ではない島である。このような位置が半国家である韓国指導層と国民の視野を大変狭くさせた。朝鮮は、高句麗《コグリョ》の気性を投げ捨て、自らの拠点を朝鮮半島に置いた。20世紀のわれわれは分断によって半島の半分、韓国だけを視野に入れてきた。国家至上主義と成長至上主義は、半島の半分だけ占める半国家状態、躁急症に罹った追従主義の近代化の産物である。それならば、どうすれば「完全な国家」として未来を想像することができるか？

何よりも、考える自由を制約する「国家の上の国家」、すなわち公安機関の権力乱用を止めなければならない。北朝鮮との対立、韓国社会内部の「従北勢力あばき」を名分にした国情院など捜査情報機関の不法行為、検察捜査と行政執行の政治偏向、米国に依

存する国防安保論理、軍事主権の制約などを正さなければならない。また、市場経済や資本主義が汗を流して働く人びとの要求に合わせて動かなければならない。私有財産権の原則と企業の自律性は尊重されなければならないが、分断によって韓国では米国式私有権の保障原則が極端化されて、共産主義に対抗して資本主義秩序を守らねばならないという名分の下、財閥大企業に過度な特恵を与えて労働者たちをさげすんできた。また、公共福祉を拡充するよりは福祉を家族に依存させるようにした。北朝鮮の政治権力の世襲や韓国の大企業・大型教会の世襲、私学の不正と腐敗など堕落した資本主義は、労働者の生産意欲を挫折させた。このような弊害を克服してこそ完全な国家になることができる。

経済的に見ても半国家は維持しがたい。韓国は、国土が狭く人口が少ないので、経済活動において内需市場よりは海外市場に大きく依存するしかない。市場の規模が小さく、分業と専門化も制限的になるしかなく、結局、巨大市場圏をもった中国に依存するしかない。南北が統一され南北和解が成し遂げられたら、経済および社会政策において軍事的・政治的変化の制約を減らすことができ、市場の規模も拡大されて活動の幅を広げることができる。朝鮮半島が単一経済圏として統合されて、韓国の企業が北朝鮮だけではなくロシアと中国へも進出して、アジア経済圏が作られる場合、その効果は大変なものになる。朝鮮半島に平和体制を構築して、統一された政治共同体を建設して北方へ経済活動の範囲を広げなければならない。

半国家状態を克服するには、東アジアで南北の政治力を拡張させることも大変重要である。国家連合水準の低い段階の統一だとしても、朝鮮半島において敵対関係が終息して南北が共同の目標に向かっていけたら、米国が政治・軍事的に介入する名分が弱くなり、日本の極右勢力の立場も大きく弱まるだろう。統合された南北は、現在のヨーロッパにおけるドイツのように東アジア経済、平和共同体構築の重要な架け橋の役割をすることができるだろう。さらに、西欧にコンプレックスを抱き西欧の資本主義の短所のみ過度に輸入してきた東アジアを新しい文明の主体として生まれ変わるようにするきっかけになることができる。

大韓民国が今抱えている多くの問題は、朝鮮半島が抱えている分裂、対立、敵対の解消がないままに韓国だけで解決するのは難しい。また、朝鮮半島問題は、東アジアの国際政治と一つの枠の中で絡んでいるし、東アジア国際政治は、今日の国際政治、世界の資本主義と関わっている。従って、持続的な民主主義と平和、正義の理想は、大韓民国としてしっかり作ろうという洞察力と視野をもっていなくては成し遂げることができない。１９９０年代まで韓国は先進国だけを目標にして追いついていけばうまくいくと考えていたが、今はすべての国がともに経験する同時代の条件と問題を一緒に解決しなければならない。韓国の支配層は私的利益の追求をやめ、アジアと世界という観点で問題をとらえる能力をもたなければならない。そのための出発点かつ前提が、南北の平和と統一である。未来志向的な統一は、民族主義という価値より南北の住民たちの福利、真の人民主権の確保、南北の社会内で経済的に苦しんでいたり、政治・社会的な理由で苦痛を受けていたりする人びとの人権保障という方向でまず行うべきである。このような統一を成し遂げられれば、南北のすべてのコリアンがこれまでの100年間もってきた被害者意識、コンプレックスから抜け出して、成熟した世界市民として積極的な役割を果たすことができるきっかけになるだろう。

朝鮮半島の平和統一問題は、東北アジア平和体制の樹立と関わっている。東北アジアでは、集団安全保障、平和に基盤を置く新しい共同体、国家の枠を越えた市民権保障体制が作られねばならない。福島原子力発電所の核廃棄物漏出事故でも明らかになったが、東アジアに住むすべての人びとの生命と安全保障は緊密につながっている。特に、在日朝鮮人、中国朝鮮族、脱北者、外国人労働者、多文化家庭*の人びとはすべて、東アジアの過去と現在の矛盾を抱えて生きる人びとである。植民地とその延長線の冷戦と分断が在日朝鮮人、中国朝鮮族、脱北者が経験している苦痛の理由ならば、外国人労働者と多文化家庭の苦痛は1970年代以後の韓国の急速な産業化と先進資本主義導入過程で起こったことである。今後は、かれらに一つの国家にだけ一方的に忠誠を尽くすことを強制されない自由、一つの文化、言語や生活共同体を選ぶことを要求されない権利、自分が今住んでいる場所で市民として人間らしく生きる権利が保障されなければならない。

＊多文化家庭
一つの家族の中に多様な文化が共存しているという意味で、国籍による差別を内包していた国際結婚家庭という用語に代わって使われている。韓国は「多文化家庭支援法」を2014年制定した。

均等・和合・安定・正義の時代をめざして

元来、自由と独立は同じ言葉である。日帝支配下では民族独立を成し遂げなくては「自由」と「民主」を手に入れることはできなかった。8・15以後には統一された自主独立国家を建設しなくては「国民主権」と「民主主義」はきちんと保障されなかった。1960年代以後には、経済発展と社会的均等性の保障が基になって、人間らしく尊重される社会を建設することができた。時代ごとに課題が少しずつ変わったが、大韓帝国末期に独立と民権という時代的課題と闘ってきた勢力は、8・15以後には民族統一、民主主義、正義、平等、平和のために奮闘した。

朝鮮戦争がすべてのことを破壊した韓国の1950年代は、暗鬱ではあったといっても韓国の歴史上最も平等な時期であったかもしれない。1970〜80年代は、民主主義圧殺の暗い時代であったが、富める者と貧しい人びととの間の不平等が少なく、教育を通して階層を上昇する機会が開かれていた変化の時代でもあった。ところが、今は上位10％が全所得の半分以上近くを独占する、本当に「希望のない」時代に入った感がある。失業と雇用不安、不平等と両極化、その結果として現れる民主主義の後退があまりにも深刻である。

米国の代表的知識人であり元労働長官のロバート・ライシュ*は、「少数が富と所得を独占して多数がその残りを分けあう国では、誰も成功することができない。単純に経済的成長だけ蚕食するのではなく、社会の縦糸と横糸を切ってずたずたに裂いてしまう」

*ロバート・ライシュ（1946〜）クリントン大統領時代の労働長官。日本語で読める著書に『暴走する資本主義』『最後の椎本主義』などがある。

と語った。富が一方に集中すれば、多数の人びとは平等を叫ぶのではなく、富をもった側にくっついておこぼれをもらおうとして政治に関心を失う。行き過ぎた不平等は生産意欲をなくし、社会的和合を損なうだけでなく民主主義を後退させる。

今日、民主主義の危機の深刻な要因は、過去のように戦争や「国家の上の国家」である抑圧的な国家機関の横暴のせいよりは、行き過ぎた企業権力の拡大にある。１９９７年の通貨危機以後、韓国は財閥大企業が立法・司法・行政の上に影の政府の役割をする「企業社会」の様相を呈し始めた。分断と戦争がもたらした抑圧的・特権的国家権力が退いて、空白の権力には企業権力が座った。政府は熾烈な経済戦争時代に国家競争力を強化させたという名分で、大企業の市場掌握力、政治・社会的影響力拡大を全面的に助けてやった。そして、今や企業家集団の要求に沿って法の草案を作る巨大ローファームが、立法機関の活動の代わりをする状況にまでなった。国家や政治家が進んで国民の保護、法の執行の公正性、公共部門の強化を通して、国家の無能・無責任状態を克服しなければならない。

今、南北の現実には資本主義近代国家体制のすべての光と影が集約されている。われわれは、韓国の問題を通して世界が経験する苦痛が何であるかを知ることができる。そして、韓国の問題をしっかり見ていくと、世界の問題の解決の糸口を見つけることができる。そのためには、19世紀には進歩的価値だったが、今は主として強者の利益保護だけのために使われている「自由」の概念を捨てて再定義しなければならない。ほとんど信仰の域に昇格した新自由主義の教理、すなわち、自由市場と柔軟化が革新と生産性を促進するといううっこの楽観的で肯定的な論議のもとで、実際には、財産権の排他的保障、企業の独占強化、企業内での経営者の全権行使、労組破壊のための暴力団雇用など「自由」の名前を借りた抑圧と暴力が蔓延している現実を直視しなければならない。

われわれは政治的自由を尊重するが、「経済的自由」の論理がもたらす危険性を知らなければならない。それは、なぜ経済活動が人間の持続的生存、均等と和合という社会的価値に従属されなければならないかを明らかにする問題である。すべてのものが市場で売られる商品に変わった今日の世の中で、社会的共同資本の公的活動、環境と国土の持続可能性をよく考えなくてはならない。

哲学者尹絲淳《ユンサスン》*は、これまでわれわれが権威主義や家父長主義など乗り越えるべきものだという理由で捨て去った伝統的価値の中で、未来の社会にも意味があることに着目した。

政治においてやるべき理念的な重要な項目は、特に均等と和合と安定である。理由は、均等は貪欲をなくしてくれ、和合は人口（または国土）の小ささを克服させ、安定は衰亡を止めてくれることにある。

尹絲淳「統一の念願——道はどこにあるか?」『ハンギョレ』2015年2月2日

均等を重視しなければならない理由は、深刻な不平等は社会と政治を崩壊させるからである。イギリスの社会学者ギデンズ［Anthony Giddens］は、富の偏重はまさに政治の不在を意味すると語った。政治というものは結局、葛藤を調整して、正義の原則を立て、社会的財貨を分配することを任務とするのである。画一的に平等にすることではなく、不平等を容認できる範囲で制限しなければならないということである。

均等であってこそ和合も可能である。規制されない弱肉強食の資本主義は、社会の構成員や国家の間で果てしない紛争を起こすしかない。過度な競争を抑制して弱者の権利を保障して、和合と協同の価値を重視しなければならない。和合しなければ社会は地獄に変わり、国家と社会の未来のために互いに率直に話し合うことができなくなる。韓国のように、周辺を強大国に取り囲まれた小さな国で内部の和合がなければ、必然的に外国勢力が介入して国が引き裂かれてしまう。

和合が壊された状態、それはまさに戦争状態を意味する。戦争はそれ自体が不安である。不安は社会の健康を蝕む最も危険な害虫である。南北間で、そして隣国間でいかなる戦争も避けなければならない。殺人武器によって行われる戦争はもちろんのこと、経済戦争による被害も大変深刻である。社会のすべての生産主体を互いに戦わせ、労働者を不安な働き手にして生存戦争に送り出す今日の資本主義も社会の持続可能性を脅かす。

国家や社会が安定を見つけられない戦争状態では、弱者に配慮することはなく、未来のための構想と熟考が不可能である。指導者や大衆は安定した状態でなければ、深く考えて遠くを見ることができない。われわれは均等と和合という伝統的価値を現代に合わせて再解釈して、朝鮮半島はいうまでもなく、21世紀人類文明が直面した人間性の破壊と道具化、生態の危機、そして、極端な個人主義などを克服することができる思想的・文化的潜在力を引き出さねばならない。

正義は国家の始まりであり終わりである。国家や公権力が最小限の政治の原則を守るだけでも、また、力ある者たちの犯罪を法律にそって捜査して処罰するだけでも、今日のわれわれの社会の弱者たちが受けている苦痛の相当部分は解決されるだろう。人間社会が地獄のように変わることも防ぐことができるだろう。

正義は国家共同体の最も核心的な原理である。アリストテレスは、人間は完成された時は最も素晴らしい動物であるが、法と正義から離脱した時は最も邪悪な動物になる、と見た。国家もやはり、正義を基本原理として動けば最も理想的な共同体になることができるが、正義から離脱した場合にはむしろ国家がないことより悪い、組織暴力団や動物の世界よりもっと野蛮な状況を招くことになる。

普通の韓国人がもっている潜在力は無尽蔵である。今までの輝かしい経済成長は、そのような潜在力がある程度発揮されたから可能だった。分断と冷戦という桎梏のために、韓国人はいまだに潜在力を十分に発揮する機会をもてなかった。朝鮮半島の統一と東アジアの平和、民主主義と正義を基盤にした政治共同体の樹立だけがこのような潜在力を発揮する機会を与えてくれる。

そのために、われわれは、これまでの70年間の半国家状態を克服して、完全な国家を建てるための議論を始めなくてはならない。完全な国家は、われわれの精神的資源である均等、和合、安定、そして正義を同時に保障することができる国家である。民権保障、人民の覚醒と積極的な社会参加があってこそ国家らしい国家になる。無批判な西欧追従開化論と近代化論は西欧文明の野蛮な要素まで無批判に受け入れたという点を、今や反省する時になった。民権が保障される国、すなわち人権と民主主義が保障される真の先進国家を建設しなければならない。そして、その次には国家を越える政治共同体を構成しなければならない。

日本語版への補論

日本における『反日種族主義』旋風を批判する

1．かれらは公に「親日派」を宣言した

李栄薫らが執筆した『反日種族主義』が日本の「アマゾンジャパン」でベストセラー1位になり、李栄薫が記者会見までした。韓国で「親日派」と見做されることは一種の侮辱であるが、かれらは今や公に「親日派」を宣言した。韓国の盧武鉉政府以後、本格的に登場したニューライト集団は韓国の教科書が「自虐史観」に基づいているという前提で「教科書フォーラム」を創立した。以後、朴槿恵政府では彼らが主導して執筆した『高等学校韓国史教科書』（教学社）が検定を通過した。文在寅政府以後、李栄薫らは李承晩ＴＶ（You Tube）を開設して、慰安婦シリーズなどの講演に日本語字幕を付け講義コンテンツとして制作したが、日本からの照会数が韓国人の照会数より多かった。この日韓の右翼勢力の連帯、特に日本と韓国におけるネット右翼の登場の中から、日本における『反日種族主義』旋風が見えてくる。

韓国におけるニューライトの登場は、1990年代日本の「新しい歴史教科書をつくる会」と同じく歴史修正主義運動の流れである。かれらが言う「自虐史観」とは、植民地の歴史、国家暴力と虐殺、独裁とファシズムを反省していたそれ以前の傾向を左派史観と批判して、独裁を露骨に讃えて美化する点で一致する。韓国のニューライト集団もこれまで日帝植民地支配の合法性までは主張しなかったが、「種族民族主義」は過去の植民地近代化論をはるかに超えて、植民地支配の強圧性を否定するまでになった。1905年前後に日本の朝鮮併合を請願した一進会、1930年代以後太平洋戦争を讃えた親日協力勢力に続く、三度目に登場した韓国の公な「親日派」たちである。

かれらニューライトの登場は、日本では脱冷戦、中国の浮上、東アジアの政治的激変過程で危機に陥った極右派たちの反撃の性格を持っているとしたら、韓国では民主化以後危機に陥った旧冷戦・親独裁勢力が、新自由主義の論理と結合して攻勢をかけているということになる。日本と韓国の極右派の登場は、1930年代末に現れた日本と中国、朝鮮での極右ファシズム状況と似ている。日韓ニューライトの論理は、国家主義、権威主義、人種主義、家父長主義といった伝統的極右論理に、小さな政府、市場万能主義など新自由主義の論理が追加されている。かれらは、自分たちの政治路線を正当化するために歴史を恣意的に解釈して、明白に確認されている事実を否認したり、断片的事実を針小棒大させたりして、韓国知識社会での民族主義の傾向を誇張し「種族主義」というような類似人種主義的嫌悪につながる発言まで吐き出すようになった。

最近ハリス（Harry B.Harris）駐韓米国大使が、「文在寅大統領が従北左派に取り囲まれているという報道がある」と言及した後、日本の外交官も与党議員に会って、同様な発言をしたという報道もある。特に、日本の右翼メディアには文在寅政権が親北左派であり、文在寅大統領が左派に取り囲まれているので、このような反日政策をとっていると信じている人も多いようである。このように考えている人びとが本当にいるとしたら、かれらは民主化以後韓国の変化を全く知らないだけではなく、日本の右翼メディアの扇動に騙されているのである。『反日種族主義』を読んだ多くの日本人が、多数の韓国人や韓国社会が相変わらずシャーマニズムと無知蒙昧な「種族民族主義」にとらわれて、日本にずっと謝罪や賠償をしつこくねだる「うるさく付きまとう餓鬼」と同じ存在だと考えているなら、これはやはり韓国の政治や社会を知らない一部の政治家と知識人たちに騙されているのである。

私は、普通の日本人が韓国について抱いている知識や視角は、１９９０年代以後日本の右傾化傾向の影響を受けて大きく屈折している、と考える。本書が初めから終わりまで強調したことは、韓国人の韓国近現代史、日韓および韓米関係についての知識と視角も30年間の軍事独裁と70年以上の冷戦体制下の教育制度の影響で大きく歪曲されているということに帰因する。韓国と日本の普通の人びとの歴史認識と現実認識がこのように屈折させられた理由は、戦後ドイツと異なり、東アジアの冷戦が植民地の過去をきちんと清算しないまま、米国主導のサンフランシスコ体制が現在まで維持されているからである。

日本では戦犯勢力を含んだ右翼が、そして韓国では日帝末期植民地ファシズムに協力した勢力が、反共体制の柱として現在まで韓国の主流として権勢を振るってきたからである。誤った政治は国民を誤った方向へ導き、間違った方向へ導かれた国民の意識は、そのような政治を再生産する。日本の戦犯や極右勢力は、日本の過去の過ちをきちんと認めることもせず、若い世代に教えることもしなかったが、韓国の保守右翼勢力もやはり過去の植民地の歴史をきちんと教えなかった。特に、朝鮮戦争中に韓国の軍と警察が犯した虐殺事件と軍事独裁下の人権侵害の事実を教えなかった。

日韓の市民は、きちんとした歴史教育を受けられなかった

すなわち、日韓の市民たちは東アジアの侵略史や支配史、朝鮮戦争史、米国の東アジア戦略などに対して、きちんとした教育を受けられなかった。ドイツのメルケル首相がアウシュビッツ収容所を訪問して、「過去に対して謝罪することは、ドイツ国家のアイデンティティの一部である」と語ったが、植民地の過去を否定する日本の右翼と安倍政権、そして韓国の朴正熙、全斗煥、李明博、朴槿恵政権の親日・親米路線も違う方法で、日本と韓国の反民主的な国際的アイデンティティーを表現したものだといえるだろう。多くの韓国人は、ドイツと日本を比較して、なぜ日本はドイツのように過去を清算できず、否定することで一貫しているのかと尋ねる。社会科学者である私は、民族性な

どの超歴史的な概念を使ってドイツと日本との違いをもたらした事実を説明しようとは思わない。何よりも1945年以後、米国の対日政策と東アジア政策、つまり植民地支配に対して免罪符を与え、天皇制をそのまま維持した米国の政策、68革命で過去を新しく整理するようになったドイツを含んだヨーロッパと日本・韓国を含んだアジアが大きく違ったという点を注目したい。

米国は1905年の桂・タフト協定以後、東アジア政策においてはいつも日本の友軍であり、過去の帝国主義陣営の重要なパートナーであったが、韓国は日本とは格が違う単純な植民地、もしくは副次的なパートナーに過ぎなかった。20世紀の世界史が帝国主義と冷戦によって進められていったことで、開港と西欧化の道において先んじていた日本が、アジアの主役としての役割をしてきたことは不思議なことではない。だから、「名誉白人」、あるいはアジアという地理空間上の「例外的」脱亜国家と自任した日本が、西欧、白人の視線で韓国など他のアジア国家を眺めたことも、不思議なことではなかった。ところで、韓国の経済的な成長と中国の浮上によって日本のアジアでの地位は大きく揺らいだ。このような危機意識から右翼勢力の国家主義が威勢を轟かすことになったといえる。

反日感情の政治利用

40年間の日本の強圧的な統治の事実を学校で学んだり父母から聞いたりして知ってい

る韓国人が、極度の反日感情を持ち、あるいは最低限の友好的な感情を持たないことは、当然なことである。ところで、問題は韓国の歴代政治勢力がそのような感情をうまく焚きつけて、政治的に利用してきた点である。日本と独島問題が持ち上がると、ヘリコプターに乗って独島に飛んでいった李明博元大統領のような人物が代表的である。実際には、米国を意識して日本にきちんと植民地支配に対する反省を促すことができなくても、外見では反日言動をやたらと言い放ち、日本と緊張関係を作りだしていた李承晩も同類である。韓国の政治家たちの反日扇動は、日本の極右政治勢力やメディアが北朝鮮を悪魔化したり卑下したりして、大衆の支持を確保するのと同じである。両国の極右勢力は、事実上国民を騙し、韓・米・日関係と東アジアの歴史について大変屈折した意識を注入して、これまでの70年間権力を維持している。そのようにして作られたものが、日本における南北すべての韓国人・朝鮮人に対する嫌悪であり、韓国での反日主義だということができる。

すなわち、韓国人の意識の奥深く根付いている反日主義は明らかにあるが、実際には韓国内で過去の植民地の歴史についての清算を妨害してきた政治権力が、むしろ反日主義を煽ったり、助長したりしてきた。かれらが、まさに『反日種族主義』の著者たちが最も積極的に支持する勢力である。すなわち、外見では反日だが、実際には「親日」勢力が、70年間日本の政治を動かしている自民党右翼勢力とともに、米国の後援を受けて反共主義の枠内で権力を維持してきた。

韓国人の反日主義は、日本の態度如何によって、ずっと前になくなる可能性もあった。これが維持・強化された最も根本的な理由は、韓国の分断、その背景である米国の東アジア冷戦戦略であり、日本の戦犯と極右勢力が継続して政権を掌握した事実とコインの両面を成している。東アジアの戦後反共体制とは、対ソ連、対中国の防御基地としての日本の戦後経済発展、日本と韓国の旧親日勢力と軍事政権の連携を意味する。日帝植民地の克服の課題は、東アジア反共体制の枠組、米、日、韓で連結された戦後の経済分業構造、日本と韓国の高度成長を経ていく中で消え去った。韓国でのこの流産してしまった植民地克服、すなわち日本の過去否認に対する怒りは、そのような秩序の枠をはめる米国を全面的に批判できない状況のなかで、ただ反日主義としてだけ表現されたのである。すなわち、1945年以後、日本が民主的国家として誕生して、ドイツのように過去の歴史を整理していたら、そして朝鮮半島に分断と戦争がなかったら、韓国内の情緒的反日主義はなくなっていただろう。

2. 種族主義とは何か

『反日種族主義』には、種族主義がいかなるものかについての定義がない。本の多くの箇所で使用された例をみると、おそらく種族主義を ethnicism よりは tribalism に近い意味として使っているようである。これは、かつての帝国主義侵略の尖兵であった人類学者、米国やヨーロッパの帝国主義国家が植民地の原住民、第３世界や中国の民族主義を卑下する時に主として使われる用語である。西欧＝普遍、非西欧＝野蛮の文明論的図式、オリエンタリズムの思考がこの根底にある。米国で活動する韓国の学者たちも時々、韓国の民族主義を市民的民族主義と対比して、血縁的紐帯を強調する ethnic nationalism と呼ぶこともある。

自分の種族、自分の民族中心の思考は、明らかにすべての国に存在する。種族主義、あるいは種族的民族主義は、脱冷戦後旧ソ連陣営に属していた地域で典型的に表れた現象である。これは、社会解体の危機に対する本能的で防御的な対応方式として現れ、一部地域では暴力と虐殺を引き起こした。特に、ユーゴスラビア連邦が解体された後、セルビア人であるか、クロアチア人であるか、ボスニア人であるかは、生と死を分ける境界線になった。種族的アイデンティティと紐帯を強調する種族民族主義は、言語、地域、宗教と大体重なっているが、社会内部の危機意識を外部の敵、標的を見つけて解消しようとする反動的な様相を見せた。これら旧東欧圏地域の分離主義が種族的民族主義に近いものであり、過去を遡れば、イスラエルのシオニズムも典型的な種族民族主義とみることができる。

民族が必ずしも血縁的な同質性に基づくものではなく、共通の経験からにじみ出てくる一種の感情情緒の共同体であるという点がある。この民族主義的情緒は、主として構成員が経験した抑圧など共通の政治的経験が、最も重要に作用する場合が多い。シオニズムはまさに２０００年間ユダヤ人が経験した移住と差別の歴史から生まれたものである。われわれは、このシオニズムがイスラエル建国の原動力としての働きをすると同時に、他方でパレスチナ人をかれらが住んでいた土地から追放し、中東における絶え間ない暴力と葛藤の震源地になっているのを目撃している。

種族主義も暴力と虐殺をもたらすが、白人たちの人種主義が、それよりはるかに深刻な暴力と虐殺を引き起こした事実は広く知られている。一部の極右日本人の北朝鮮、在日朝鮮人に対する嫌悪も一種の人種主義に近いものであり、太平洋戦争期の日本の軍国主義は典型的に日本人優越主義と人種主義に基づいたものであった。日本が五族協和の価値を打ち出し、アジアのそれぞれの民族に序列を付けたことこそ、人種主義よりは種族主義に近いものである。『反日種族主義』の著者たちが主張するように、今日の韓国民族主義が種族主義的ならば、同じ種族である北朝鮮とむしろ親密感を持つべきだが、親北感情は韓国の極めて一部にだけ存在する。韓国では外国人労働者に対する嫌悪感情があるが、日本の在特会が在日朝鮮人たちにそのような嫌悪感情を暴力行為に訴えて表すことは今のところない。

「反日種族主義」は虚構だ

すなわち、韓国人の反日感情と反日民族主義は、基本的に種族主義とは距離がある。「反日種族主義」は実在しない虚構である。日帝植民地時代、抗日独立運動をしていた人びとではなく、日帝に投降していた崔南善のような知識人たちが、むしろ反日種族主義の主要事例として取り上げられている檀君と民族の神話に嵌った人びとであった。1919年3・1独立運動を主導していた朝鮮人たちは、宣言文で日本に対して敵対と反感を全く表現せず、アジアの平和のためにともに力を合わせようと提案した。日帝に最も強く抵抗していた社会主義系列の抗日運動家たちは、日本の支配自体を拒否したのではなく、それが韓国民衆と日本民衆すべてを犬や豚のように取り扱う点を強調した。『反日種族主義』で批判の対象となっている申采浩のような学者が、日帝に対する抵抗の武器として民族的自負心を強調したが、かれはそれにとどまらず国家や民族を超えて立つ自由ある人間の世界を夢見た人であった。かれは当時、韓国人たちにとって帝国主義支配の暴力と強圧に対する民族主義的抵抗こそ自由と民主へ向かう関門だと考え、民族の自主権を認めないいかなる文明も近代の論理も支持することはできない、と考えた。

過去の日本の天皇制や国家主義は人種主義、種族主義の性格を持ち、周辺のアジアの人びとに大きな苦痛を与えたが、植民地時代はもちろん、その後の韓国の民族主義は、被圧迫民族の自主と独立、そして統一された国家建設を主張し、それは、種族主義とは距離があった。朝鮮人の自由な生活を妨害する帝国主義の体制に抵抗することが、まさに自由の出発点である。『反日種族主義』の著者である経済学者たちが語る「自由」は、ひたすら帝国主義国家が強調していたように、投資する自由、土地を売買する自由、産業活動をする自由だけを意味するものであり、朝鮮人が人間らしい人生を享受する選択権を指すものではない。だから、「反日種族主義」と日本の極右勢力こそ、実に自由の価値とは距離があり、過去のファシズムとはるかに近い関係がある。日帝下ではいうまでもなく、反独裁闘争期の韓国の民族主義には、他のすべての抑圧された住民の立場を代弁するもの、主権確保という普遍的な要素がある。

韓国人に反日感情、民族主義感情が強く残っていることは事実だが、それは1945年以後脱植民化プロジェクトが挫折したことに主として起因するのであって、これらは東欧の分離主義、種族（言語、宗教）民族主義とは性質が異なる。そして、韓国人にとってこのような反日主義や民族主義は、日本の植民地侵略に対する否定や反省の欠如に相当部分起因するのである。つまり、たとえ韓国人にそのような点があったとしても、それは従属変数であり独立変数ではない。

3.「植民地征服」は「恩寵」である、について

「反日種族主義」の核心的な主張は、すでに多くの御用学者や知識人たちが日帝が朝鮮を支配した時からしていた話である。より正確にいえば、18、19世紀西欧の帝国主義国家とその知識人たちが植民地の住民らを対象に行っていた論理である。かれらは「文明」の名前で、植民地を野蛮と見ていたが、その言い分は、自分たちを人類の普遍、すなわちグローバルスタンダードの位置におき、植民地の人びとの抵抗を偏狭で近視眼的

で野蛮であるとして、井の中の蛙の愚かな行動だと攻撃した。「反日種族主義」の主張の中で最も核心的なことは、植民地支配の強圧性と暴力性を認めず、朝鮮人たちが日本の支配を自発的に受け入れたり歓迎したりしたという強弁である。もちろん、このような強弁は一部の帝国主義の現地パートナーであった植民地の官僚やエリートたちも支持し、日本の太平洋戦争を支持していた朝鮮人の対日協力者たちの言い分でもあった。

植民地支配は「投資」である

帝国主義の立場から見た植民地征服は、抑圧ではなく植民地の人びとを文明開化に導いていく恩寵である。サンフランシスコ講和条約で重要な役割をはたした米国務長官ダレス（John Foster Dulles）が、西欧の植民地支配を「投資」であると強調したように、日本も植民地の台湾と韓国の植民地支配に対してそのように考えた。米国とイギリスは当然サンフランシスコ講和条約締結する過程で、日本が過去の植民地支配に対して賠償したり謝罪したりする必要がないと考えた。イタリアが自身の国家利益のためにリビアに対して賠償金を払ったこと以外に、旧帝国主義国家が植民地支配に対して賠償をした事例はないので、日本人は韓国人の要求が国際法と適合しないと考えている。過去に植民地支配を受けていた国の中で、今国際社会の主役としての役割を果たしている国はなく、これらの国同士の連帯もなく、自身の被害事実を国際的に知らせることも、理論で秀でていた学者も生み出すこともできなかったので、国際法と国際規範からすると、韓国側の日本軍慰安婦及び強制動員の問題提起は特別なこととして受け取られたのである。さらに、植民地の侵略過程の虐殺問題を持ち出す国もないのである。

相変わらず国際社会で通用する言語はイギリス帝国主義の最大の成果だといえる英語であり、全世界の知識社会の主流議論は、過去の植民地国家が設定していた近現代化と発展の標準、すなわち主として経済成長に合わせられている。世界のすべてのニュースは、過去に帝国主義国家であった国のメディアが生産したものであり、国際社会に通用する学術研究の90%もすべて米国とヨーロッパの歴史、かれらの事例に基づいた英語、ドイツ語、フランス語で書かれたものである。このように見ると、韓国が日本の謝罪や反省を追求することが異常に見える。だから、国際法、国際学術社会、そして国際メディアではむしろ韓国が近代化と経済成長に大きな恩恵を与えた日本の恩を忘れて無理な要求をする国だと考えることもできる。

台湾と韓国のちがい

そのうえ同じく日本に植民地支配されていた台湾は、日帝の植民地支配に対して比較的友好的な態度を持っており、フィリピンや他のアジアの国々は日本軍慰安婦問題を提起してもいない。台湾は共産化された中国から逃れてきた人びとが建てた国であり、元々住んでいた人びと（内省人）は外国勢力の一種である本土の中国人を帝国主義の日本人より憎み、また米国に対して友好的な態度を持っていたので、韓国人だけが日本を批判する国だとみることもできる。

朴正煕・全斗煥政権が日本の経済援助や技術協力に頼り、現在まで韓国で上流層と一部知識人が植民地時代を美化したり日本文化を称揚したりしてきたので、日本人から見ると、盧武鉉政府以後の韓国が「左傾化した」、本当に異常になっていると考えてもいるだろう。このような考えのすべては、事実の一面だけを見ているのである。

日本人は、台湾人は日本の植民地統治が台湾の近代化に大きく寄与し、だから日本の植民地統治に比較的よい記憶を持っているが、なぜ韓国人はそうではないのか、と尋ねるだろう。その答えは韓国人にあるのではなく、日帝植民地統治の強圧性の差異、そして朝鮮と台湾という国の歴史とアイデンティティの差異に起因しているのである。朝鮮は日本の植民地になる前にすでに千年以上単一国家を形成、維持してきた国であったが、台湾は中国本土に苦しめられてきた経験があるから、日本の支配に対してそれほど強く抵抗しなかった。したがって、台湾に対する日本の支配も憲兵警察と暴力を動員する必要がなかったのである。

1905年以後、朝鮮王朝や官僚は、日本の朝鮮主権剝奪におとなしく従ったが、在野の知識人と民衆は違っていた。朝鮮の在野の知識人たちは、野蛮人である清国が覇権を掌握した後、朝鮮は中華の正統を受け継いでいると考え（もちろんそれは歪んだ事大主義であるが）、このような華夷的世界観から見ると、日本は辺境にある国にすぎなかった。したがって、西欧の文物をいち早く取り入れて内部改革に成功した日本が、たとえ軍事力と経済力では優勢であっても、かれらは日本を文明国ではない西欧の手先だと考え、日本の朝鮮支配を精神的に到底受け入れることはできなかった。もちろん、朝鮮の農民も日本の支配を受け入れることはできなかった。かれらの生活は、日本の資本と商品が朝鮮に進出した後一層悪化して、日本を追い出すことがかれらの生存のためには第1になすべきことと考えたからである。かれら農民と在野の知識人の武装抗争は近代的武器で武装した日本軍には全く相手にならず完敗したが、かれらが台湾の人びとのように日本が推進した近代的改革を歓迎したことはなかった。

新しい国家に向かう韓国と逆方向に向かう日本

他の植民地の場合と同様に、地主、ブルジョア、官僚など朝鮮の上層部の人びとは、帝国主義の既得権維持戦略を大体受け入れて、植民地支配の下手人になった。朝鮮の身分制度において差別されていた人びとも日本の占領を歓迎した。しかし、大多数の朝鮮人には警察の力を使った外国である日本の支配を歓迎する理由はなかった。1919年全国的な3・1運動で明らかになったが、全世界における植民地の民衆の中で、朝鮮人のように帝国主義の支配に頑強に抵抗した民衆はそれほど多くない。ただ朝鮮は土地が狭く、武装闘争をする条件がなかったから、村ごとに派出所を設置して住民の一挙手一投足を統制する日本の警察統治に立ち向かうことができなかったといえる。日本は、朝鮮人を内地人、すなわち本土の日本人と同等に待遇するという目標を掲げ、部分的にはそのような政策を行ったが、入学、官僚の採用、賃金と昇進などすべての面で、朝鮮人を同等な存在として扱わなかったことは、すべての朝鮮人が知っていた事実である。したがって、朝鮮の人びとは、日本の統治に協力した朝鮮人を「犬・豚」と同じ存在として取り扱い憎悪した。

多くの日本人が知っていることとは異なり、韓国は1987年の民主化以後、冷戦の陰から抜け出して新しい国家になり始めたのに対して、日本はむしろ逆方向に向かった点が、今日の日韓葛藤の最も重要な原因である。民主化以前の韓国は非正常な状態だったが、民主化以後の韓国は正常国家の道を歩むようになった。それによって生じた日本と韓国間の深刻な距離感、すなわち韓国では民主化によって冷戦が揺らぎ、冷戦秩序では当然視されていた考えに疑問が投げかけられ、冷戦と植民地未清算によって抑圧されていた事実が調べられ始めた。一方、日本はその反対に進歩的リベラルが解体され始め、両国間の距離感はどうすることもできないほど広がった。

第2次世界大戦後、多くの旧植民地が独立を成し遂げたが、過去の帝国主義に近い水準の経済力、軍事力、民主主義を成し遂げた国家は、事実上、韓国以外にはないだろう。だから、韓国は過去の植民地の歴史に対して公に批判と問題提起ができる、世界で唯一の国である。中国はすでに強大国なので公にそのような主張をする必要がなくなり、ベトナムは経済的にもう少し成長し民主化されれば、おそらくそのような役割を果たすことだろう。1960年代以後、日本の多くの良心的知識人が一生懸命に叫んできた事実は、民主化以後の韓国人には常識になった。民主化による変化を恐れる韓国と日本の極右勢力が、これは親北、左翼思考だと攻撃しているが、それは事実を完全に誤って捉えている。

4. 歴史的事実の隠蔽

『反日種族主義』の論理は、過去の日本右翼と保守メディアの北朝鮮叩きのように、日本に甘い喜びを与えているが、それは日本人には太平洋戦争時の戦犯勢力の戦争扇動と同じくらい危険なものである。なぜならば、『反日種族主義』の論理は、統計と実証の名の下に実際に最も重要な事実を隠蔽しており、学問の形式を借りているが大変政治的であるからである。

その中で最も深刻な欠陥は、日帝の朝鮮侵略の過程において発生した暴力と大虐殺に対する無視、あるいは否認である。抵抗が完全に鎮圧され、抵抗の力が弱まった状況で、朝鮮民衆が現実を受け入れるようになったことを平和や支配に対する同意だということはできない。日本が日露戦争後、１９０５年の乙巳保護条約、１９１０年の強制併合を通じて、朝鮮の主権を剝奪する過程では、１８９６年の東学農民軍に対する鎮圧、そして生き残った東学軍に対する大量虐殺、１９０５年以後全国各地の義兵運動に対する鎮圧と居住地の焦土化作戦などがまず行なわれた。このような暴力的な鎮圧と極めて残忍で非人道的な虐殺の歴史を省略した、植民地支配の合法性を主張するすべての論理は根拠のないものである。

朝鮮の最後の王である高宗とその官僚たちが、日帝の主権剝奪文書に捺印したとしても、当時の朝鮮は、国民主権の最小限の立憲君主国だということはできないので、日本の強制併合の合法性は認められない。そして、1910年以後には事実上憲兵警察による強圧的な支配だったから、たとえ普通の朝鮮人が大規模に抵抗しなかったとしても朝鮮人が日帝の支配に同意したということはできない。1919年3・1運動時の数千人の朝鮮人虐殺、1920年の満州における庚申大惨変、1923年の関東大震災時の日本の自警団などによる朝鮮人虐殺などの歴史を無視して、30年代以後朝鮮人が国内で公に抵抗をしていなかった点や強制動員と日本軍慰安婦動員の自発性をいうこと自体が理屈に合わない。

経済的強制と経済外的強制についての「訓練された無知」

『反日種族主義』のある執筆者は、朝鮮人にとって日本はロマンであったと言っているが、正確にいえば、1930年代朝鮮人にとって満州が「ロマン」に近いものであった。日本の炭鉱や建設現場に「金儲けのため」自発的に行った人びとがいたとしても、炭鉱や現場の労働が市場主義契約関係だとみることはできない。さらに数えきれないほど多くの人びとが何回も脱出したが、捕まって無慈悲に殴られ死にそうな目に会ったり身体障がい者になったりした朝鮮人が明らかに存在しているが、かれらが「強制連行」されたのではないということはできない。植民地の状況において、経済的強制と経済外的強制は結合している。30年代、朝鮮の農村の小作人の惨たらしい貧困は北朝鮮地域の戦時工業化と同時に進んでおり、このような農村経済の没落がかれらを日本への自発的な移住と動員に応じる「経済的」強制だった。この経済的強制を「ロマン」を実現した自由な選択だというのは、経済学しか知らない学者の「訓練された無知」だというしかない。

「自発的売春」という見方

日本軍の性奴隷になった朝鮮の女性たちを、自発的売春だといって軍の慰安所運営を公娼制と同じものとして見るのは、事実の否認を超えてナチの虐殺の否認と同じ犯罪に近いものである。日本軍部が慰安所を運営したことは、否認することができない事実である。『反日種族主義』の著者たちである韓国の学者は、韓国も朝鮮戦争中に慰安所を運営したことを喜び、日本だけ悪いのではないと主張してもいる。朝鮮戦争時、韓国軍部が一部で慰安所を運営したことは事実のようである。しかし、まさに日帝末期に日本軍に服務していた韓国軍出身の将校たちがそのような発想をしたことは、これこそ韓国の軍事主義が日本帝国主義と連続性を持っているということを示す証拠である。日帝に服務していた警察と軍人が解放後同族に同じ方法の拷問と虐殺をほしいままにしたことは、すでに十分に明らかになっている。このことは韓国政府の大きな過ちであるが、そうだからといって日本軍部の慰安所運営の罪悪が免罪になるものではない。むしろ東アジアの戦争、暴力体制がどのように日本と韓国の現代政治に深い影を残しているかを実証するものであり、『反日種族主義』の著者たちが日本の極右勢力とともにそのような退行的秩序を擁護しているかを明らかにしている。

日本の植民地経営が結果的に朝鮮の工業発展と近代教育に寄与した点があり、それが以後韓国の産業化に寄与した点があるとしても、日本が朝鮮を助けるために植民地経営をしたものではないことは常識である。しかし、日本帝国主義に協力した韓国人を処罰できなかったことは、1945年8・15後の反共主義の政治状況において日本が、戦犯を処罰できなかった事情と同じく、今日の日本と韓国の関係をねじれさせている。

すなわち、戦後、天皇制を維持することにした米国の決定は、日本人多数の意思ではなく、戦争犯罪者と極右勢力の執拗な要請と結合したものである。韓国において日本帝国主義への協力者たちを断罪して、新しい国家を建設することができなかった。まさに、米国の反共主義の韓国占領政策によるものであり、共産主義の脅威にかこつけて米国にかれらと手を結ばざるをえないようにしたかれらの政治力によるものだった。

帝国主義時代の日本人が一つの日本人ではなかったように、植民地下の朝鮮人も一つの運命体ではなかった。

「城郭のように高い石垣の中に慶会楼のような楼閣を持った百万長者の朝鮮人と、茅葺きの家でかける布団もなく寒さに凍えた足を温めることもできずに眠らなければならなかった」朝鮮人が同じ朝鮮人でないことは、いうまでもない。このような非常に激しい貧富の格差をもたらしたものが、日本の支配政策であることはいうまでもない。日本は朝鮮の地主、資本家と手を結び、かれらの権力と富を保障する政策を行ったので、普通の朝鮮人の中で日帝の工業化の恩恵を受けた人もいただろうが、大多数は極貧状態から抜け出せなかった。

日帝下の朝鮮人を一つの同等な条件を持った実体として見ることはできない。当時朝鮮は主権がなかったので、朝鮮の日本への米穀搬出を収奪ではなく輸出だというのは、言葉遊びである。農民への収奪は、朝鮮人地主がしたことであり、そういう地主に権力を与えたのは日本だったのであり、その収奪で蓄積された米穀が日本へ運ばれたのである。しかし、米を「輸出」した主体は朝鮮ではなく、総督府当局や地主であった。

資本主義社会で経済は政治、国家なくしては動かない。過去の帝国主義支配体制下では、封建時代と同じように政治が経済に優先して、経済外の強制が経済的強制より力を持つ。日帝の統治権力、すなわち総督府の圧倒的な力による植民地支配体制を前提にしないいかなる経済論理、そして朝鮮人の行動様式に対する説明も完全に虚構である。

5. 朝鮮戦争の火種

韓国社会が受けた犠牲はその範囲、その酷さで見れば、20世紀中はもちろんのこと、現在も日本が受けた戦争被害より比較できないほど大きい。太平洋戦争中の苦しみと貧困を今もって忘れられない日本人もいるだろうが、20世紀の韓国人が受けた苦しみはそれと比較することができないものだった。朝鮮戦争の3年間、南北の人口の10%を超える300万人以上が死亡し、数十万人が負傷し、数十万人の離散家族が再び会えないまま永遠に離れ離れになった。日本人は、韓国人が愚かなので、朝鮮戦争のような内戦が起こったのではないか、と問うことだろう。明らかにそれもある。しかし、日本の帝国主義支配がなかったならば、朝鮮戦争は起こらなかったのだ。

南北の人びと同士がイデオロギー対立で戦った戦争が、なぜ日本の植民地のせいなのか、と尋ねるだろう。明らかに北朝鮮の侵略で始まり、米軍と中国軍が介入した朝鮮戦争は、日本とは現象的にはいかなる関係もない。しかし、北朝鮮が侵略した名分や李承晩政権が北の侵略を強調していた名分すべては、統一国家の建設であった。特に、北朝鮮は韓国を植民地体制の延長として見ていた。すなわち、韓国人にとって分断は植民地体制の延長であり、この植民地体制を終わらせるために外部勢力に便乗した勢力をなくし、北朝鮮がまず戦争を始めたのである。日本は統治の必要のために朝鮮人の現地協力者を取り込んだが、かれらは日本が戦争に負けた後日本に従って戻ることもできず、朝鮮半島はまさに植民地清算をめぐって内戦に突入したのである。

すべての帝国主義国家は支配する時、いつでも原住民間の分裂を助長するが、宗教、人種、地域など内部の分裂の亀裂を利用して、互いに対立するようにさせる。そして、帝国主義国家がいなくなると、平和に暮らしていた内部勢力間に内戦が始まる。これが1945年以後アジア・アフリカなどの脱植民地国家に起こった内戦、虐殺の背景である。韓国は単一な民族であったが、日本に協力した者たちに対する憎悪、特に家族全員が殺されることを覚悟して抗日運動をした人びとが、かれら日帝協力者に対して持っている敵対心は、宗教、人種の分裂が蔓延した国家以上に深刻だった。日本が強権で統治していた40年間には朝鮮人の間に葛藤と冷戦が起こる理由がなかったが、日本が去って潜在していた葛藤が爆発したのであり、朝鮮戦争もこのような内部の敵対が世界的次元での米ソ冷戦と絡み合って爆発したものである。日本人にとって朝鮮戦争は、対岸の火事であるが、その火種は、世界のほとんどすべての帝国主義国家がそうだったように日本が播いていったものである。

日本が朝鮮に入ってこなかったとしても、朝鮮人の間の近代化をめぐる葛藤、封建的土地所有と身分差別を克服するための反乱と鎮圧などの葛藤はあっただろうが、朝鮮戦争のような全面的内戦はなかった可能性が大きい。インドやパキスタン、ルワンダなどの葛藤と内戦は、すべてが脱植民地化の過程で帝国主義がばらまいた亀裂と葛藤によって行われたが、韓国の場合はそれが民族と反民族の葛藤として現れた。

「反日種族主義」の論理は、日本の若者を戦場に追い込んだものと同じもの

韓国の現代史において最も悲劇的なことは、日本帝国主義の軍隊で訓練を受けた韓国軍将校、警察が同族を殺害・拷問する時に動員されたという点である。日本が朝鮮に入ってくる以前にも拷問や笞刑と同様な残忍な暴力はあったが、日本の占領に抵抗する朝鮮人に加えられた日本の憲兵警察の暴力は、前近代には見られなかった残忍な刑であった。もちろん、フランスやイギリスなど西欧の帝国主義国家も、植民地占領の過程で暴力と虐殺を行った。しかし、日本軍が東学軍を討伐したり義兵部隊を鎮圧したりする過程で行った虐殺と暴力は、ヨーロッパの国家の行ったことと同様に、時にはそれを超える残酷なものであった。近代自由民主主義制度の入口に立ったヨーロッパの帝国主義も植民地の住民にはその民主主義を適用しなかったが、軍国主義方式で上から近代化を推進し、民主主義制度を無視した天皇制の日本は、ドイツ皇帝がアフリカのナミビアでほしいままに行った虐殺と同じような虐殺を朝鮮で行った。

『反日種族主義』の著者たちが強調する歴史的事実は、政治的に取捨選択したものである。これが日本人ではなく、韓国人の口から、それも韓国で最も優秀と知られた経済学者たちから出た点が、おそらく今日の右傾化した政治志向の日本人の好奇心を刺激したのだろう。今や事態をきちんと理解する韓国人が現われたと、喜んでいるかもしれない。しかし、この本の論理は、多くの日本の青年を戦場に追い込み傷つけ死なせて、数十万の日本人を空襲と原子爆弾の犠牲者にさせた日本の戦犯たちの論理と同じくらい危険である。

韓国の民衆と日本の民衆が目覚め、これまでのごまかしの論理から抜け出してこそ世界を変えることができる。韓国と日本が真に協力することはアジアにとって良いことであり、世界にとっても素晴らしいことである。何よりもそれは日本と韓国の普通の人びとの生命と安全を守ってくれるものである。間違った過去を整理してこそ前に進むことができる。日本と韓国が短い間に経済発展を成し遂げたことは、大変自慢できることである。しかし、労働者・女性などの弱者の権利、政治家の責任、普遍的な社会福祉、生活の質保障といった次元では、多くのヨーロッパの国家に比べて大変遅れている理由も、このような「反日種族主義」のあきれかえる政治論理が相変わらずのさばっているからである。

解説

「反日種族主義」という虚構を越えて

——過去への懺悔と新時代への決意があるというなら、誰もが読まねばならない

李 泳采（恵泉女学園大学教授）

韓国社会の現状認識

金東椿教授の本書執筆は、朴槿恵保守政権時の2014年4月16日のセウォル号事件と2015年の新型ウィルス・MERS事態（韓国で感染が広がり、遅れた政府の対応が批判された）が契機になった。韓国社会で始まった「これが国家か？」という市民の疑問に対する知識人の「懺悔録」（申栄福教授の推薦の言葉）であり、答である。

2017年キャンドル市民革命により、朴槿恵大統領が弾劾され、文在寅政権が登場して国家システムの再構築を試みているが、根本的な社会改革までには、はるかに遠いというのが現状である。

金東椿のこの本は、現代韓国社会の現状認識と文在寅政権の改革の限界を理解するのに役立つ。1876年の江華島条約以後、韓国社会は近代化の道を模索してきたが、日帝35年、解放後75年を経た120年間の韓国現代史の問題の根源と変節点を明確にし、

その原因を診断しているからだ。
金東椿は、韓国社会の資本と労働の矛盾を研究する社会科学者としてデビューした。資本と労働には、国家権力が深くかかわっており、したがって国家権力の形成と支配過程を分析しなおさなければならなかった。その過程で、韓国近現代史において最も暗い記憶である植民地、分断と戦争、そして反共社会に直面した。2005年から2009年まで、「真実和解のための過去事整理委員会」常任委員として、朝鮮戦争前後の韓国と米国による民間人虐殺など朝鮮戦争の加害の側面を明らかにした。韓国社会の忘れられた真実を明確にしたことは重要な学術成果であり、『朝鮮戦争の社会史』は、2005年フランクフルト図書展主賓国組織委員会選定の「韓国の本100」に選ばれ、日本でも翻訳出版された（平凡社、2008年）。
これまで進歩的な学術研究をリードしてきたかれが、『韓国現代史の深層――「反日種族主義」という虚構を衝く』という著作を通して、一般市民に向かって新しい100年を企画して世の中を変えようとする強い意志を明らかにした。

われわれにとって、本当の国家は存在したのか？

かれはこの本でわれわれに三つの質問を投げかける。それは、
われわれにとって、本当の国家は存在したのか？
大韓民国は、一体どういう国家なのか？

今後われわれはいかなる国家を作らねばならないのか？であり、これらの質問に自ら答えながら、韓国社会を省察し、韓国現代史の批判と新たな分析がなぜ重要であるかを示す。

金東椿は、韓国という国家の形を理解するためには、大韓民国の主流支配勢力がどのようにつくられ、誰がこの国家を引っぱってきたか、を冷徹に分析しなければならないと言う。これを分析するためには、かれは三つの認識の枠を提示している。

一つ目は、韓国近現代史を率いてきた支配勢力に対する認識である。１８７６年の江華島条約以後、朝鮮は開化、独立、民権国家樹立の三つの論争が行われた。三つの課題に対する自らの努力が挫折して、親日派の主導で近代化が始まった。解放後、かれらは民族統一国家樹立を放棄し、親米国家樹立を目指して、韓国の近現代を率いる権力になった。

二つ目は、大韓民国の国家理念に対する認識である。朝鮮戦争中の１９５０年10月黄海道でキリスト教と共産主義者の衝突によって起きた信川大虐殺を経て、南に逃げて来た犠牲者たちが韓国の国家理念を決定した。それは、キリスト教反共主義であり、いわゆる「揺るぎない国教」として成立したのである。

三つ目は、韓国近代化の性格に対する認識である。韓国近代は日本と米国をはじめとした外国勢力による分断と圧迫の中で進められた。その結果経済は成長したが、自主独立と主権を完成できない半主権国家になってしまった。

金東椿は、この三つの認識の枠組みを歴史的脈絡でつなげて、韓国の構造的な問題の根源と現状を明らかにする。全体は、3章で構成されている。

親日派主導の近代化

1章では、大韓帝国末期から朝鮮戦争直前までを扱う。開化期は、尹致昊のような親日派、安重根などの独立開化派、独立協会が主導した民権優先独立派、義兵闘争などの武装勢力闘争派の路線の葛藤の時期だった。勝者になった親日派主導による近代化が、韓国の歴史の最初の屈折をもたらした。

しかし、1945年8月15日「解放」を迎えて、韓国社会はまた異なる屈折の歴史と直面する。日本の敗北の後、朝鮮半島に進駐した米軍は、日本に替わって「信託統治」の形で朝鮮を支配した。日帝の朝鮮支配に協力したが、日帝が敗北して絶滅の危機に瀕していた親日勢力は、米軍の右翼偏向統治に便乗して親米に転換し、米国はかれら親日勢力を利用して、48年8月15日に李承晩親米政権を樹立させるのに成功した。

この時期、日本の戦争犯罪勢力は、マッカーサー司令部と手を結び、天皇制を存続させて、日本をアジアの反共の砦とするのに協力した。しかし、それでも日本は、軍国主義の憲法と制度が廃止されて、民主主義国家の外観は備えた。

一方韓国は、むしろ日帝植民地の遺産を復活させた「国家保安法」（1948・12・1）を制定した。また46年10月大邱暴動鎮圧をはじめとして日帝植民地期よりもいっそう厳しく国民を弾圧した。金東椿は、8・15は事実上解放ではなく、日本からの分離であり、その後、分断国家大韓民国は、半国家、半主権国家になってしまい、現在までその基本構造は変わらないとみる。

朝鮮戦争が残したもの

2章は、朝鮮戦争から李承晩、朴正熙政権の反共独裁時期を扱う。朝鮮戦争は国民と民間人をはじめ300万人以上の「コリアン」と米軍4万人、中国軍100万人以上が犠牲になり、国土は破壊され、多くの文化遺産が消失した。金東椿は、残酷な朝鮮戦争が残した戦争の傷跡と分断の痛みとともに、「反共」という相互を識別する強力な国家システムが形成された点に注目する。

共産主義勢力の弾圧によって北から南に逃げて来たキリスト教勢力は、「反共」闘士になり、済州4・3事件(1948年)、金九暗殺事件(1949年)などに介入した。李承晩政権は「反共」を口実に政敵たちを除き、権力を維持した。朴正熙政権は初めから「反共を国是に」うちだした。日帝植民地初期に独立運動を主導して、植民地支配を受けてきた民衆に人権と政治的自由の思想を訴えてきたキリスト教は、解放後には「反共」をうちだして、権力との妥協、あるいは権力の上に君臨する権力としての地位を占めた。

このように、反共国家大韓民国、またはキリスト教国家大韓民国を作った主人公は、ほかでもない米国である。米国はかれらの東アジア政策に従って、韓国現代史を思うままに牛耳った。単純に韓国の政権を思うがままに操り、経済を掌握してきたことにとどまらず、65年の日韓国交正常化交渉に介入して、35年間朝鮮を植民地支配した日本との過去の歴史清算問題まで、かたをつけてしまったのである。

戦後、韓国の保守を代弁する代表的な勢力である李承晩政権と朴正熙政権は、国家の独立と主権回復という国益よりも個人の政権維持のために、米国の東アジア政策、すなわち韓国を日本の経済成長のためのヒンターランド、下請け基地に編入する政策を受け入れて、率先垂範して実行した。また、かれら保守勢力は反共政策を利用して、親日派の再起用、国民統制のための総動員体制としての兵営国家樹立、皇民化教育の延長としての国民教育憲章制定、農村掌握のためのセマウル運動実施など、近代化する中で日帝植民地統治体制の遺産を復活させた。

このような植民統治体制の復活は、以後李明博および朴槿恵政権の公安政治、国定教科書制作等と続いた。このような意味で金東椿は、韓国の保守は真の反共勢力ではなく、国内政治に利用するための偽の反共政策を実施しており、冷戦と南北の分断が植民地的全体主義の復活の最も重要な土壌になっていると指摘する。

近代化がもたらした課題

3章では、大韓民国の近代化がもたらした構造的課題について扱う。

まず学校教育制度である。大韓民国の教育制度の根底にあるのは、日本の天皇制下の教育方式であり、日帝植民地教育の遺産である。それは、朴正熙軍事政権が近代化教育政策に導入したものだ。その上すべての国民が「両班」というエリートになれるという、競争社会での高度成長式教育熱の中にいる。韓国社会における学閥は、いまや権力と富を得るカルテルになっていて、社会の発展を阻害する枷となっている。

2番目は、財閥中心の経済成長と労働者搾取の問題である。クーデターで登場した朴正熙政権は、経済近代化を革命公約の一つとして前面にうちだしたが、経済正義の確立と腐敗の清算を放棄して財閥大企業と手を結んだ。以後、韓国のすべての政権は、財閥大企業が進出した労働集約型産業が成長するように全面的な支援を与えた。

これに対して、低賃金労働力をもち、反共が確立されており、社会主義政党はもちろんのこと労働活動も完全に統制された状態では、韓国の労働者たちは、国家と資本に一方的に従属せざるを得なかった。結局今日に至っては、国家権力の上に君臨する「サムスン共和国」という韓国社会の断面から分かるように、労働の正当な代価は支払われていない。

3番目は、1987年民主化運動の限界である。金東椿は、韓国現代史において80年光州の民衆共同体意識と87年6月民衆抗争を、最も大きな成果と評価する。しかし、87年民主化運動は財閥企業が支配する社会においては、民主化という議論やスローガンだけではこれ以上改革の未来と展望を望めないという限界も露呈した。

その上、労働運動の保守化、市民運動の弱体化、民主政権の無力化、進歩政党の存在感消失などの現況は、韓国社会には１９８７年を乗り越えて新しい社会発展の主体と原動力が必要だと指摘している。このような意味で、金東椿は、韓国は今後経済民主化と社会正義が保障される国家を模索する転換期に入ったと主張する。

この本は、保守勢力が主張する韓国現代史に対して批判と分析を加えている。また、大韓民国の政治、さまざまな社会問題、特に普通の国民が今経験している苦痛はどこから来ているのか、どんな歴史的背景を持っているかについて、著者が質問し、自らが答えている。知識人で社会運動家の「懺悔録」である。

日本語版では、最近話題になっている『反日種族主義』に対する批判を、特別に補論として追加した。『反日種族主義』は、韓国支配勢力の論理をはっきりと代弁している。これは、日本で学問的に死亡宣告を受けた歴史修正主義が韓国の歴史修正主義を逆輸入して自己正当化しようとする動きである。いいかえれば、日韓右翼勢力の共通の歴史認識の基盤が、日帝の朝鮮植民地支配にあることを改めて証明するものにすぎない。補論を直接参考にしていただきたい。

韓国現代史の連続性と断絶性、そしてその原因と背景をここまで深く緻密に分析して明らかにした本が、いままでにあっただろうか？　本書を読みながら感じたのは、驚きと敬意と、また挫折と怒りである。ではあるが、結論において韓国社会が真の変革のために志向すべき方策を、具体的に提示していることに新しい希望をもつこともできる。申栄福先生の冒頭の推薦の辞のように、韓国と日本の国境を越えて、過去の歴史に対する懺悔と、未来に対する決意があるすべての人びとの必読書である。

関連年表

西暦	できごと
1801	天主教（カトリック）弾圧、丁若鍾ら刑死する（辛酉迫害）。
1840 ～ 42	アヘン戦争。イギリスは清国に勝利、南京条約が締結された。条約の内容は広州·上海など5港の開港、香港の割譲、賠償金約2100万ドルで、清は関税自主権を失うという不平等条約であった。後には領事裁判権も認めさせられた。
1875	日本の艦船、江華島に侵攻する（江華島事件）。
1876	2月26日、日朝修好条規（江華島条約）締結。これによって、日本は朝鮮に釜山ほか2港の開港および日本人の往来と通商の自由を認めさせた。
1884	12月4日、甲申政変起こる。金玉均・朴泳孝・洪英植ら開化派がクーデターを起こし、王宮を占領して新政権を樹立したが、清国軍の介入により3日で失敗。
1894	東学農民戦争起こる。指導者全奉準らを中心とした農民軍は全州を一時占領するも政府軍と全州和約を結んで和解。一方、日本軍は王宮を占領、公使井上馨の下金弘集・朴泳孝・徐光範ら開化派の政権が成立する。このため農民軍は再び蜂起するが、敗北し、全奉準らは処刑される。
1894 ～ 95	日清戦争。日本は清との戦争に勝利し、95年4月17日に両国は日清講和条約(下関条約)を締結した。清は朝鮮の独立を認め、遼東半島と台湾·澎湖諸島を日本領とし、2億両（約3.1億円）の賠償金を支払う。
1895	4月23日、三国（フランス・ドイツ・ロシア）干渉により、日本は遼東半島を清に返還。
1904 ～ 05	日露戦争。1904年2月日本はロシアに宣戦布告。05年9月アメリカ大統領の仲介で両国はポーツマス条約締結。日本は朝鮮半島での優先権をロシアに認めさせ、遼東半島の旅順・大連を中国から租借する権利および長春から南の鉄道などをロシアから譲りうけた。
1905	11月17日、乙巳条約（第2次日韓協約）締結。特命全権大使伊藤博文·公使林権助が調印強要（閣僚李完用・朴斉純ら同意、閔泳綺ら反対）。
1909	10月26日、安重根、ハルビン駅頭で伊藤博文を射殺する。
1910	日韓併合。8月22日、「韓国併合に関する条約」に寺内正毅統監と李完用が調印し、29日に公布発効した。
1919	1月21日、高宗が亡くなり、毒殺説広まる。 2月8日、日本で朝鮮人留学生による2・8独立宣言（李光洙起草）。 3月1日、民族代表33人が独立宣言を発表（崔南善起草）。3・1独立運動起こる。 4月11日、上海で大韓民国臨時政府樹立。金九·李承晩·安昌浩·朴殷植·申采浩・金奎植・李東寧・申翼熙・申東輝・張徳秀ら参加。

1925	4月、金在鳳・金燦・金若水らによって朝鮮共産党結成される。
1945	2月4日～11日、ヤルタ会談が行われる。アメリカ合衆国（ルーズベルト）・イギリス（チャーチル）・ソビエト連邦（スターリン）による首脳会談で、ソ連の対日参戦、国際連合の設立など大戦後の国際レジームを規定した。 8月15日、日本が無条件降伏し、朝鮮は植民地支配から解放される。
1946	10月1日、大邱10・1抗争が起こる。アメリカ軍占領下の南韓慶尚北道大邱でアメリカ軍政に抗議した市民を南韓警察が銃殺したことをきっかけにして南韓全土で230万人が蜂起し、136名が犠牲になった。
1947	7月19日、呂運亨暗殺される。右翼テロ組織の青年に暗殺されたが、李承晩派による暗殺であったとする説が有力である。
1948	4月3日、済州島4・3事件起こる。47年3月1日の警官隊の発砲から始まり、54年9月21日まで7年7カ月に亘った、南労働党（南労党）武装隊と米軍・国軍、警察間の武力衝突と鎮圧過程において多くの住民が虐殺・犠牲になった。 8月15日、大韓民国樹立。大統領は李承晩。 9月9日、朝鮮民主主義人民共和国樹立。首相は金日成。 10月19日、麗水・順天事件起こる。麗水において、済州島4・3事件鎮圧への出動命令が下った派遣部隊で反乱が起き、隣接する順天にも及んだ。反乱部隊は1週間後に鎮圧されたが、その過程で多くの民間人が殺害された。 12月1日、国家保安法を公布・施行。麗水・順天事件を契機に、南労党や左翼勢力除去のために制定された。日本の治安維持法をモデルにしたともいわれる。
1949	1月8日、反民族行為特別調査委員会（反民特委）発足。 6月26日、金九暗殺される。金九は大韓民国樹立後も統一国家を目指して南北協商運動を展開し、その中心的指導者として活動していた。その最中、李承晩の密命を受けたといわれる軍人安斗熙によって暗殺された。
1950	6月25日、朝鮮戦争勃発。25日午前4時に３８度線において北朝鮮軍が砲撃を開始したことによって始まった。
1951	9月8日、日本はサンフランシスコ講和条約調印、52年4月28日発効。
1953	7月27日、朝鮮戦争休戦協定調印。北朝鮮・米国・中国の三者が板門店で調印した。韓国は参加しなかった。
1954	11月27日、李承晩政権が「四捨五入改憲」を強行通過させる。
1960	4・19学生革命起こる。4月19日、大統領選挙（3月15日）の不正を糾弾するデモ隊と警官隊が衝突、死者186人。李承晩は4月26日に退陣、5月にハワイに亡命した。
1961	5月16日、朴正熙が陸士8期生を中心とする「革命主体勢力」を率いて、軍事クーデターに成功する（5・16軍事クーデター）。

1965	6月22日、日韓基本条約締結調印。同年12月18日発効。
1966	7月9日、韓米駐屯軍地位協定（SOFA）締結調印。67年2月9日発効。
1979	10月26日、朴正熙大統領暗殺される。 12月12日、粛軍クーデター。全斗煥ら新軍部が権力をにぎる。
1980	5・18光州民主抗争起こる。戒厳軍は光州の多数の市民・学生を武力鎮圧した。
1987	韓国民主化運動高潮（6月民主化抗争）。盧泰愚が6・29民主化特別宣言を発表。 7月10日、金大中ら、赦免・復権する。 11月29日、大韓航空機爆破事件起こる。韓国政府、北朝鮮の爆破テロと発表。 12月16日、第13代大統領に盧泰愚が当選。
1988	9月17日、ソウル・オリンピック開会。
1990	1月22日、与野党3党合同、民主自由党結成。 9月30日、韓国、ソ連と国交樹立する。
1991	9月17日、南北が国連に同時加盟する。
1992	8月24日、韓国、中国と国交樹立する。 12月18日、第14代大統領に金泳三が当選。
1994	7月8日、金日成北朝鮮主席が死去する。
1997	11月22日、韓国政府、IMFに支援要請する（通貨危機）。 12月18日、第15代大統領に金大中が当選。
1998	10月8日、金大中大統領と小渕恵三首相が「日韓共同宣言21世紀に向けた新たな日韓パートナーシップ」を発表。
2000	6月15日、金大中大統領と金正日国防委員長が平壌で南北首脳会談を行い、南北共同声明を発表する。
2002	5月13日、日韓共催ワールドカップが開催される。 6月13日、議政府で女子中学生2名が、米軍装甲車に轢かれ死亡する。 9月17日、小泉首相と金正日国防委員長が平壌で日朝首脳会談を行い、日朝平壌宣言発表する。 11月26日、女子中学生轢死事件の被告の米軍兵士に無罪評決が出て、反米キャンドルデモが広がる。 12月19日、第16代大統領に盧武鉉が当選する。
2005	3月16日、島根県議会が「竹島の日」を制定する。 5月3日、「真実・和解のための過去事整理基本法（過去事法）が成立する。 6月20日、盧武鉉大統領と小泉首相がソウルで日韓首脳会談を行う。
2007	10月2日～4日、盧大統領と金正日国防委員長、2回目の南北首脳会談を行う。 12月19日、第17代大統領に李明博が当選。

2008	5月～7月、米国産輸入牛肉の全面開放に抗議のキャンドルデモが拡大。
2009	5月23日、盧武鉉前大統領が慶尚南道金海の自宅近くで投身自殺する。 8月18日、金大中元大統領が83歳で死去する。
2010	3月26日、哨戒艇天安艦が北方限界線付近で沈没、46人が死亡。
2011	10月26日、市民活動家朴元淳がソウル市長に当選する。 12月17日、金正日国防委員長が死去する。
2012	8月10日、李明博大統領が独島に上陸する。 12月19日、第18代大統領に朴槿恵が当選する。
2013	4月16日、大型旅客船セウォル号が全羅南道珍島沖で沈没、高校生ら312人が死亡。
2015	8月14日、安倍首相が「戦後70年談話」を発表。
2016	10月、朴槿恵大統領とその友人崔順実を中心とした政治スキャンダル、いわゆる崔順実ゲート事件が起こる。 10月～、上記の一連の疑惑発覚後、抗議の大規模キャンドルデモが起こる。2017年5月まで17回延べ1700万人以上が参加。 12月9日、朴槿恵大統領の弾劾訴追案が国会で可決される（賛成234反対56)。
2017	3月10日、憲法裁判所で朴槿恵大統領の罷免・失職が決定される。 5月9日、第19代大統領に文在寅が当選、翌10日就任。
2018	4月3日、文大統領、済州島4・3事件追悼式に盧武鉉大統領以来12年ぶりに参席。 4月27日、文大統領と北朝鮮金正恩委員長が板門店で11年ぶりに南北首脳会談を行い、「板門店宣言」を発表。 5月26日、文大統領と金正恩委員長が板門店で2度目の南北首脳会談を行う。 6月12日、米国のトランプ大統領と北朝鮮金正恩委員長がシンガポールで史上初の米朝首脳会談を行う。 9月18日、文大統領が平壌を訪問し、金委員長と3度目の南北首脳会談を行う。 10月30日、韓国大法院、新日本製鉄（現日本製鉄）に対し旧徴用工韓国人に対し損害賠償を命じる。
2019	2月27日、トランプ大統領と金正恩委員長が、ベチナム・ハノイで首脳会談を行う。 6月30日、トランプ大統領、金正恩委員長、文在寅大統領が、板門店で会談を行う。 7月1日、経済通産省が、「大韓民国向け輸出管理の運用の見直しについて」を発表。4日から経済規制いわゆる「ホワイトリスト」除外開始。

脚注索引

あ 行

愛国朝会　241
「圧縮成長」 239
鴨緑江・豆満江　169
『アリラン』 40
安重根（1879 ～ 1910）　19
安斗熙（1917 ～ 96） 158
李人稙（1862 ～ 1916）　28
李益興（1905 ～ 1993）　81
李起鵬（1896 ～ 1960）　152
李光洙（1892 ～ 1950）　89
李健熙（1942 ～）　250
イザベラ・バード・ビショップ（1831 ～ 1904） 32
李相龍（1858 ～ 1932）　42
李承晩（1875 ～ 1965）　32
1997 年の通貨危機　265
1・21 事態　261
一進会　27
李恒寧（1915 ～ 2008）　90
李秉喆（1910 ～ 87） 250
李会栄（1867 ～ 1932）　42
李厚洛（1924 ～ 2009）　212
李範奭（1900 ～ 72） 148
李容九（1868 ～ 1912）　27
李完用（1858 ～ 1926）　31
引継鉄線　173
ウィルソン（1856 ～ 1924）　43
元世勲（1951 ～）　228
蔚珍・三陟武装共匪浸透事件　261
映画　11
遠藤柳作（1886 ～ 1963）　73
呉在植（1933 ～ 2013）　154
呉制道（1917 ～ 2001）　132

か 行

「桂・タフト協定」 175
甲申政変　22
「神が下した贈り物」 119
間島特設隊　97
帰属財産払い下げ　255
基地村　185
祈福信仰　138
金昌淑（1879 ～ 1962）　37
金日成（1912 ～ 1994）　52
金元鳳（1898 ～ 1958 ？）　100
金宇中（1936 ～ 2019）　256
金淇春（1939 ～）　217
金奎植（1881 ～ 1950）　43
金九（1876 ～ 1949）　51
金山（1905 ～ 1938）　40
金鐘泌（1926 ～ 2018）　142
金性洙（1891 ～ 1955）　76
金丹冶（1899 ～ 1938）　44
金昌龍（1920 ～ 1956）　157
金泰善（1903 ～ 77） 132
金東元（1884 ～ 1951）　131
金東里（1913 ～ 95） 165
金東祚（1918 ～ 2004）　202
金学鉄　（1916 ～ 2001）　99
金炳魯（1887 ～ 1964）　77
義烈団　107
久保田貫一郎（1902 ～ 1977）　99
経済企画院　210
『月刊マル』 92
「建国 67 年」 11
江華島条約　22
興南　123
国債報償運動　30
『国際市場』 123

国民保導連盟　106
国民保導連盟員虐殺事件　132
高宗（1852 ～ 1919）　25
「国家安全保障会議報告第 68 号ＮＳＣ 68」　176
国家情報院　156
国家情報院世論操作事件　161
コミンテルン　44
コリアディスカウント　273

さ　行

西勢東漸　22
斎藤実（1858 ～ 1936）　41
笹川良一（1899 ～ 1995）　202
『サムスンを考える』　269
死六臣成三問（1418 ～ 56）　72
私教育一番地　233
重光葵（1887 ～ 1957）　60
「四捨五入」改憲　253
『思想界』　146
『自由夫人』　181
従北　110
10・26　21
ジョージ・オーウェル（1903 ～ 50） 146
ジョン・フォスター・ダレス（1888 ～ 1959）　167
申栄福（1941 ～ 2016）　9
辛酉迫害　28
辛格浩（1922 ～ 2020）　208
人権指令　80
申采浩（1880 ～ 1936）　39
信川博物館　124
スカラピーノ（1919 ～ 2011）　182
勢道政治　28
瀬島龍三（1911 ～ 2007）　202
セマウル運動　225
徐載弼（1864 ～ 1951）　24
西北青年会　131
宋秉畯（1858 ～ 1925）　27
成均館　278
宋建鎬（1927 ～ 2001）　150
宋鎮禹（1890 ～ 1945）　73
ソンビ　24
宋秉畯　29
孫秉煕（1861 ～ 1922）　40

た　行

第 1 共和国　135
第 7 条讃揚鼓舞罪　105
ダグラス・マッカーサー（1880 ～ 1964） 55
タゴール（1861 ～ 1941）　21
多文化家庭　301
タル・サルミネン（1977 ～　）　10
崔仁勲（1936 ～ 2018）　88
崔仁圭（1919 ～ 61）　143
崔鎮河（1919 ～ 61）　81
崔聖模（1890 ～？）　131
崔昌学（1891 ～ 1959）　131
崔泰渉（1910 ～ 98）　131
崔南善（1890 ～ 1957）　89
崔能鎮（1899 ～ 1951）　81
崔麟（1878 ～ 1958）　65
張俊河（1918 ～ 1975）　215
張錫潤（1904 ～ 2004）　132
張沢相（1893 ～ 1969）　81
張徳秀（1894 ～ 1947）　77
張都暎（1923 ～ 2012）　132
趙霊厳（1918 ～？）　127
朝鮮戦争　111
朝鮮統監　36
趙素昴（1887 ～ 1958）　101
趙炳玉（1894 ～ 60）　76
趙憲泳（1900 ～ 88）　89
曺奉岩 (1898 ～ 1959)　44
曺晩植（1883 ～ 1950）　76
全奉準（1855 ～ 95）　25

鄭周永（1915 ～ 2001） 237
全泰壱（1948 ～ 70） 235
全斗煥（1931 ～） 140
「テンプルトン」賞 132
東学農民運動 14
統一革命党事件 261
統一主体国民会議 218
東北アジア研究所 182
独立宣言書 41

な 行

731 部隊 85
南洋群島 85
ニュルンベルク裁判 84
盧基南（1902 ～ 84） 50
盧在鳳（1936 ～） 295
盧徳述（1899 ～ 1968） 81

は 行

『敗北を抱きしめて』 178
朴仁浩（1952 ～） 190
朴正熙（1917 ～ 79） 83
朴泰俊（1927 ～ 2011） 257
朴興植（1903 ～ 94） 89
朴憲永（1900 ～ 1955） 44
朴婉緒（1931 ～ 2011） 147
鳩作戦 159
咸錫憲（1901 ～ 1989） 146
ハメル（1630 ～ 92） 232
韓景職（1902 ～ 2000） 128
班常会 224
花郎官昌 72
黄晳暎（1943 ～） 126
皇城新聞 24
ブルース・カミングス（1943 ～） 209
白善燁（1920 ～ 2000） 228
報勲政策 214
北伐論 297
浦項総合製鉄 200
洪大容（1731 ～ 83） 146

ま 行

マーク・ゲイン（1902 ～ 81） 83
マッカーシズム 120
明倫堂 30
民間人虐殺（老斤里虐殺事件） 115
文益煥（1918 ～ 94） 110
文鮮明（1920 ～ 2012） 139
文昌克（1948 ～） 35

や 行

ヤルタ会談 62
両班と常人 24
柳一韓（1895 ～ 1971） 272
兪吉濬（1856 ～ 1914） 24
兪鎮午（1906 ～ 1987） 102
尹致昊（1865 ～ 1945） 19
尹健次（1944 ～） 148
尹世胄（1901 ～ 42） 100
尹致暎（1898 ～ 1996） 102
尹潽善（1897 ～ 1990） 199
呂運亨（1886 ～ 1947） 45
麗順事件 83
予備軍訓練と民防衛訓練 220
4H 226
龍山惨事 287

ら 行

陸王学 146
リッジウェイ（1895 ～ 1993） 153
李泳禧（1929 ～ 2010） 183
ロバート・ライシュ（1946 ～） 302

대한민국은 왜 ?1945 ~ 2015
by 김동춘

Japanese translation published by
arrangement with (주) 사계절출판사
10881 경기도 파주시 회동길 252

著者プロフィール
金東椿（キム・ドンチュン）
1959年、慶尚北道生まれ。社会学者。ソウル大学大学院で社会学博士学位を取得。『経済と社会』編集委員長、参与連帯政策委員長、真実和解のための過去事整理委員会常任委員などを歴任。現在聖公会大学社会学部教授。
日本で読める著作としては、『近代の影—現代韓国社会論』（青木書店）、『朝鮮戦争の社会史』（平凡社）がある。

訳者
佐相洋子（さそう・ようこ）
東京都出身。慶応義塾大学文学部史学科卒業。横浜市立学校に教諭として勤務。退職後、韓国の梨花女子大学言語教育院に留学し、韓国語を学ぶ。恵泉女学園大学大学院平和学研究科修士課程修了。翻訳に『韓国・独裁のための時代』（彩流社）などがある。

解説・監訳
李泳采（イ・ヨンチェ）
1971年韓国生まれ。1998年来日。東京大学大学院法学研究科研究生、慶応義塾大学大学院修了。専門は日韓・日朝関係。現在恵泉女学園大学大学院教授。韓国の現代史を語る市民講座の講師、日韓市民交流のコーディネーター—としても活躍している。著書に、『なるほど！これが韓国か』（朝日新聞社）、『韓流が伝える現代韓国』（梨の木舎）、『犠牲の死を問う』（梨の木舎）、『東アジアのフィールドを歩く—女子大学生がみた日中韓の素顔』(梨の木舎)『東アジアのフィールドを歩く２—女子大学生がみた日中韓の辺境地』(梨の木舎)『今、朝鮮半島は何を問いかけるのか』（彩流社）などがある。

韓国現代史の深層——「反日種族主義」という虚構を衝《つ》く

2020年4月10日　初版発行
著　　者：金東椿
訳　　者：佐相洋子
解説・監訳：李泳采
装　　丁：宮部浩司
発 行 者：羽田ゆみ子
発 行 所：梨の木舎
〒101-0061 東京都千代田区神田三崎町2-2-12 エコービル1階
TEL.　03(6256)9517　FAX.　03(6256)9518
Eメール　info@nashinoki-sha.com
http://nashinoki-sha.com
D T P：具羅夢
印　刷：㈱厚徳社

わたしの戦後史——95歳、大正生れ、草の根の女のオーラルヒストリー　戦争の「痛み」を知る世代が求め続けたもの

谷たみ 語り／堀江優子 編著　A5判／ 247頁／定価2600円＋税

◉目次　1 人生の出発点／ 2 堀川愛生園の子どもたちと暮らす／ 3 戦争責任を考える／ 4 入管体制・国籍法の問題に関わる／ 5「アジアの女たちの会」での活動／ 6「慰安婦」問題に関わる／ 7 脱原発運動、平和と人権

【推薦】上野千鶴子——女も戦争の加害者だった…「黙っていたら戦争につながる」と声を上げ続けた95年の生涯。戦後日本の良心は、谷たみさんのような草の根の活動に支えられてきた。ひとりの女性のオーラルヒストリーから見えてくる戦後反戦運動史。

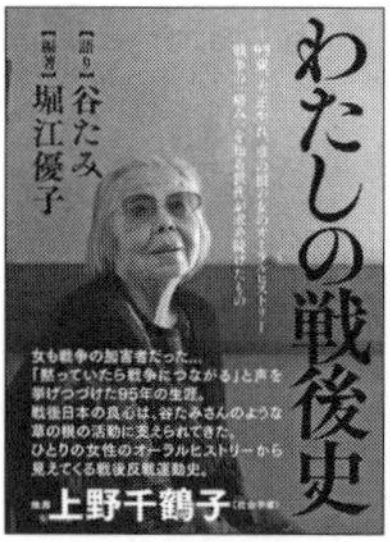

978-4-8166-2001-0

教科書に書かれなかった戦争

㊅歴史を学び、今を考える——戦争そして戦後

内海愛子・加藤陽子 著

A5判／ 160頁／定価1500円＋税

◉目次　1部　歴史を学び、今を考える／それでも日本人は「戦争」を選ぶのか？ 加藤陽子／日本の戦後—少数者の視点から　内海愛子／ 2部　質問にこたえて／●「国家は想像を越える形で国民に迫ってくる場合があります」加藤陽子／「戦争も歴史も身近な出来事から考えていくことで社会の仕組みが見えてきます」内海愛子●大きな揺れの時代に、いま私たちは生きている。いったいどこに向かって進んでいるのか。被害と加害、協力と抵抗の歴史を振り返りながら、キーパーソンのお二人が語る。●時代を読みとるための巻末資料を豊富につけた。特に「賠償一覧年表　戸籍・国籍の歴史……人民の国民化」は実にユニークです。

978-4-8166-1703-4

㊈ 画家たちの戦争責任——藤田嗣治の「アッツ島玉砕」をとおして考える

北村小夜 著

A5判／ 140頁／定価1700円＋税

作戦記録画は、軍が画家に依頼して描かせた。画材も配給された。引き受けない画家もいた。1943年のアッツ島玉砕の後、藤田の「アッツ島玉砕」は、国民総力決戦美術展に出品され全国を巡回した。東京の入場者は15万人、著者もその一人で、絵の前で仇討ちを誓ったのだった。

◉目次　1 戦争画のゆくえ　2 そのころの子どもは、親より教師より熱心に戦争をした　3 戦争画を一挙公開し、議論をすすめよう！

978-4-8166-1903-8

しゃべり尽くそう！ 私たちの新フェミニズム

望月衣塑子・伊藤詩織・三浦まり・平井美津子・猿田佐世 著

四六判/190頁／定価1500円＋税

◉目次　言葉にできない苦しみを、伝えていくということ・伊藤詩織／女性＝アウトサイダーが入ると変革が生まれる——女性議員を増やそう・三浦まり ／「先生、政治活動って悪いことなん?」子どもたちは、自分で考えはじめている——慰安婦」問題を教え続けて・平井美津子 ／自発的対米従属の現状をかえるために、オルタナティブな声をどう発信するか——軍事・経済・原発・対アジア関係、すべてが変わる・猿田佐世

978-4-8166-1805-5